U0568027

中国新闻传播学
自主知识体系建设工程

大舆论观
与国家治理创新

The New View of Public
Opinion for the Innovation in
National Governance

李彪 ◎ 著

中国人民大学出版社
·北京·

总　序

2022年4月25日，习近平总书记来到中国人民大学考察调研时指出，加快构建中国特色哲学社会科学，归根结底是建构中国自主的知识体系。没有知识体系这个内涵，三大体系就如无本之木。习总书记的这一重要论述，为中国特色新闻传播学学科体系、学术体系、话语体系建设指明了方向。当前，面向新时代的使命任务、面向新媒体的变革、面向全球化背景下人类文明交往的新形势，新闻传播学科面临转型升级的迫切要求，需要在回答中国之问、世界之问、人民之问、时代之问中实现学科的系统性重组与结构性再造，新闻传播学的知识体系也需要以此来锚定坐标、厘清内涵外延。

中国人民大学新闻学院是中国共产党亲手创办的第一所高等新闻教育机构，是新闻传播学科"双一流"建设单位，主动布局和积极开展自主知识体系建设是我们应有的使命担当。为此，学院开展了"中国新闻传播学自主知识体系建设工程"重大攻关行动，组建了十六个科研创新团队，以有组织科研的形式开展专项工作，寄望以此产生一批重大基础性、原创性系列成果，这些成果将在中国人民大学出版社的支持下陆续出版。

中国新闻传播学自主知识体系建设，首先要解决这一体系的逻辑性问题。这需要回到学科发展的历史纵深处，从元问题出发，厘清基本逻辑。在过去的一百多年中，报纸、杂志、广播、电视、通讯社等风起云涌，推动了以大众传播为主体的职业新闻传播事业的迅猛发展。这种实践层面的动向也必然会反映到理论层面，催生和促进新闻传播学的发展。如果从1918年北京大学新闻学研究会成立算起，新闻学在中国的发展逾百年，传播学全面进入中国学界的视野已超过四十年，从1997年正式成为一级学科，新闻传播学在我国的发展则有二十多年。在长期的发展过程中，新闻传播学形成了以史、论、业务三大板块为支柱的知识图谱，并在各专门领域垂直深耕，形成了蔚为壮观的学科阵列。应该说，已有的发展为构建中国新闻传播学自主知识体系提供了良好的基础，但离自主知识体系的要求尚存在不小的差距。主要表现在：长期跑马圈地扩张而以添砖加瓦方式累积形成的知识碎片如何成为有逻辑的知识图谱？主要面向大众传播而形成的知识概念何以适应新媒体时代传媒业结构性变革的新要求？多源流汇聚、面向多学科开放而形成的知识框架如何彰显本学科的主体性？马克思主义新闻观作为"中国特色"的灵魂如何全面融通进入知识体系？这些问题的解决必须超越各种表层因素，从元问题出发并以其作为逻辑起点展开整个知识体系的构建。新闻传播学的一个重要特质就是关注"对话与沟通"及由此对"共识与秩序"的促成，进而推进人类文明和文化的理解与融合。在今天的社会语境下，对于新闻传播学的这一本质意义的认识是重建学科逻辑的关键。在当今的新兴技术革命中，新闻活动从职业语境走向社会化语境，立足于职业新闻活动的新闻学也必须实现根本性转换，将目光投向更广阔的人类传播实践，将新闻学建立在作为人之存在方式、与人之生活世界紧密相连的"新闻"基础之上，建立在新闻、人、事实和生活世界之间相互交错的深厚土壤中。

中国新闻传播学自主知识体系建设，必须要处理好中国特色与世界普遍意义的关系问题。中国的历史、中国的新闻传播实践赋予知识概念以特殊含义，如何将这种"中国特色"阐述清楚，是新闻传播学理论首先要解决的问题。"中国特色"强调对中国问题、中国历史传统和现实特征的观照，但这绝不是自我封闭的目光向内，而是要处理好中国经验与世界理论的关系。建构自主的知识体系应该是一个对话的过程。马克思主义基本原理同中国具体实际相结合、同中华优秀传统文化相结合的过程，是吸收、转化、融入的过程，从学术上讲，实际上是马克思主义与中国传统对话、与中国现实对话的过程。建构自主的知识体系应该关切、关怀人类共同的问题和命运，这就要以产出中国知识、提供全球方案、彰显世界意义为目的，在古今中西的十字路口展开对照和对话。换言之，我们构建自主的知识体系不是自说自话，而是要通过知识创新彰显中国贡献，使中国的新闻传播学屹立于世界学术之林，这是一个艰难而复杂的进程。如果以此为目标做战术层面进一步细分的话，自主知识体系的构建大体可以分为三个向度：

其一，能够与世界同行开展实质有效的深层对话。

这部分主要是指那些具有特别鲜明的中国特色、短期内难以达成共识的内容，比如中国新闻学，从概念到理论逻辑均与西方学术话语有着较大的差异和分歧。对于这部分内容，我们至少在短期内可以以能够开展实质有效的对话为目标，不一定能够达成共识，但至少应努力做到和而不同。这需要我们首先建立一套系统的、在学术上能够逻辑自洽的中国新闻学理论体系。作为中国新闻学的灵魂，马克思主义新闻观不能成为被表面尊崇实则割裂的"特区""飞地"，而应"脱虚向实"，真正贯穿本学科的知识图谱。这就需要将马列关于新闻传播的经典论述与中国共产党从其领导下的百年新闻事业中不断总结提炼的新闻理论相结合，与中国历史传统特别是优秀传统文化相结合。当前，特别要立足于马克思主义新闻观与新时代中国新闻传播事业，加强对习近平文化思想、习近平关于新闻舆论工作重要论述的系统性理论阐释，全面梳理互联网环境下新闻实践的基本理念、原则、方式方法，充实和完善新闻学的本体论、认识论、方法论，构建较为系统完整的知识地图。这既是中国新闻学理论链条的最新一环，也将实现理论创新的层级跨越。

其二，能够与世界同行开展实质有效的交流合作。

这部分主要是指那些与西方学术话语有相通之处、面临共同的问题和挑战的内容，比如一直面临着基础理论创新乏力的传播学，我们可以在实质有效的合作交流中共同发展，做出中国贡献，形成中国学派。要实现这一愿景，中国的传播学必须坚持问题导向，立足中国现实问题，开展基础理论研究和应用对策研究：一方面，扎根中国大地，形成具有中国特色、世界意义的原创性理论；另一方面，面向中国实践，形成一套有解释力的观念体系。从国家加强国际传播能力建设的重大使命任务出发，当前尤其要加强国际传播基础理论建设，尽快构建中国的国际传播理论体系，推动与国际同行的学术交流和对话，加强国际学术话语权。

其三，能够为世界同行做出实质有效的独特贡献。

这部分主要是指那些新兴领域或者中国具有独特资源的领域，我们与世界同行基本处于同一起跑线，甚至有些还有一定的先发可能，要把握历史主动、抓住难得的机遇期。当前中国社会正处于转型期，呈现出大量西方社会较少见到的现象，这给中国新闻传播学研究在理论建构上做出世界贡献提供了机会。同时，要利用好中国在新媒体方面的技术优势和实践优势，提早布局、快速产生重大成果，为未来传播的新时代实现中国新闻传播学科建设的"弯道超车"创造条件。比如，目前各种人工智能技术已被广泛运用到新闻领域乃至整个传媒产业，带来了智媒化发展的大趋向，我们需要通过跨学科的视野梳理智能传播的基本架构以及知识体系，并在此基础上深入探究智能传播中的焦点问题：智能化媒体应用趋势、规律与影响，人工智能时代的算法，智能环境中的人与人机关系等。

自主知识体系建设是新闻传播学科在新的历史阶段开展"双一流"建设的重要历史机遇。如果说第一轮"双一流"建设是在筑基与蓄力，那么从第二轮"双一流"建设开始，我们的重要任务就是真正开启面向全球场域、建设世界一流，全面提升学科的国际对话能力，实现从一般性国际交往到知识创造、从理论互动到以学科的力量介入全球行动、从场景型合作到平台构建的"转向和超越"。在走出建设中国特色、世界一流大学新路的过程中，自主知识体系建设将起到至关重要的赋能作用，通过知识创新实现中国经验与世界贡献的有机融通，为中国的新闻传播学科屹立于世界学术之林夯实基础。这当然不是一所学院所能胜任的事情，需要整个学科共同体的努力。2023年11月4日，中国人民大学新闻学院联合国内四十多所兄弟高校新闻传播学院共同发起成立"中国新闻传播学自主知识体系联盟"并发布倡议，希望以学科的集体力量和智慧推进这一重大行动，我们有理由期待未来更多高质量相关成果的推出。

新时代给新闻传播学科的发展赋予了无限动能与想象空间，这是我们的幸运，也是我们的责任。我们坚信，中国新闻传播学自主知识体系构建要锚定的基点，在于"以中国为根本，以世界为面向"，要充分了解、辩证看待世界，在广泛吸收人类文明优秀成果的基础上，回到本学科、本领域事业发展的历史和现状，回到中国的历史和优秀文化传统，以中国问题、中国现实为观照来构建自主知识体系，为推动中国更好地走向世界服务，为构建人类命运共同体做出贡献。

是为序。

2023 年 11 月 16 日
于中国人民大学明德新闻楼

序

以互联网为代表的技术革命极大地改写和重构了包括传播领域在内的整个社会，信息传播领域也遭遇了"百年未遇之大变局"。在传统大众媒体时代，即前互联网时代，传统主流媒介是构造人们心中的"社会图景"、形成社会焦点、设置社会议题、引导社会舆论的至关重要的传播力量。换言之，传统主流媒介在相当大程度上决定着人们看到什么、关心什么以及持有什么观点去看、去想、去判断。在那种条件下，说传统主流媒介是社会认知和社会舆论的"定盘星""压舱石"并不为过。但以互联网为代表的技术革命极大地改写了这一传播格局。

2017年左右，有研究表明在社会信息流动的总格局中，传统大众媒介所占传播流量的份额已经不到20％。这几年的新冠疫情，对于纸媒更是一次毁灭性的打击：由于无法实现空间意义上的传递，纸质媒介影响社会的能力几乎全军覆灭。当然，它还有品牌影响力、内容生产力等等，但这一切如果没有新的传播介质的有效加持，是无法转化成现实的传播生产力及其效果的。事实上，只有那些"两微一端"做得比较好的传统纸媒，才能保持一定程度上的社会影响力。这样，客观上就导致了传统主流媒介社会认知和社会舆论"定盘星""压舱石"作用的失能与缺位。

就当下而言，占据社会信息传播流量最大份额的是两大类传播平台：

一类是以社交链条为依托的社交传播（如微信、微博），这是一种以彼此关注为前提的基于"关系渠道"的传播，其个性化程度高，并由于有社会关系的背书而使相关资讯在传播的同时便拥有相当的可信性。但这类平台的一个明显缺陷是，它们更多是由人和人彼此关系中的直觉需要所决定的，因而其资讯构成在总体上存在着明显结构性偏态。换言之，通过社交渠道传播的信息虽然总量很大，但在信息结构上常常是有很大局限和偏颇的。

另一类传播平台是基于大数据和人工智能的算法型内容推送平台。在这类平台上，虽然也有很多传统主流媒介所生产的内容，但平台的算法是依据用户需求和兴趣的个性化定制，同样存在着内容结构上的极大局限和偏颇。

尽管以上这两类传播平台通过"推荐""热门榜单"等方式试图对用户信息结构的偏态加以矫正和补充，但事实上，人们看与不看，由于缺少行之有效的基于"关系"机制的作用方式，其真正的效用目前还是相当有限的。这两类传播平台塑造了两种圈子，一个是基于社交关系产生的圈子，一个是基于兴趣爱好产生的圈子，这些圈子使得社会结构越来越趋向于碎片化和泛众化。泛众化传播时代的到来，使得众说纷纭成为一种现象，一旦遇到社会舆情热点事件，很容易产生退回小群、强化圈层的社会效应，彼此隔绝、各说各话成为一种舆论场上的现实，一旦遭遇互有交集的社会话题，就会产生非理性的"贴标签"甚至骂战等网络极化现象。

同时，泛众化传播时代的到来，为我们进行多元文化的交流和社会意见的汇冲创造了前所未有的良好机遇和可能，因为这种交流以及信息与意见之间的汇冲会极大地活跃社会氛围和文化创新，有助于社会群体在交流中消除一己之偏见，增强社会文化的宽容度，推动异见群体找到社会的"最大公约数"，达成必要的社会共识。但是，从传统时代延续下来的管理思维与管理惯性对于多元表达的现实难以接受，而对它的管制也缺少既能有效引导，又能有效地被网民接受的理论逻辑和实践范式。传统管理范式最为缺少的是对于受众需求的真正理解，缺少的是提升人们之间联系和社会参与度的有效措施，因此，对于泛众化传播时代的到来不适应、不接受，但又缺少有效的管理"抓手"，造成了一定程度上简单粗暴的应对。在这种管制的压力下，泛众化传播时代的交流特性被极大地抑制，而个性化的表达则退回到对外隔绝的圈层之中。这便造成了两个社会后果：一是圈层内的正反馈使人们笃信自己的主张、观点和逻辑是大家一致认同的——这是把狭隘的圈层认同误认为社会认同的认知假象。因此，一旦遇到意见不合者便会"理所当然"地贴上

"异类"和"人民公敌"的标签,情绪激昂地投入到同仇敌忾的"对敌斗争"中去。二是这种彼此隔绝的圈层所形成的"硬壳"会使外来信息难以进入,包括主流意识形态在内的"异类"传播难以触及他们,也就更谈不上有效的影响和引导了。在这种情况下,隔阂产生偏见,偏见酝酿冲突,便成为社会发展在传播领域中的一种"新常态"。

在社交媒介崛起,人人都是传播者渐渐成为现实的情况下,"后真相"时代与我们不期而遇。在"后真相"时代,由于人人都有接近真相的可能,事实如同哈姆雷特——一千个读者眼中就有一千个哈姆雷特。在事实"横看成岭侧成峰"的情况下,由于传统主流媒介"压舱石"的作用逐渐式微,人们对事实的认知与对价值的认同便自然而然地从人际关系的认同以及情感、情绪的共振中去寻找新的"抓手"和"定盘星"。在社会传播和网络舆情的治理实践中,人们依旧沿用传统意义上的"摆事实、讲道理"思维,而对于表达关系型内容的非逻辑、非理性因素的运用机制不熟悉,运用不到位,导致受众以"站队"和"贴标签"的方式加以抵触,而这种抵触造成了绝大部分的传播中断,传播效果的达成也就无从谈起了。

上面所述的这些,在李彪的这本书中被总结成了大舆论观的关系范式和情感范式。大舆论观范式在这个意义上也是试图摆脱传统的"舆论是信息传播"的一元论,将舆论置于更广阔的社会宏大叙事中来考量,对目前依然以简单的信息供给侧改革为主的舆论治理具有范式转换的里程碑意义。基于此,李彪这本书的创新价值是不言而喻的。

1986年10月,我的导师甘惜分先生创办了中国第一家舆论调查与研究机构——中国人民大学舆论研究所,致力于民意调查与测验,是传统大众媒体时代国内舆论学理论的奠基人和拓荒者。我接手后的舆论研究所致力于全国大规模的舆论调查与传播效果测量,取得了一些具有广泛社会影响力和显示度的研究成果,对发展完善中国特色舆论学理论体系和研究体系贡献了绵薄之力。目前舆论研究所交到了我的学生李彪手里,希望他在构建中国舆论学的三大体系,尤其是构建人工智能与新时代交叠大背景下的中国舆论学自主知识体系方面做出贡献,将舆论学研究进一步发扬光大。

李彪是我从他本科起就开始指导的学生,我见证了他从一个青涩的学生成长为国内具有一定知名度的青年学者的过程。他本人很勤奋,近二十年如一日地笔耕不辍，在国内舆论学研究领域已经取得了不俗的成果。这本书是他对近年来成果的集中思考，将舆论的单一信息范式扩展为信息、情感、关系、行为四位一体的复杂范式，即大舆论观范式。正如拉斯韦尔的5W范式之于传播学，大舆论观范式的提出不仅可以促使传统舆论学研究跳出"意见信息"的窠臼，而且对传统舆论治理中"唯信息供给"的单一引导范式具有新的借鉴价值。相信在这一多元复杂范式的指导下，舆论学研究会更加纷繁精彩，我们对舆论引导的手段也会更加多元、多维和有效。

以上算作本书的序言吧。

喻国明

2023年3月10日

目 录

前言 /001

绪论　马克思主义舆论观及其中国化、当代化

第一节　中国共产党百年舆论观的演进脉络与创新发展 /001
第二节　新时代中国特色舆论学需要回答的核心问题 /017
第三节　加快新时代中国特色舆论学的内容体系建构 /020

第一篇　大舆论观信息生态

第一章　社交网络时代传播格局的变化

第一节　社交网络时代传播的新特点和新变化 /031
第二节　社交网络时代的信息生产、分发和消费：社会大分工、解构"权威" /033

第二篇　大舆论观范式建构

第二章　信息传播范式下的社会舆论传播机制

第一节　社会舆情演变的过程及关键节点 /039
第二节　社交网络时代社会舆情的内容特质及传播机制 /044
第三节　社会舆情传播的特点与新变化 /056
第四节　社会舆情生态的结构性转型与调适 /066

第三章　情感传导范式下的网络舆论议题动员

第一节　议题修辞动员文献综述 /070
第二节　社交网络与情感动员 /073
第三节　舆论表达中的负面情绪启动与动员 /079
第四节　社交网络时代社交媒体平台议题动员机制 /084
第五节　网络议题的微观修辞策略与表征 /094

第四章　关系网范式下的舆论话语空间生产

第一节　社群传播成为社交网络时代舆情传播的基本单位 /103
第二节　虚拟社群内部的传播机制 /108
第三节　虚拟社群群际的传播机制 /152
第四节　危机语境下趣缘社群话语空间重构与维系 /163

第五章　集群行为范式下的虚拟社会认同与极化

第一节　基于社会集群行为的虚拟社会认同建构 /182
第二节　虚拟社会认同的形成机理：社交茧房 /186
第三节　虚拟社会认同的建构机制及特点 /192
第四节　虚拟社会认同的引导与管理策略 /195

第三篇　国家治理创新

第六章　作为国家治理创新抓手的平台治理与引导

第一节　互联网平台与民众、政府权力之争的历史脉络 /201
第二节　当代西方平台资本主义视域下互联网平台的本质特征 /206
第三节　互联网平台扩张垄断的深层动因 /211
第四节　互联网平台垄断的深远影响 /213
第五节　互联网平台的公共治理路径与策略 /216

第七章 从"后真相"到"后共识""后治理""后秩序":国家治理范式转向

第一节 思维层面:网络社会治理体系的思想创新 /223
第二节 顶层设计:舆情回应必须告别倒逼模式 /233
第三节 基本原则:社交网络时代舆情应对的三十六计与上中下三策 /243
第四节 机制保障:社交网络时代舆情应对的体制和机制建设 /249
第五节 微观修辞:官方危机应对文本的传播修辞与话语生产 /254

后记 /280

前　言

本书除绪论外，正文主要分为大舆论观信息生态篇、大舆论观范式建构篇和国家治理创新篇三大部分。

本书的绪论为整个研究提供理论基点，起到提纲挈领的作用。首先，回顾与展望了中国共产党百年舆论观的演进脉络与创新发展。中国共产党历来重视舆论与舆论工作，形成了具有中国特色的舆论观。中国共产党的舆论观有两大渊源——中国古代以来的舆论思想结晶和马克思主义舆论观。百年以来，党的舆论观大抵经历了"向导—斗争—宣传—导向—引导—定国安邦"六个阶段。党的百年舆论观的演进是一部具有能动性的观念史和实践史，体现了舆论的工具性和实践理性，是一个从主体到主客体互动的认知深化过程，其中中国语境与媒介技术是其演进的核心推动力，党性与人民性是其一以贯之的灵魂和内核，其演进具有明显的自组织属性。

其次，提出了新时代中国特色舆论学的演进脉络、核心问题与内容体系。新时代中国特色舆论学的提出是基于中国古代舆论思想演进与西方舆论思想尤其是马克思主义舆论观两大源流的交汇，并立足于当前媒介技术迭代与社会深刻转型的社会现实。传统舆论学在研究对象、传播环境、研究视角、研究视域、研究方法等层面均面临深刻调适和转向。基于此，本书提出了新时代中国特色舆论学的内容体系建构，包括指导思想（马克思主义舆论观）、舆论学的八要素（主体、客体、本体、数量、强度、周期、反馈、质量）、舆论学的四层次（信息—情感—关系—行为）、价值转向（国家治理与全球数字领导力构建）。

第一章阐述了当前信息传播格局发生的变化，说明了何以产生大舆论观。当前传播格局和传播环境剧变，使新闻信息的生产、分发和消费呈现为社会大分工的多元主体共存：信息生产主体演变成UGC、PGC、OGC和

MGC 四类；信息分发呈现出算法、热点和人工等三种基本模式；信息消费出现了界面多元、新闻界限消弭和场景沉浸传播等新变化。整个社会传播则呈现出不同平台接力传播、关系茧房化传播和情感（情绪）传播三大主线。

第二章至第五章，从信息、情感、关系、行为四大维度对舆论传播及其机制进行了素描，这是整本书的理论篇，完成大舆论观的范式建构。就像 5W 之于传播学体系构建一样，本书希冀从这四个维度出发，建构新时代舆论学研究的内容要素体系。

第二章从纵向上对中国舆论生态演进做了整体素描，认为改革开放以来中国舆论生态经历了前互联网时代（1976—1995 年）、PC 互联网时代（1996—2008 年）和移动互联网的自媒体时代（2009 年至今），并用九个事件作为参考坐标探讨了中国舆论生态演进之路。通过对以上事件的梳理，笔者认为中国社会舆情生态演变是个政治、技术、资本、社会四方力量博弈的动态变化过程。

笔者重点论述了大舆论观的四大范式。

其一，从信息传播视角来看，新时代的舆论传播呈现出以下新的特点和变化。一是从舆论生成模式看，爆米花模式成为主流爆发形式；二是舆情生态更加复杂多变，不同意见竞争更加激烈；三是从舆情关注领域看，公私领域界限越来越模糊；四是网络社群"抱团"极化趋势加剧；五是在社会关系方面，"社群的茧房化"效应凸显；六是资本力量介入，网络民粹化表达加重；七是在社会情感方面，中产阶层"弱势认同心理"蔓延。同时，舆论生态也呈现出变化：发声平台更加多元，舆论生态更加复杂，意见竞争更加激烈；线上与线下的联动趋势增强，部分网民由表达者"升级"为行动者；网民的情感共振和身份代入感日益强烈，价值认同需求高涨；不以达成共识为目的的公共讨论有加剧之势；网络大 V 退场，舆论表达"民粹化"倾向严重。"后真相"时代的来临带来了网络舆论传播的新变化，具体来说有以下几个方面的新转向：从"个体对事实的争论"转变为"群氓为情感的困斗"，从"两个舆论场"到"网络社群巴尔干化"，从"广场式的众声喧哗"到"会客厅式的窃窃私语"，从"技术-政治两方角力"到"多方力量纠结对决"，网民从"想象的共同体"到"偏见的共同体"，行为从"围观—较真"模式到"应激—遗忘"模式，舆情治理从"寻求达成意见共识"到"意见压制与竞争失序"。

其二，在情感传导及动员上，舆论表达中负面情绪处于主导地位，生成机理有以下几点："后真相"时代的话语表达只追求情感宣泄，不注重事实真相；以道德洁癖为特征的"键盘侠""杠精"群体是展现出负面偏好的主要群体；对社会个体来说，心理学中的破窗效应和首因效应会刺激更多的负面偏好者加入，形成一种社会模仿行为；以流量为表征的商业诉求驱使负面偏好成为一种赚钱手段；网络社群化生存使得群际刻板印象加剧了负面偏好。这种偏好负面表达的情绪渲染更容易造成次生舆情；促使形成预言的自我实现，导致"信息环境的负向环境化"；加剧群体刻板印象，造成社会群体的对立与不通约；容易促使舆论生态恶化，使"后真相"的情感宣泄加剧。

其三，在社会关系网传播视角上，社群传播成为社交网络时代舆情传播的基本单位。网络虚拟社群中舆情传播有以下特点：一是虚拟社群是一个关系的网络空间，社群中布满了各种关系束，这些关系束就像磁场中的磁力线一样作用于其中的主体；二是虚拟社群是一个相对独立或半自主的社会空间，社群的相对独立性表现为每一个社群都有自己独特的逻辑、常规和规则，但这种自主性是相对的，没有彻底的自主社群；三是虚拟社群是一个时刻充满着力量关系对抗的空间，因为每个社会活动的行动者都是以自身异质性的属性参与的，这种异质性首先表现为每个个体拥有不同质或量的资本；四是虚拟社群是一个共时态与历时态相交融的空间。

其四，在社会集群行为视角上，虚拟社会认同建构分为热点事件的发生，集体记忆"投射"，社会意义建构与社会地位赋予，社会情绪启动和小范围的社会认同形成，社会情绪渲染、演化和社会态度形成，社会认同与行动仪式六个阶段。同时，社交网络时代虚拟社会认同建构的新特点呈现为：虚拟社会认同主体具有多元性、易变性和多层次性；虚拟社会认同由群体主导到意义建构和情绪渲染主导；虚拟社会认同分为共情认同、对立认同和误同等形式；政治化社会认同是社会认同的高级形式，社会认同促进政治参与意识；高度认同尤其是愤怒情感认同对社会集群行为具有直接促进作用；虚拟社会认同有所异化，即内群体对外群体产生社会认同。

第六章和第七章属于国家治理创新篇。

第六章指出，在社交网络时代，互联网平台是国家治理创新的根本抓手。平台和平台治理并不是一个新鲜话题，但在数字时代，互联网平台具有更加鲜明的垄断特性，网络拓扑结构、用户思维、资本意志和市场壁垒等因素是其垄断天性背后的深层次动因。在强调互联网平台带来积极作用的同时，还应该看到互联网平台的负面影响，如将具有公共属性的数据和关系资源私有化与商业化会危及社会运行基础，在资本的挟裹下进行舆论控制等会危及国家安全和互联网主权等。以平台化为特征的新数字经济流通形式正在对全球政治经济文化进行重构，平台和平台资本主义的崛起使得"数字平权"幻灭，传统意义上的非生产资料——数据与关系被私有化。这一阶段的新闻劳动特征是所有职业性和非职业性的社会劳动均被卷入平台资本主义劳动体系，媒体数字劳工主客体身份融合，新闻传播与娱乐休闲活动也彻底被卷入资本主义生产的全部环节，整个社会都为平台公司进行剩余价值生产。但平台资本主义由于生产力社会化和生产资料私有化的固有矛盾依然存在，具有不稳定性和不可持续性。

第七章论述国家治理体系的创新建设，提出了从"后真相"到"后共识""后治理""后秩序"的范式转向。本章结合"后真相"时代情感先行的特点，提出了对应的"后共识"概念。"后共识"并非对事实真相本体的共识，而是对说真相者和真相表达方式的共识。本章从思维层面、顶层设计、基本原则、机制保障、微观修辞等多个环节提出了"后治理"体系的建构要素。

网络社会治理需要在治理目标上创新——以争取人心为最终价值取向，在微观修辞上创新——改变舆情事件的命名机制，在路径选择上创新——凝聚超越社群的价值共识和族群认同，在治理基础上创新——增强社会流动和社群边界的可渗透性，在治理对象上创新——提升中产阶层的政治认同感和幸福感，在治理环境上创新——构建有效的社会情感按摩机制。网络社会治理的本质精神是"调和"和"互动"，网络虚拟社会与线下社会一样，都具有"自组织"性，是一个生机勃勃的自组织有机体。要善于引导网络社会达成利益共识和价值共鸣，建立一个适合多元主体参与的治理框架和社会机制，使多元主体都能够提出自己的利益诉求，然后在沟通交流、相互妥协、协商一致的基础上达成社会共识。

在顶层设计上，大数据时代舆情回应必须告别倒逼模式。要进一步把握规律，创新观念，以互联网思维建设新形势下的舆论生态。要转变思维范式，用"意见博弈的正和思维"代替"零和斗争思维"。要做到重大决策、重大事件的舆论先行，提升公共权力运转的透明度和程序合法性。既要解释和解决具体问题，也要超越基于经济发展成就的价值认同，积极培育和引领新的价值认同。要善用网络意见领袖的信息传播、意见协商和社会动员力量，警惕资本力量过度干预公共舆论，预防网络民粹主义泛滥。要破除网络社群的"回声室""过滤泡"负效应，建构重叠共识和最大共识。要警惕"后真相"与民粹主义"合谋"，打造"网络化公共领域"。要进一步增强舆情处置队伍的专业素养和能力，提升新形势下新闻舆论工作的水平。

李彪

2023 年 3 月 8 日

绪论　马克思主义舆论观及其中国化、当代化

第一节　中国共产党百年舆论观的演进脉络与创新发展

中国共产党历来重视舆论与舆论工作。1921年中国共产党成立后即将《新青年》作为党的理论刊物继续出版，1922年中国共产党第二次全国代表大会决定出版党的中央机关刊物《向导》，党的舆论宣传事业正式拉开序幕。

纵观中国共产党100多年来的舆论宣传事业，中国共产党在领导舆论宣传事业的不同历史发展时期和社会变迁中形成了关于舆论宣传工作的独特观念，即中国共产党的舆论观。舆论观的形成历程本质上是中国共产党对舆论及舆论工作认知的观念史，既不是概念史，也不是思想史，因为概念和思想是不能指导实践的。观念史是存在论，是行动论，舆论观作为一种观念史，力求找出中国共产党在漫长的认知变迁中关于舆论的某些核心概念的产生和发展过程，再现某个既定时代党对舆论工作的基本看法。观念史来自活生生的实践并指导着实践，因此，要认识中国共产党百年舆论观演进，必须将党所提出的舆论核心观念置于具体的历史和文化语境中，这样才能彰显其初心本义。

一、中国共产党百年舆论观的历史源流与逻辑起点

在人类社会发展史上，任何一个观念和认知体系的形成和发展，都必须经历较为漫长的涵化和养成过程。中国共产党的舆论观并不是凭空产生的，其形成是中国古代舆论思想的自然演进与马克思主义舆论观的天然结合。

（一）中国共产党百年舆论观是中国古代以来舆论思想的结晶与升华

在中国古代，帝王们一直将"舆论"作为其统治合法性的重要考量指

标，有学者甚至认为中国封建王权便是通过舆论实现了合法性建构①。如西汉董仲舒提出"天人感应""君权神授"等观点，并进而演化为封建社会的"三纲五常"，宋明理学提出了"存天理，去人欲"……这些思想进一步演化为"内圣外王"的思想，宋代王安石变法后变化出了"正君心"的哲学理念，成为整个封建社会纲常秩序以及官僚体系的维系力量：一方面制约君权，另一方面训导百姓服从治理；民众也借助民谣、谣谚、谶辞等舆论形式来表达自己的不满、抗议和抗争，如"王侯将相宁有种乎"等。从某种意义上说，中国古代走了一条区别于西方的独特的舆论制衡政治之路，对最高权力的制衡主要是道义制衡，道义制衡建构在"道高于君"的认识基础上②。

及至近代，国门大开，国人开始"睁眼看世界"，一批传统知识分子向近代转型，开始吸纳借鉴国外舆论思想为我所用。魏源的"夷情备采"主张，王韬的"强中诇远""义切尊王"思想，郑观应的"通民隐、达民情"的舆论观，某种意义上是历史循环论的世界观在新闻舆论思想上的反映；而严复的"通上下之情""通中外之故"，梁启超的"去塞求通"等舆论主张，一定程度上受到了从西方引入的庸俗进化论对政治哲学的影响，如果说"言论独立""舆论之母""新闻自由"等概念带有浓厚的西方资产阶级舆论学色彩，那么"耳目喉舌""去塞求通""史家办报"等则是中国近代资产阶级报人根据国情提出的具有中国特色的办报理论与舆论思想③。

甲午中日战争以后，新式报章杂志迅猛发展，各类新知识、新思想、新观念大举进入中国。在言论先锋梁启超的影响下，"舆论"一词开始频繁地出现在普通读者面前，而舆论的影响及作用也逐渐为更多人所了解和接受④，开始了在近代社会的"正当化"过程⑤。人们感受到的"舆论"远非传统社会那种虚无缥缈的"天意"。在内核上，舆论被注入了民主、自由、平权的内涵。人们突破了传统舆论观朴素的民本观念，将舆论重新定义为"针对政

---

① 谢清果，王昀. 华夏舆论传播的概念、历史、形态及特征探析 [J]. 现代传播（中国传媒大学学报），2016，38（3）.
② 彭安玉. 论中国古代王权制衡现象及特征 [J]. 湖北行政学院学报，2003（4）.
③ 朱清河. 中国特色新闻学本体论话语的历史变迁与价值体现 [J]. 新闻大学，2020（4）.
④ 段然. "舆论/public opinion？"：一个概念的历史溯源 [J]. 新闻与传播研究，2019，26（11）.
⑤ 林荧章. 清末民国期间关于舆论和舆情认知的分野与演变 [J]. 新闻界，2019（7）.

府和社会的一般人民的公论"。"舆论"从传统社会的话语中脱颖而出，被社会重新建构为一个具有现代性和革命性的"新词"，完成了一次深刻的概念转型。这一时期民主革命先行者孙中山更加重视舆论与政治的关系，主张"舆论归一"，即"舆论一律"。他提出："近日之报纸，必须改易其方针，人心乃能一致。""报纸在专制时代，则利用攻击，以政府非人民之政府；报纸在共和时代，则不利用攻击，以政府乃人民之政府也。"① 在多灾多难的近代中国，"启蒙变革""救亡图存"的社会责任和国家命运使得中国近代报刊自诞生起就承担了政治的宣传媒介和舆论工具作用，这种传统一直延续至现在，这是国情所决定的。

在新文化运动以及五四运动前后，民主与科学的观念被引入中国，被知识分子广泛传播，陈独秀、李大钊等思想言论界的代表人物纷纷参与到对社会舆论问题的探讨中。这一时期的舆论讨论也受到了正在传入的马克思主义思想的影响。李大钊结合平民政治以及无产阶级专政等理念，深化了对"舆论"的思考。他将西方政治学中的舆论观点与马克思主义相结合，提出了一些试图建设社会主义政治中公正的、合理的社会舆论的调和方案，丰富了时人对"舆论"的认知，这些都为中国共产党的舆论观提供了思想基础和历史传统。

（二）中国共产党的舆论观是对马克思主义舆论观的继承与发扬

19 世纪，随着世界交往体系形成，舆论迅速成为国民的一种普遍观念。马克思和恩格斯较早意识到舆论在社会交往中的重要作用。马克思把舆论视为"一般关系的实际的体现和鲜明的表露"②，恩格斯讲得更为直接和明确："世界历史——我们不再怀疑——就在于公众舆论。"③ 马克思称舆论是一种"普遍的、隐蔽的和强制的力量"④，他确信民主制（和其他形式的政治一样）正在被资本主义力量腐蚀，民主制与资本主义相伴而生，但民主的理想却正在被消费文化侵蚀，现代西方福利国家中的公民，正在把思想自由看成一种消费选择，即有权利在各种产品和生活方式中做出选择，而对于严肃的关于

---

① 孙中山. 孙中山全集：第 2 卷 [M]. 北京：中华书局，1982：348-349.
② 马克思，恩格斯. 马克思恩格斯全集：第 1 卷 [M]. 北京：人民出版社，1956：269.
③ 马克思，恩格斯. 马克思恩格斯全集：第 41 卷 [M]. 北京：人民出版社，1982：539.
④ 同②.

言论自由的讨论则不太关心。马克思和恩格斯发现，普通民众倾向于模仿统治阶级——有钱有势者的意见，并且认为，工人阶级没有很多政治权力，因为他们认识不到自己的利益，而认为统治阶级知道什么是最好的。这一过程被称为"霸权"，进一步明确了舆论的价值观和导向问题，具有强烈的阶级性。后来的共产党人，无论是列宁，还是毛泽东、邓小平，都强调了舆论导向。习近平更是明确认为，好的舆论可以成为发展的"推进器"、民意的"晴雨表"、社会的"黏合剂"、道德的"风向标"，不好的舆论可以成为民众的"迷魂汤"、社会的"分离器"、杀人的"软刀子"、动乱的"催化剂"。他的这些形象而生动的比喻和表述，深刻阐明了社会舆论所具有的强大影响力和重要作用。

中国共产党的舆论观正是以上两大源流（中国古代舆论思想与马克思主义舆论观）在近现代中国社会舞台上的交汇合流，既吸纳和凝结了中国古代舆论思想中接近中国文化本源的养分，也旗帜鲜明地继承和发扬了马克思主义舆论观，进而形成了中国共产党独有的舆论观。

二、中国共产党百年舆论观的演进脉络与特点

中国共产党的舆论观不是一蹴而就的，而是几代党的领导集体在中国社会的发展过程中不断总结形成的。

（一）作为向导的舆论

早期资产阶级的办报实践和舆论观念对早期中国共产党的舆论观产生了重要影响。中国共产党成立之初，即将《新青年》杂志作为党的机关刊物，党的总书记陈独秀受康梁精英传统舆论观的影响，认为舆论必须服务于政治，舆论的功能就是引导国家和人民，报刊天然地具有"向导国民"的天职使命。因此，他主张报刊所承担的社会责任应当是在社会中传播正义观念，唤醒民众，发挥重要的宣传鼓动作用，将舆论向着对国家和人民有益的方向引导[①]。

基于此，党的二大决定创立中共中央第一个机关报《向导》周报。这一名字的提出就凸显了我党这一时期的舆论观和办报理念——阐明党的立场和

---

① 陈独秀. 陈独秀文章选编[M]. 北京：生活·读书·新知三联书店，1984.

观点，宣传真理，引导群众，统一人们的思想认识。随着中国共产党办报实践的展开，中国共产党对舆论的认知不断加深，越来越重视发挥新闻舆论在无产阶级实践中的作用，面向民众、依靠民众、向导群众成为中国共产党新闻舆论观明确的发展取向。

（二）作为斗争的舆论

南昌起义以后，中国共产党领导中国人民进入依靠军事斗争夺取全国政权的阶段，党的中心工作均是围绕"军事斗争"而展开的，因此，这一时期党高度重视舆论工作对军事斗争的动员与团结民众的重要作用。毛泽东在青年时代主编过《湘江评论》，并以国民党中央宣传部代理部长身份主编《政治周报》，明确指出舆论的使命就是"向反革命派宣传反攻，以打破反革命派宣传"[1]，并在革命战争时期多次为《解放日报》、新华社等撰写社论，在新中国社会主义建设过程中多次指导党的中央机关报的工作，在这一过程中，逐渐形成了系统的舆论思想体系。毛泽东非常重视舆论的强大作用，并将之与武装斗争相提并论，强调"共产党是要左手拿传单右手拿枪弹才可以打到敌人的"[2]。毛泽东将舆论视作"拿笔的军队"，并以熟练的技巧对报刊这一宣传工具进行灵活运用，动员一切力量。邓小平坚决拥护和贯彻毛泽东的舆论观，认为宣传必须联系现实形势，抓住时机，正确把握党的政策，通过供给"文化食粮，即书报和宣传品，考究输送的技巧"[3]，从而为军事斗争创造团结有利的局面。

新中国成立后，舆论服务于军事斗争转化为服务于经济建设与政治斗争。面对新政权成立后反革命势力反扑带来的挑战，毛泽东在论及舆论的作用时，延续了舆论的斗争性，指出应当通过舆论的方式获取和巩固政权，推动经济的发展和进步，巩固政权的稳定。这一时期中国共产党运用马克思主义来指导舆论工作，把学习与宣传马克思主义作为舆论工作的一项重要内容，注重在报刊上开展批评与自我批评，发挥舆论的监督功能，要求舆论为革命服务，用以巩固无产阶级新政权，具有鲜明的阶级属性和革命色彩[4]。

---

[1] 毛泽东. 毛泽东文集：第1卷 [M]. 北京：人民出版社，1993：22.
[2] 窦其文. 毛泽东新闻思想研究 [M]. 北京：中国新闻出版社，1986.
[3] 邓小平. 邓小平文选：第1卷 [M]. 北京：人民出版社，1994：25-26.
[4] 陈力丹. 毛泽东论舆论 [J]. 当代传播，2011（4）.

20世纪50年代，毛泽东提出了著名的"舆论一律"论。他认为社会的舆论是一律的，同时也是不一律的："我们在人民内部，是允许舆论不一律的，这就是批评的自由……要想使'舆论一律'是不可能的，也是不应该的。"①两者是辩证发展的关系，要做好舆论宣传，就要使舆论主要形式的不一律达到某种程度上的一律。随着无产阶级政权的进一步巩固，舆论的功能指向也逐步由革命斗争武器转变为舆论监督武器。1950年中共中央发布的《关于在报纸刊物上展开批评和自我批评的决定》提出，要正确对待批评，按照规定和办法进行批评和自我批评，尤其是党员干部和报刊工作者要正确认识其重要性，针对自身存在的错误，在报刊上进行批评和自我批评；1954年，《中共中央关于改进报纸工作的决议》进一步指出党委机关报受党委领导，明确了党管报纸，形成了新中国初期舆论监督的雏形，为党的舆论监督工作指明了方向。

在这一时期，中国共产党结合中国革命斗争和经济建设事实，始终坚定不移地以马克思主义舆论观作为党的舆论工作的理论依据和现实指导，并进行适应性地完善和改良，时刻根据中国革命的目标任务和中国特色社会主义建设赋予舆论新的内涵和历史使命，使之适应中国发展的现状以及未来发展预期方向。

（三）作为宣传的舆论

改革开放后，经济建设成为中心工作，同时社会各类思潮泛滥，必须通过舆论宣传工作把党的核心思想和建设方针传播出去，进而凝聚社会各类力量积极参与到社会主义经济建设中来，维护社会稳定和促进社会安定团结，提高民众的思想觉悟，加强思想政治建设这个大局。因此，邓小平在相关论述中较多地使用的是"舆论宣传"，即将舆论与宣传共同使用，而非使用"新闻宣传"，并明确指出我们的党报党刊是舆论宣传的行动者和主体，广大人民群众是舆论宣传的对象和客体。在邓小平的舆论观中，党报党刊不等于人民群众，党报党刊的意见并不能完全代表人民群众的意见，舆论只能来自人民群众，因此，舆论宣传必须考虑社会影响，考虑民众的利益、国家的利

---

① 中共中央文献研究室．毛泽东年谱（一九四九—一九七六）：第2卷[M]．北京：中央文献出版社，2013：398．

益和党的利益。新闻媒体不仅要向人民群众及时宣传党的路线方针政策，扮演舆论组织和动员的角色，还要发挥舆论宣传和教化民众的功能，提高民众的思想觉悟水平，为改革开放和发展中国特色社会主义经济营造良好的舆论软环境，为经济建设这一中心工作服务。

1979年，邓小平谈及舆论的宣传影响作用。首先，他强调党报党刊必须无条件地宣传党的主张。他在制定党内生活基本标准时明确指出，"党报党刊一定要无条件地宣传党的主张"①。随着20世纪80年代各类资产阶级自由化思潮开始泛滥，他又在各种场合强调，旗帜鲜明地宣传党的意志和主张是党报党刊的责任。其次，他强调舆论在塑造良好的经济建设环境方面的重要性。1979年考察人民日报社时，他明确指出，"要使我们党的报刊成为全国安定团结的思想上的中心"②，舆论宣传要为社会主义四个现代化建设所需的安定环境保驾护航，推动中国共产党占领改革开放的舆论制高点，着力促进国家和民众的稳定性和团结性，为中国的发展谋求积极有力的舆论氛围。最后，他明确反对舆论宣传的形式主义。在1992年的南方谈话中，他对新闻媒体只追求舆论宣传形式的做法和陋习进行了严肃批评，指出舆论宣传必须把实际效果放在首位。

除了重视舆论的宣传功能，邓小平还特别强调舆论的监督功能。1987年党的十三大报告正式出现了"舆论监督"这一表述，明确提出"发挥舆论监督的作用，支持群众批评工作中的缺点错误"③。"舆论监督"正式取代了过去多年来采用的"批评性报道"这一概念④，成为社会监督体系中不可或缺的一部分。邓小平强调要在确保社会稳定大局的基础上，对各类舆论表达形式进行立法监管，一方面要强化舆论控制，为改革开放着力营造稳定团结的社会局面和发展环境，另一方面也要发挥其舆论监督职能，为党的经济建设工作提供有力舆论借鉴。

总的来说，这一时期党的新闻事业的"舆论机构""舆论工具"属性被

---

① 邓小平．邓小平文选：第2卷[M]．北京：人民出版社，1994：272．
② 同①255．
③ 中共中央文献研究室．十三大以来重要文献选编[M]．北京：人民出版社，1991：44．
④ 丁柏铨．中国新闻传播事业40年发展中的10个关键节点：写在纪念改革开放40周年之时[J]．新闻与写作，2018（8）．

逐步认识①。从"新闻宣传"到"舆论宣传"这一转换的历史意义巨大。邓小平的"舆论宣传"观具有重要的历史意义——新闻单位不再仅仅是政治工作的宣传员，新闻舆论工作开始注重宣传与舆论引导效果，重视工作方式方法的改变，舆论的功能指向也逐步具有多面性，不再是单一的斗争功能。这是一次巨大的认识上的进步。

（四）作为导向的舆论

20 世纪 90 年代，面临苏联解体和东欧剧变的动荡国际形势，再加上随着中国特色社会主义经济建设不断深化，社会群体碎片化，社会各类错误思潮沉渣泛起，各种错误价值观不断挑战马克思主义价值观的主体地位，亟须舆论宣传在回应民众关心的核心问题和价值观导向上起到"压舱石"和"定海神针"的作用。以江泽民为代表的中国共产党人以国际格局和国内形势为根本出发点，坚持以舆论导向为基点，高度重视舆论的旗帜导向作用，在继承毛泽东和邓小平舆论观的基础上，以"三个代表"重要思想为指针，充分发挥舆论的举旗定向和稳定民心作用，在舆论导向的基础上进一步提出"舆论引导"的概念，为党的舆论理论做出了新的贡献。这一时期中国共产党舆论观中最核心的思想就是舆论导向。1989 年江泽民在《关于党的新闻工作的几个问题》的讲话中，第一次明确提出了"舆论导向"的概念，强调必须"以正确的舆论引导人"②；在 1994 年的全国宣传部长会议上，江泽民又重申宣传思想工作必须"以正确的舆论引导人"③，明确指出"舆论导向正确，人心凝聚，精神振奋；舆论导向失误，后果严重"④，并在同年的一次公开讲话中明确提出了舆论导向正确必须符合舆论宣传的"五个有利于"，并将其作为舆论引导的指导标准；1996 年 9 月，江泽民在视察人民日报社时发表重要讲话，明确提出了著名的舆论导向祸福论——舆论导向正确，是党和人民之福，舆论导向错误，是党和人民之祸，必须"要把新闻舆论的领导权牢牢掌握在忠于马克思主义、忠于党、忠于人民的人手里"⑤；在舆论引导的具体策

---

① 丁柏铨. 论改革开放以来中国共产党的舆论监督观 [J]. 南京社会科学, 2017 (10).
② 江泽民. 江泽民文选：第 1 卷 [M]. 北京：人民出版社, 2006：497.
③ 中共中央文献研究室. 十四大以来重要文献选编：上 [M]. 北京：人民出版社, 1996：647.
④ 同③653.
⑤ 同②564.

略上，江泽民特别强调要加强舆论引导主体自身的引导能力和创新技能建设，认为新闻人才队伍的建设是整个舆论工作的前提和"牛鼻子"。

同一时期，党的其他领导人如李鹏、丁关根等也在各种讲话和文件中多次提到"舆论导向"，并对"舆论导向"的基本原则、判断标准、目标和具体策略等进行了非常细致的阐述。1997年党的十五大报告更是历史上第一次将"舆论导向"这一概念明确写进党的文件。从"舆论宣传"到"舆论导向"，表明党对舆论的功能指向认知在不断发展和完善，党的舆论观已经进入了一个较为成熟的阶段，对舆论的属性、特质和功能有了更为全面和深刻的把握。更值得说明的是，这一时期在党的领导集体的努力下，有关舆论导向的原则及策略已经形成了一套较为成熟的思想体系，中国特色马克思主义舆论观已呈现出基本雏形。

另外，针对这一时期党内的腐败现象，党的舆论思想强调舆论导向与舆论监督的辩证关系，认为正确的舆论导向是舆论监督的方向。1995年，在中共十四届五中全会上，江泽民提出："为了爱护干部，党组织要抓好对干部的经常教育、管理、监督。"[①] 江泽民强调必须发挥舆论监督的重要作用，"对消极腐败现象也要进行批评和揭露，发挥舆论监督作用"[②]；并且旗帜鲜明地强调，必须坚持新闻舆论的正确导向，舆论导向是舆论监督的关键，也是舆论监督工作顺利进行的前提和保证。这一论述系统阐明了舆论导向与舆论监督的辩证关系，丰富和发展了中国共产党的舆论监督观。以江泽民为代表的中国共产党人创造性地第一次将舆论宣传工作与党的执政能力进行了直接挂钩，将舆论导向工作上升到与党的执政地位紧密联系的地位高度，进一步强调党的舆论工作的极端重要性，凸显了中国共产党舆论观不断演进和创新的强大生命力。

（五）作为引导的舆论

进入21世纪后，互联网技术风起云涌，互联网普及率不断提升，新的舆论客体——网民群体出现，大众媒体在社会舆论场中"定盘星"和"风向标"的功能和角色在不断消解，基于大众媒体的传统舆论观不断受到挑战。

---

① 中共中央文献研究室. 十四大以来重要文献选编：上 [M]. 北京：人民出版社，1996：457.

② 同①565.

在与时俱进、以人为本的科学发展观理念指导下，这一时期党的领导集体越来越清晰地认识到尊重舆论发展客观规律的重要性，党的舆论观必须更新，在强调舆论正确导向和为党的中心工作服务的同时，必须遵循舆论传播和发展的自身规律，党的舆论观进入一个新的发展高度。以胡锦涛为代表的党中央高度重视党的舆论工作，并明确提出舆论工作"关系人心向背，关系事业兴衰，关系党的执政地位"①。2004年党的十六届四中全会明确提出增强党的舆论引导本领的论述，时代性地将舆论引导作为党的执政能力的一项重要内容②。

同时，胡锦涛将舆论工作与社会治理紧密联系在一起，认为舆论是社会治理的重要抓手，将舆论工作置于社会治理的语境中，可以通过舆论了解社会发展状况，了解民众的所思所想，加强对行政权力的社会监督和舆论监督，进而为社会治理提供重要参考。这表明对党的舆论工作的认识和理解达到了新水平。胡锦涛在江泽民的舆论导向祸福论的基础上进一步指出，"舆论引导正确，利党利国利民；舆论引导错误，误党误国误民"③，并在2008年视察人民日报社时对正确把握舆论方向进一步提出要求：要建立起正确的政治观、大局观、责任观和阵地观，以坚持正确的舆论导向作为新闻宣传工作的首要任务，以主旋律带动人民，引领民众思想，使党和政府更好地为人民和国家服务。

随着网络舆论越来越成为社会舆论场中的新生和主导力量，突发公共事件呈现出常态化出现的趋势，胡锦涛特别提出舆论工作要按照新闻规律办事，要在充分了解社会舆论的基础上，遵循新闻传播规律，创新观念方法，以适当的手段进行舆论引导；首次提出了网络舆论引导的重要性，认为互联网在舆论传播中起到了放大器和催化剂的重要作用，主张通过互联网了解民情、汇聚民智，强调要进一步加强和完善信息网络管理，提高对虚拟社会的管理水平，健全网上舆论引导机制④；并提出要健全突发公共事件新闻报道

---

① 中共中央文献研究室. 十六大以来重要文献选编：上 [M]. 北京：中央文献出版社，2005：535.
② 陈力丹. 新中国成立60年来典型报道演变的环境与理念 [J]. 当代传播，2009（5）.
③ 吴绮敏，孙承斌. 唱响奋进凯歌 弘扬民族精神：记胡锦涛总书记在人民日报社考察工作 [N]. 人民日报，2008-06-21（1）.
④ 胡锦涛. 在人民日报社考察工作时的讲话 [M]. 北京：人民出版社，2008.

机制，强调舆论引导要积极灵活地运用各类舆论载体，"舆情议题设置""突发公共事件"等新闻传播专业术语开始不断出现在党的领导集体的讲话和文件中。胡锦涛率先提出构建"舆论引导格局"这一概念，提倡以党内报刊和广播电视等媒介为主导、与其他媒体相结合，实现资源共享，建立起定位鲜明、特征显著、功能互补、覆盖广泛的舆论引导新格局[①]，进一步对新态势下党的舆论工作方向提出了建设性的指导意见和行动指南。

以胡锦涛为代表的中国共产党人在这一时期更加关注网络传播技术与现实语境，注重网民群体和舆论效果，从党的顶层设计与宏观布局上阐述和强调了舆论引导的重要性和方法路径。这是对以往党的舆论观的继承与新发展，进一步拓宽和丰富了党的舆论观的理念和内涵，尤其回答了在网络环境下如何进行舆论引导和舆论引导如何服务经济建设这些核心命题，为以后中国共产党的舆论工作提供了新的工作思路，具有很强的实践指导意义。党的舆论观念在网络传播环境下不断成熟和完善。

（六）关乎定国安邦的舆论

随着新兴媒体迅速发展，舆论环境也发生了深刻的变化，尤其是自媒体账号平台层出不穷，舆论传播主体呈现出社会化和多元化的趋势，网络舆论场上的舆论力量格局发生了根本变化，网络空间成为新时代舆论斗争的主战场，成为各类社会思潮短兵相接的前沿阵地，成为正确思想与错误思想交锋的比武擂台，成为健康文化与腐朽文化较量的搏斗场，成为意识形态领域渗透与反渗透的硝烟战场，直接关系到改革发展和社会稳定的大局。因此，美国数字预言家埃瑟·戴森指出："数字化世界是一个崭新的疆土，可以释放出难以形容的生产能量，但它也可能成为恐怖主义者和江湖巨骗的工具，或是弥天大谎和恶意中伤的大本营……它是一个虚拟的宣传工具，但却是施展阴谋的好地方。"[②] 党的十八大以来，以习近平同志为核心的党中央高度重视舆论和舆论工作，不断深化对舆论工作在政治战略中的定位的认识，综合来看，主要体现在以下"七个新"上。

第一个是"新概念"。习近平在"2·19"谈话中首次将"党的新闻宣传

---

① 胡锦涛. 胡锦涛文选[M]. 北京：人民出版社，2016.
② 戴森. 2.0版：数字化时代的生活设计[M]. 海口：海南出版社，1998.

工作"这一概念表述改成了"党的新闻舆论工作"。将"宣传"改为"舆论",体现了新时代党对舆论的认识达到了一个全新高度。宣传更加强调的是传者,具有被动性,舆论则强调民众的积极性反馈的特性,更加尊重新时代网络舆论表达的新特点,这与习近平在地方从政的丰富经历有密切关系。早在1988年,他在宁德担任地委书记接受记者采访时就提出,新闻舆论工作要坚持党性原则,同时也要在这个基础上尊重新闻舆论自身的客观规律,两者都不可偏废。

第二个是"新定位"。习近平对党的舆论工作性质地位做出了新定位,将舆论工作上升为治国理政、定国安邦的大事。习近平明确指出:"做好党的新闻舆论工作,事关旗帜和道路,事关贯彻落实党的理论和路线方针政策,事关顺利推进党和国家各项事业,事关全党全国各族人民凝聚力和向心力,事关党和国家前途命运。"①

第三个是"新表述"。习近平对党的舆论工作职责使命做出了新表述,将新时代党的舆论工作职责和使命概括为48个字,即:"高举旗帜、引领导向,围绕中心、服务大局,团结人民、鼓舞士气,成风化人、凝心聚力,澄清谬误、明辨是非,联接中外、沟通世界。"② 对从宏观到微观、从国内到国外、从党的中心工作到社会个体,均有的放矢地提出了新要求,做出了新表述。

第四个是"新论断"。习近平对党的新闻舆论工作方针原则做出了新论断:"必须把政治方向摆在第一位,牢牢坚持党性原则,牢牢坚持马克思主义新闻观,牢牢坚持正确舆论导向,牢牢坚持正面宣传为主。"他旗帜鲜明地指出:"党的新闻舆论工作坚持党性原则,最根本的是坚持党对新闻舆论工作的领导。"③

第五个是"新擘画"。习近平对党的舆论工作创新发展做出了新擘画,明确要求党的新闻舆论工作必须创新理念、内容、体裁、形式、方法、手段、业态、体制、机制,增强针对性和实效性,适应分众化、差异化传播趋

---

① 习近平. 习近平谈治国理政:第2卷[M]. 北京:外文出版社,2017:331-332.
② 中共中央宣传部新闻局. 习近平总书记党的新闻舆论工作座谈会重要讲话精神学习辅助材料[M]. 北京:学习出版社,2016.
③ 同②.

势，加快构建舆论引导新格局，高度重视传播手段建设和创新，提高新闻舆论传播力、引导力、影响力、公信力，通过创新改革来适应新的舆论环境的改变。

第六个是"新部署"。习近平对网上舆论工作做出了新部署。他指出，读者在哪里，受众在哪里，宣传报道的触角就要伸向哪里，宣传思想工作的着力点和落脚点就要放在哪里①。他指出，舆论宣传要坚持团结稳定鼓劲，强调宣传内容重在传播正能量，正面宣传要创新宣传观念，旗帜鲜明坚持正确政治方向、舆论导向、价值取向，用新时代中国特色社会主义思想和党的二十大精神团结、凝聚亿万网民，推进网上宣传理念、内容、形式、方法、手段等方面的创新，把握好时度效，构建网上网下同心圆，更好地凝聚社会共识，巩固全党全国人民团结奋斗的共同思想基础②；并明确指出要强化互联网思维，实现传统媒体和新媒体的融合发展，形成立体多样、融合发展的现代传播体系。

第七个是"新要求"。习近平对加强新闻舆论工作队伍建设提出了新要求。他要求："要深入开展马克思主义新闻观教育，引导广大新闻舆论工作者做党的政策主张的传播者、时代风云的记录者、社会进步的推动者、公平正义的守望者……媒体竞争关键是人才竞争，媒体优势核心是人才优势。要加快培养造就一支政治坚定、业务精湛、作风优良、党和人民放心的新闻舆论工作队伍。"③

以习近平为代表的新时代中国共产党人主动顺应新媒体技术变革大潮，坚持从中国党情国情社情出发，牢牢把握时代脉搏，积极回应时代关切，提出了一系列全新的舆论工作论断和思路，形成了综合的、立体的舆论观思想体系，习近平更是对以往各时期的中国共产党的舆论观及其理论遗产做了全新的诠释，深刻论证了事关党的舆论事业长远发展的一系列重大理论和现实问题，进一步明确了党的舆论工作的定位意义、职责使命、重点任务和基本要求，针对新时代党的舆论工作提出了具有中国特色的新论证，发展了新时代的中国共产党的舆论观，逐步形成了独具特色的习近平舆论观思想体系。

---

① 习近平．习近平新闻舆论思想要论［M］．北京：新华出版社，2017．
② 习近平．在网络安全和信息化工作座谈会上的讲话［N］．人民日报，2016-04-26（2）．
③ 习近平．习近平谈治国理政：第2卷［M］．北京：外文出版社，2017：332-333．

习近平的舆论观就是新时代中国共产党的马克思主义舆论观，具有很强的战略性、前瞻性、针对性和指导性，为做好新时代党的舆论工作提供了根本遵循。

三、中国共产党百年舆论观演进的特点及启示

纵观建党一百多年来党的舆论观演进过程，可以看出党的舆论观具有鲜明的时代性、强烈的针对性和深刻的理论性。从演进的过程大抵可以得出如下相关结论与启示。

（一）中国共产党百年舆论观的演进是一部具有能动性的观念史和实践史

中国共产党百年舆论观的演进不是学术研究史，更不是思想史，而是一部具有能动性的观念史和实践史。纵观建党一百多年来，党带领全国人民不断求真务实，应对复杂的国际国内形势剧变，及时调整各个时期党的舆论工作中的指导思想，具有积极的能动性。革命战争时期，舆论斗争与军事斗争同样重要；社会主义经济建设时期，党及时将舆论工作调整为舆论宣传为经济建设服务，以舆论来凝聚民众共识、团结广大中国人民，进而实现党的政治目标和政治任务。在这个过程中，存在中国共产党如何认识舆论的本质的问题，这就是党的舆论观。还需要强调的是，中国共产党百年舆论观还是能动的实践史。中国共产党成立早期的舆论观可能深受传统资产阶级尤其是康梁的"舆论之母"等观念的影响；从毛泽东以后，党的舆论观都来自实践变化，来自活生生的中国现实，并进一步指导舆论实践和改造舆论实践，具有马克思主义实践论的本质属性。

（二）中国共产党百年舆论观的演进体现了舆论的工具性和实践理性

无论是在建党早期还是在社会主义建设的新时代，党对舆论工作的认知都始终处于实用主义的状态，在革命战争时期为其赋予与军事斗争同等的地位，在中华人民共和国成立以后将其作为与国内外反动势力进行斗争、团结和动员民众的重要手段，改革开放以后则视之为经济建设重要的宣传手段和引导民众的重要抓手。可以看出，在不同时期，党的舆论工作始终都是为当时的中心工作服务，紧紧围绕党的中心任务，为维护党的政治地位服务的。从这个意义上，党一直强调和看重的是舆论的工具性，并针对不同时期的中心工作及时调整，为舆论赋予不同的内涵、概念和路线图，并在实践中不断总结和

升华舆论的话语逻辑和表达体系，从而推进党的舆论观不断完善和成熟。

（三）中国共产党百年舆论观的演进是一个开放的、自我调适的自组织系统

纵观中国共产党百年舆论观的演变，可以看出其本身已然具备一定的耗散结构特性。耗散结构是物理学中的一个概念，指一个原本混沌的开放系统通过不断地与外界交换物质和能量，在外界条件变化达到一定阈值时，通过内部的作用产生自组织现象，使系统从原来的无序状态自发地转变为时空上和功能上的新的、稳定的有序结构。在建党早期，由于没有前人可以借鉴，再加上当时革命斗争形势的复杂性，党对舆论的认知处于一种简单的、粗糙的无序状态；随着内部机制的自我完善与党的领导核心的形成，党对舆论的认知不断完善，不断提高自身的复杂度、精密度和细致度的过程，具备自组织的特性。另外，党的舆论观演进的自组织系统还通过从中国社会实践和民众中汲取思想养分，不断地降低自身对舆论认知的熵含量，提高舆论观的丰富度和有序度，对舆论的认知也从单一层次（宣传鼓动）向多元立体化层次（定国安邦）演进。

（四）中国共产党百年舆论观的形成是一个从主体到主客体互动的认知深化过程

在建党早期，党对舆论的主客体认知还处于比较初级的阶段。为推进民主革命，党在实践中对群众的思想政治工作进行了许多探索，其中一个最突出的特点表现为重视"理论灌输"对占领意识形态领域阵地的作用。这一做法在当时具有一定的合理性，因为彼时的民众文化水平较低、社会辨别能力较弱，只有通过这种直接的方式宣传马克思主义以及党的纲领和决议才能达到最好的效果。但这其中暗含一种受众观，即社会大众是可以随意动员引导的、缺乏能动性的一般客体存在。一直到社会主义经济建设时期，"宣传"都是党的舆论观的核心思想，舆论观就是宣传观。而随着新媒介技术勃兴，党对舆论工作的认知不断完善。胡锦涛提出了按照新闻规律办事，一定程度上表明党的舆论观对舆论客体的认知在不断完善。习近平更是明确提出："网民来自老百姓，老百姓上了网，民意也就上了网。群众在哪儿，我们的领导干部就要到哪儿去。"[①] 党的舆论观在不断强调舆论客体即民众的能动性

---

① 习近平. 习近平谈治国理政：第2卷[M]. 北京：外文出版社，2017：336.

地位，更加注重舆论主客体之间的良性互动和和谐关系，而互联网治理的本质要义就是"互动"与"调和"，这说明党对舆论中各种互动关系的认知在不断深化和趋于完善。

（五）中国语境与媒介技术是中国共产党百年舆论观演进的核心推动力

党对舆论和舆论工作的认知是不断演进和发展的，其最为核心的两个推动力是中国语境和媒介技术。中国共产党的舆论观首先是马克思主义指导下的舆论观，但在不同时期会根据中国当时的社会发展和核心工作进行灵活有效的调适，让舆论观更好地指导舆论工作实践，而中国各时期社会的发展则是党的舆论观不断完善的肥沃土壤和核心动力，两者互相促进。媒介技术会引起社会信息流动格局的改变，进而创造出不同的舆论环境，舆论环境的改变又会带动中国共产党舆论观的调适与优化，传统大众媒体时代的舆论观显然不适合互联网环境下的舆论引导，因此，新时代我们党产生了新时代中国特色舆论观作为当下舆论环境的指导思想。可以说，建党百年来，党的舆论观是在中国语境和媒介技术双作用力的推动下不断调适而趋于完善和优化的。

（六）党性与人民性是中国共产党百年舆论观一以贯之的灵魂和内核

党的新闻舆论工作必须坚持党性原则，这是马克思主义新闻观的最基本、最重要的观点。党的历代领导集体都很重视舆论工作中的党性原则：毛泽东强调，党报要无条件地宣传党的纲领、路线、方针、政策，成为党联系群众的纽带；邓小平指出，"要使我们党的报刊成为全国安定团结的思想上的中心"①；江泽民强调，新闻工作者必须讲政治，同党中央保持一致，确保新闻舆论宣传的领导权牢牢掌握在忠于马克思主义、忠于党、忠于人民的人手里；胡锦涛强调，党管宣传、党管媒体，是中国共产党在长期实践中形成的重要原则和制度，必须始终牢牢坚持，任何时候都不能动摇；习近平强调，党和政府主办的媒体是党和政府的宣传阵地，必须姓党。坚持党性原则，最根本的是坚持党对新闻舆论工作的领导。党性和人民性从来都是一致的、统一的，纵观百年舆论观的演进，中国共产党作为马克思主义政党，人民性也一直贯穿党的舆论工作。以人民性为出发点和落脚点，是党对舆论工

---

① 邓小平. 邓小平文选：第 2 卷 [M]. 北京：人民出版社，1994：255.

作的根本要求，党的舆论工作归根到底就是解决民心所向的问题，因此党的舆论工作历来是以人民为中心的，人民性是党的舆论工作的动力之源。

第二节　新时代中国特色舆论学需要回答的核心问题

随着信息时代和网络社会的不断发展，以互联网舆论为主要代表的社会舆论生态及其变化已成为社会发展的风向标、测速仪、安全阀和稳定器，对经济、政治、社会和生态文明建设产生了复杂而深刻的影响。新时代要加强和创新社会治理，最大限度地凝聚社会共识，必须关注舆论生态的变化与发展。基于此，需要构建与之相适应的舆论学研究体系和基础理论建设，即区别于传统舆论学研究的"新时代中国特色舆论学"。"新时代中国特色舆论学"作为新概念，是传统舆论学发展面临困境和舆情乱象丛生的时代背景下的必然产物。这一概念既是对传统舆论学研究的继承与扬弃，也是对网络舆情最新研究的整合和升华。"新时代"与"中国特色"是当代舆论学发展的两大基座，是支撑传统舆论学进行理论创新和学科转向的基本社会语境。新时代中国特色舆论学是时代的需要和现实的选择，而这一命题和概念要能够成立，还必须应对以下"时代之变"。应对好了，这一命题自然能够立得住；应对不好，这一命题就是自娱自乐。这些问题本身也是新时代中国特色舆论学研究的核心问题。

一、舆论学研究对象的变化：从话语表达到文本书写

传统舆论学的研究对象基于舆论主体——公众的话语表达，虽然舆论概念的外延一直存在争议（例如，没有表达出来的话语属不属于舆论？），但大多数研究者将舆论的研究对象界定为话语、言说，是一种表达出来的话语。网络时代来临，公众将互联网作为主要的话语表达空间，更多地以文字（跟帖评论、社交语义链等）、短视频等新型文本来呈现，呈现介质与形式的不同从根本上改变了传统舆论学的解释力和适用范围。根据麦克卢汉"媒介即信息"的哲学意涵，承载意见信息的载体和介质的差异决定了公众在舆论认识论上的根本差异。舆论介质促使舆论学理论体系必须进行范式转型。

二、舆论学传播环境的变化：从大众传播到社群传播

传统舆论学中的表达主体是社会个体，是原子点一样的存在，个体之间互动交流的范围和频度较低，主要依靠大众媒体提供信息来认识世界，传统舆论学也是基于大众传播时代而产生和发展的。但随着社群时代来临，社会个体越来越以社群化生存的方式而存在，民众开始依靠人际关系网络、依靠所处的社群来观察和认识世界，社群就像传统媒体与用户个体之间的"中介"，社群自身成了一种"媒介"，成了关系传播时代的消费单元①。传统媒体如果想将信息送达普通民众，就必须"破圈"，楔入人际关系网，这样才能将内容传达给用户。这就可以解释为什么传统媒体的舆论引导能力在下降，在传统舆论学视域下提出的舆论引导手段在社群传播时代显得力不从心，需要进行根本性的范式调适和创新。

三、舆论学研究视角的变化：从"报刊的有机运动"到"后真相"

"报刊的有机运动"是马克思在1843年提出的，经过多次论述，形成了一种较为完整的关于报刊报道新闻的过程理论②。马克思认为，每篇新闻报道由于侧重面不同，单独看起来可能是片面的和有偏差的，但只要报刊的有机运动在正常地运行，事件的真相就会逐步清晰地表现出来。并且在马克思看来，报刊是社会舆论流通的纸币，是舆论最重要的载体，在这种媒介环境下，舆论引导问题更多着眼于方式、方法，只要将事实真相通过报刊等大众媒体传播开去就行了，"真相"的解释权由报刊和官方掌握，民众只需要接受就可以了。而在新媒体环境下，报刊不再是舆论唯一的载体，就舆论的传播效果而言，媒体从原来的常量变为变量。新媒体影响舆论的维度、方式和效果成为必须解决的理论和现实问题③。另外一个巨大变化就是"事实真相"的解释权下放给了民众，民众在对真相进行支离破碎的拼接中并不太关注

---

① 李彪. 未来媒体视域下媒体融合空间转向与产业重构[J]. 编辑之友，2018 (3).
② 陈力丹. 精神交往论：马克思恩格斯的传播观[M]. 北京：中国人民大学出版社，2008：8-9.
③ 喻国明. 传播视野与协同实践：新媒体环境下马克思主义舆论观的新探索：评《社交媒体的舆论引导研究：理论分析、效果影响因素与实践模式》[J]. 新闻知识，2018 (6).

"真相"本身，而更多注重的是追求真相过程中的情感宣泄、价值共鸣和社群归属，真相本身不再显得那么重要了。

四、舆论学研究视阈的变化：从国内舆论场到国内外两个舆论场融通

传统舆论学研究主要是基于一个国家（地区）内的意见流动场域而展开的，无论舆论的表达主体多么多元、多层次，舆论的管理主体相对而言都具有唯一性，舆论客体也都具有相对固定性和同一性，因此传统的舆论学研究体系相对比较单薄，只需要解决引导与管理国内舆论场的问题即可。随着互联网时代来临，整个世界在虚拟空间成为一个相对完整的舆论场，尤其是2020年伊始，新冠疫情肆虐，疫情与舆情叠加，国际与国内两个舆论场基于共同的疫情、中美经贸等话题而被打通。但由于长期以来国内国际两个舆论场的断裂，两者呈现出异幅共振的态势，形成了"全球超级舆论场"。全球舆论生态发生重大变化，已成为后疫情时代中国舆论生态治理的新常态。传统的舆论学研究已经不适应全球舆论场的新变化，尤其无法回答在国内国际两个舆论场融通后中国如何重构与提升国际话语权，以及中国作为新兴大国如何塑造数字传播时代的全球数字领导力等问题单中的核心问题。

五、舆论学研究现状的变化："学"为末、"术"为主、"策"为上

2003年以后网络舆情发展方兴未艾，整体研究众声喧哗，但还存在"学"为末、"术"为主、"策"为上的尴尬现实。"学"为末主要是因为舆论学研究的三大体系建设不够，虽然网络舆情相关书籍源源不断地面市，但具有学理性的基础理论的研究著作还比较鲜见，相关研究者多是从短平快的案例研究出发，以材料堆砌为主，因为案例具有时效性，再加上新媒介技术的迭代速度加快，还有部分研究过于细碎，所以得出的结论不具有宏观价值；"术"为主是指目前网络舆情研究的手段不断引入计算机科学、社会学等学科，各类研究手段层出不穷，舆情报告越来越厚，各类图表越来越多，柱状图、饼状图等形式越来越花哨，在某种意义上，舆情报告已经成为各类舆情方法的试验场，形式意义已经大于实质内容；"策"为上是指目前的舆论学研究主要指向危机管理与应对，目前网络舆情监测产业的热闹在一定程度上是现实需求，尤其是政府部门和企业的经济利益驱动的结果，舆情监测已经

成为一些舆情软件服务商、主流媒体舆情监测部门的香饽饽,从而促使舆论研究越来越快餐化和浮躁化。要改变这种现状,亟须舆论学的基础研究和理论体系的建构。

六、舆论学研究方法的变化:从单一手段到多元多层次手段

传统舆论学在研究手段上主要以抽样＋问卷调查为主,无论是入户调查还是计算机辅助电话访问(CATI),归根结底都源于乔治·盖洛普于1936年发明的民意测验手段,他在这个方法论的基石上构建了现代舆论测量体系和范式。但2016年美国总统大选前民意调查预测的失败,一定程度上说明传统舆论调查范式受到了极大挑战,采用基于全样本数据的大数据技术等新技术手段的舆情采集方法不断涌现,传统的舆论研究范式无论是样本的代表性还是结论的解释力等都受到了影响,而研究方法和研究范式是理论创新的基石,因此需要构建与社交网络时代舆论监测相匹配的新的理论体系和学术范式。

世易时移,变法宜矣。以上这些变化都是时代对传统舆论学提出的新的挑战,必须在传统舆论学的基础上进行范式创新和思维转换,构建与现实情境、新型研究范式相匹配的中国特色舆论学研究体系和内容体系。

第三节 加快新时代中国特色舆论学的内容体系建构

时代向传统舆论学提出的问题单,需要相应的内容体系来进行解答。基于此,需要对传统舆论学的研究内容进行"腾笼换鸟"和范式转移,构建新时代中国特色舆论学的内容体系。笔者认为,新时代中国特色舆论学的内容体系主要包括以下几个部分。

一、新时代中国特色舆论学的指导思想是马克思主义舆论观

马克思和恩格斯均十分重视对舆论的研究与论述,在他们的著作中,"舆论"这一概念出现了300多次[①]。他们主要从社会发展的视角,论述了舆

---

① 陈力丹. 精神交往论:马克思恩格斯的传播观[M]. 北京:中国人民大学出版社,2008.

论的本质与特征、舆论的主要载体、舆论的巨大作用，强调舆论具备一定的阶级性和不稳定性，其表达与政治意识发展密切相关，初步形成了马克思主义舆论观。

二、新时代中国特色舆论学的八要素

传播学研究因哈罗德·拉斯韦尔明确提出5W，对传播学研究的五要素予以明确才得以形成系统的研究体系。传统舆论学研究一直有"三要素说""五要素说""七要素说"和"八要素说"。在互联网传播时代，舆论传播依赖的环境越来越复杂，涉及的要素越来越多，笔者更倾向于八要素说。

（一）舆论的主体

传统的舆论学认为舆论主体必须是公众，即一群具有一定的思考和判断力、能够自主进行社会参与活动的社会个体，从这个意义上说，社会组织和网络水军等均不属于舆论主体。而在马克思主义新闻观体系下，由于党性和人民性是相统一的，作为政府一方的"党的声音"和与之相对一方的"民众的声音"从本质上来说也应当是统一的。同时，坚持党性原则为新闻舆论工作的第一原则，也要求党对新闻舆论工作有绝对的领导权。从这个角度来说，马克思主义新闻观下的舆论主体，不再清晰地将"政府"与"公众"对立起来，在一定程度上扩大了舆论主体的范围和内涵。并且，随着新媒体时代的到来，网络媒体为民众的意见表达提供了更加便捷和直接的渠道，让舆论主体进一步复杂化。在这样的环境下，舆论主体逐渐成为"以人民群众为主体的各类社会主体"[1]。习近平总书记的网络舆论观中提到，与传统时代相比，网络空间中的舆论主体出现了多元主体与主流媒体争夺话语权的局面[2]。多元主体对话语权的争夺和博弈，不但体现出舆论主体的复杂构成，也为舆论的研究提供了新的视角——从宏观来看，舆论成为人民、媒体、政治运作之间的一种"互动过程"[3]。网民群体（或者其中的特定群体）、网络意见领

---

[1] 杨保军."共"时代的开创：试论新闻传播主体"三元"类型结构形成的新闻学意义[J]. 新闻记者，2013（12）.

[2] 罗昕. 习近平网络舆论观的思想来源、现实逻辑和贯彻路径[J]. 暨南学报（哲学社会科学版），2017，39（7）.

[3] 陈力丹. 舆论学：舆论导向研究[M]. 上海：上海交通大学出版社，2012：76-77.

袖、网络搬运工、网络水军、社交机器人等均属于舆论主体的研究范畴。

(二) 舆论的客体

传统舆论学中的舆论客体主要是一些看得见、摸得着的事件、人物或者社会问题，因为涉及公共利益或者谈资，所以很容易成为公众谈论的对象，进而形成一定范围内的意见气候。随着网络社区的崛起，隐性的社会规范和伦理道德可能成为民众关注的焦点，再加上一些在小范围内形成的亚文化也有可能成为一定范围内的舆论焦点和谈论对象，因此舆论客体既可以是人、事，也可以是价值、观念、制度、规范、文化。从这个意义上说，舆论客体的外延得到进一步延展，变得越来越隐形化和多样化。对热点事件、知名人物、社会规范、价值观念和亚文化等的研究均属于舆论客体的研究范畴。

(三) 舆论的本体

舆论本体是一种意见表达和意见信息，在外显形式上，传统舆论学中的舆论本体主要指话语言说或者问卷调查中的答案。但随着互联网时代来临后民众将话语表达转移到网络空间，舆论本体越来越呈现出多元化的复杂特征：可以是一段文字，也可以是一段音频或视频，在社群中更可能是一段对话甚至是点赞、转发等行为。因此，舆论本体的外延不断延展和泛化，并且在极端情况下，舆论本体会以网络谣言、网络流行语和网络表情包等网络流行风尚形式出现。另外，舆论本体还有多种存在形态、多种不同的信息形态等。对舆论形态、舆论文本、网络谣言、网络流行语、网络表情包等的研究均属于舆论本体的研究范畴。

(四) 舆论的数量

舆论的数量是舆论在多大范围内的一致性，是衡量舆论规模最直观的指标。传统舆论学研究者根据运筹学计算结果，即黄金分割比例 0.618，认为如果在一定范围内，有 38.2%（三分之一多）的人持某种意见，这种意见便在这一范围内具有了相当的影响力（但尚不能影响全局），而若有 61.8% 的人持某种意见，则这种意见在这一范围内将成为主导性舆论，即上升为民意①。但这种划分不具有实际意义。中国互联网络信息中心（CNNIC）发布

---

① 刘建明，纪忠慧，王莉丽. 舆论学概论 [M]. 北京：中国传媒大学出版社，2009：98-99.

的第 50 次《中国互联网络发展状况统计报告》显示，截至 2022 年 6 月，我国网民规模达 10.51 亿，理论上讲每个热点事件需要约 3.1 亿网民讨论才能生成舆论，这是不现实也不可能的①。在现实研究中，舆论的数量用参与讨论的主体的绝对数值进行比较衡量就可以了，不需要计较是否达到了总体的三分之一（因为在互联网上根本无法得到准确的总体范围），只要网民感觉到某个事件的意见气候特征及基本观点结构，就已经形成了舆论。

（五）舆论的强度

传统舆论学研究认为舆论的强度有两种表现方式：一种是行为舆论表现，强度较大；一种是言语表情和内在态度表现，强度需要通过舆论调查来测量。但随着互联网时代来临，舆论的强度可以通过舆论的声量来表现，即用参与相关事件转发、评论等外显行为的公众数量来衡量，这是一级强度的舆论；在虚拟空间形成了一定的集体行动或者流行风尚，这是二级强度的舆论；线上与线下空间勾连，并进行互动甚至是共振，线上虚拟空间延展到线下空间行为，则是三级强度的舆论。舆论的强度对研究社会运动、社会动员及群体极化具有非常重要的作用，因此也是中国特色舆论学的重要要素之一。

（六）舆论的周期

传统舆论学对舆论的周期的关注不是很多，主要是因为在报纸电视时代，信息的流动速度较慢，舆论的形成和扩散都是一个漫长的过程。互联网时代来临后，意见信息流动速度和迭代速度不断加快，舆论存活短则几小时，长则多年（如周正龙"虎照"事件），这与舆论客体的情况有关。中国人民大学舆论研究所的研究表明，近年来舆论存活周期不断变短，从原来的两周缩短到一周以内②。这一方面与舆情事件频发有关，另一方面与"后真相"时代的社交茧房有一定的关系。

（七）舆论的反馈

在传播学 5W 要素中，有个很重要的要素就是反馈。舆论作为一种意见信息，自然也会对舆论客体产生影响。传统舆论学研究也认为，反馈是舆论

---

① 李彪. 社会舆情生态的新特点及网络社会治理对策研究 [J]. 新闻记者, 2017 (6).
② 喻国明, 李彪. 中国社会舆情年度报告（2020）[M]. 北京：人民日报出版社, 2020.

存在的综合表现，能够以自在的方式，直接或间接地、明显或隐蔽地影响舆论客体。在互联网时代，由于网上众声喧哗，很容易在短时间内在网上形成民意的啸聚，舆论当事方会在短时间内受到极大的社会压力和上级指责，更容易做出道歉行为和对事件的处理，舆论的反馈更加迅速和有效，因此舆情事件发生后当事方的行为及举措也是中国特色舆论学研究的重点。如情况通报如何写，舆情举措如何展开，"解惑"重要还是"解气"重要①，等等，都属于中国特色舆论学中舆论反馈的研究范畴。

（八）舆论的质量

传统的舆论学研究认为，舆论的质量是指舆论所表现的价值观、具体观念及情感的理智程度。一般说来，舆论是多数公众的意志，应当尊重，但舆论是一种群体意见的自然形态，带有较强的自发性和盲目性，文化和道德传统对它的影响巨大，同时各种偶然的外界因素也会经常引起它的波动，这种自然形态决定了舆论总体上是一种理智与非理智的混合体。舆论本身作为一种意见信息，与表达主体的固有价值观和伦理观紧密相关，因此舆论在互联网时代大多是非理性和应激性的，因此对网络表达中的杠精、键盘侠、民族主义、网络民粹等的研究均属于舆论质量的研究范畴。

三、新时代中国特色舆论学的四个层次：信息—情感—关系—行为

传统舆论学研究主要将舆论视作一种意见信息，主要探讨其传播过程与传播规律。但互联网时代来临后，舆论不再是简单的信息流动，其背后具有更加复杂的动因。

（一）舆论的基本表征是意见信息流动

舆论作为一种意见信息，首先符合信息传播的基本规律，因此舆论学是新闻传播学的重要分支。舆论引导与舆论管理主要从信息流动的角度提出对策，传统舆论学研究也是在意见信息流动基本研究假设基础上提出的，但意见信息流动只是舆论的基本表征。

---

① 李彪．霸权与调适：危机语境下政府通报文本的传播修辞与话语生产：基于44个引发次生舆情的"情况通报"的多元分析［J］．新闻与传播研究，2019，26（4）．

（二）舆论的底层动因是情绪宣泄和情感传导

民众对信息的消费大抵经过了量—质—情三个阶段。在信息渠道匮乏阶段，无论生产出什么样的信息都有人阅读和观看；在信息渠道丰足阶段，民众获取信息的成本在下降，民众会选择内容质量高的信息来阅读；随着"后真相"时代来临，目前民众处在第三个阶段，即关注的不是信息渠道多权威、内容质量多优质，而是是否与我有关、能否满足我的情感需求，舆论表达不是为了追求事实真相，而是为了追求真相过程中的情感宣泄、价值认同和社群归属，众声喧哗的背后是情感的泛滥和宣泄。如果只对表层信息进行抓取与研究，而忽略了背后的情感和情绪，那么很容易造成隔靴搔痒，找不到问题症结。而如果让民众对舆论引导主体产生情感依赖和价值共鸣，那么无论引导主体向其传播什么内容，民众都会无条件地喜爱。感情通了，诸事皆通；感情不通，诸事不通，吆喝的声音再响也没人应和。

（三）舆论的传播结构是社会关系网和社群

社交网络的崛起使得人类社会得以重新部落化、网络化和关系化。人类基于血缘（如家族群）、地缘（如老乡群）、学缘（如班级群）、业缘（如记者群）和趣缘（如驴友群），在虚拟社会空间得以重新部落化、圈群化。并且随着社群的崛起，人们越来越依靠人际关系网来获取信息，"关系"本身成为一种媒介，意见信息不再依靠传统媒体进行传递，而逐步向社群、关系网传播转移，意见信息表面上传播得杂乱无章，但背后主要是依赖关系网进行传播。因此，研究社群时代的虚拟关系网，就可以抓取舆论传播的底层架构。

（四）舆论的最高表达形式是群体极化和社会行动

以上三个层次都是舆论的初始阶段。在社群的关系结构中，在情感和情绪的动力机制下，社群成员很容易形成群体极化，进而进行线上线下行为的勾连和动员，最终从线上虚拟空间转移到线下现实社会。虽然这一层次并不是在每个舆论中都存在，但虚拟社群中的群体极化是常见的，基于此，这是舆论发展的最高层次，但不是必要层次。

四、新时代中国特色舆论学的价值转向：国家治理与全球数字领导力

舆论学从产生起就具有鲜明的应用属性，服务于政治民主建设，具有强

烈的价值导向。新时代中国特色舆论学是在新的媒介环境和中国新的发展阶段背景下提出的新理论体系，在价值导向上也存在一个空间转向的问题。

（一）从舆论引导到舆论生态治理与社会治理共同体构建

在传统媒体环境下，由于意见信息流动的速度和规模都有限——无论是舆论的层次性、涉及的主体数量还是影响的范围都很有限，因此对舆论的干预主要基于"舆论引导"的诉求而展开。舆论引导虽然是个政治价值诉求，目的是塑造良好的舆论环境，改变意见相左的意见气候，但价值指向相对比较单一和低层次。互联网时代舆论的传播速度不断增强，涉及的主体包含方方面面，舆论引导很难分辨引导的客体是谁、在哪儿引导。社会各阶层参与的舆论表达话语场已经成为一种舆论生态，不同的主体扮演不同的角色，拥有不同的舆论生态位。从以往单一层次的舆论引导转向构建健康的舆论生态，从以宣传部门一家为主转向社会治理共同体建设，既要尊重多元意见主体的表达权，又要在全社会范围内尽量形成最广泛的社会公约数，在当前网络社群裂变和价值观多元的大背景下形塑有利于社会主义建设的意见气候，是新时代中国特色舆论学的第一个价值转向。

（二）从主流媒体建设到现代传播体系与公共传播体系建设

马克思与恩格斯基于其生活的媒介环境提出了"报纸是作为社会舆论的纸币流通的"[①]的形象比喻，生动地说明了报刊对于舆论传播的重要社会职能。在传统媒介环境下，以报刊为代表的主流媒体的确发挥了强大的舆论动员和社会整合的作用。但随着多元传播主体的加入，主流媒体的社会角色与职能发生了变化，从原来民众与事实之间的唯一传者转变为事实传递的"二传手"。主流媒体在强化其"破圈"传播、传递主流价值观的同时，需要强化现代传播体系建设，即对不同传播主体的角色进行职能界定，通过体制机制的建设，让不同传播主体各司其职、有条不紊地进行社会沟通和公共传播。因此，构建适应传播现实的现代传播体系是新时代中国特色舆论学的第二个价值转向。

（三）从国家治理到国际话语权重构与全球数字领导力构建

正如前文提及的，以往的舆论管理与舆论引导面临的是并不复杂的国内

---

① 马克思，恩格斯. 马克思恩格斯文集：第2卷 [M]. 北京：人民出版社，2009：179.

舆论场，基于权力的合法性和有效性，舆论引导是有效和有力的。但随着国内外舆论场的打通，以及中国在国际舆论场逐步从幕后走向前台，国内舆论的治理已经成为新时代中国特色舆论学的一个价值面向，需要从以内为主到内外兼顾，尤其需要在国际舆论场重构中国话语表达体系和国家话语权，构建与中国国际地位相匹配的全球数字领导力，这是新时代中国特色舆论学的第三个价值转向。

基于以上论述，可以将新时代中国特色舆论学的内容体系概括为房屋理论，即整个内容体系好比一座房屋（见图0-1）：地基是马克思主义舆论观，是指导思想、是灵魂、是底色；舆论八要素和舆论研究四层次是房屋的"四梁八柱"；房顶是国家治理与全球数字领导力构建，是整座房屋最突出的景观，也是创新之处。

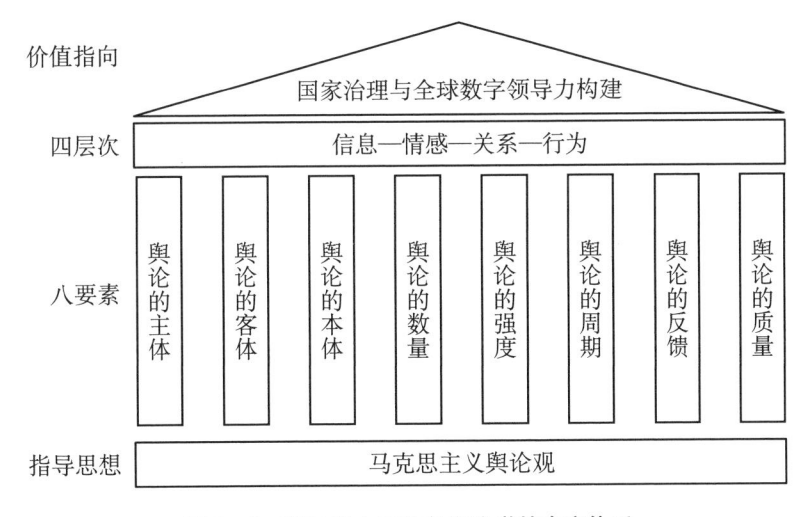

价值指向	国家治理与全球数字领导力构建
四层次	信息—情感—关系—行为
八要素	舆论的主体 | 舆论的客体 | 舆论的本体 | 舆论的数量 | 舆论的强度 | 舆论的周期 | 舆论的反馈 | 舆论的质量
指导思想	马克思主义舆论观

图0-1 新时代中国特色舆论学的内容体系

因此，从这个意义上说，之所以称之为"中国特色"，一是强调舆论具有强烈的导向和价值观属性，必须以马克思主义作为指导，这是中国特色舆论学的底色和最根本标志，二是其是以中国目前的舆论现实为背景模板的，是以当下中国从传统社会向现代社会转型为逻辑起点的，是在社会舆论生态和国际舆论场发生重大变革时提出的新型舆论学研究体系。

从社会背景来看，中国社会正处于深刻的利益调整期和社会转型期，急剧变动的时期是各类新的研究命题不断被提出的丰厚土壤。正如在20世纪

20 年代，美国社会形成了长达七年之久的"柯立芝繁荣期"。在这种剧烈的社会变化的冲击下，原有的道德规范被迅速瓦解，人们的内在精神状态无形中开始失衡，社会文化全面转型。作为文化的重要组成部分的社会舆论与道德，在这场转型中表现出对传统道德规范深层次、全方位、综合性的挑战和反思，对美国社会的影响深远，直接推动了美国现代生活方式的形成，出现了诸如李普曼的《公众舆论》（1922）、伯内斯的《舆论的结晶》（1923）。而当下的中国社会，也处于一种全方位的社会文化转型期，需要与之相匹配的舆论学研究，新时代中国特色舆论学的构建与研究可以说正当其时。

通过以上分析可知，"中国特色舆论学"这一概念和命题，不仅是真概念、真命题，而且是一个体现了鲜明的时代特征、包含了丰富的历史底蕴、立足当下、放眼未来的大命题。构建鲜明的新时代中国特色舆论学更是时代交给我们现代新闻传播学人的历史使命。中国特色舆论学建设将突破对西方舆论学理论范式的模仿与追随，不断推进其学科体系、学术体系、话语体系建设和创新，努力构建一个全方位、全领域、全要素的中国特色舆论学全新体系，致力于开创中国特色舆论学建设的新局面。从这个意义上讲，可以考虑将舆论学从二级学科新闻学中独立出来，与新闻学、传播学一起成为二级学科，构成新闻传播学的"三驾马车"，因为其解决的问题与新闻学、传播学不一致：新闻学解决的是新闻生产的问题，传播学解决的是沟通与互动的问题，而舆论学需要解决的是价值认同与情感共鸣的问题。

第一篇
大舆论观信息生态

　　大舆论观是成长于新信息生态下，不同于以往对舆论本质的认知的信息观。人类社会流转的信息不外乎两类——事实信息与价值信息，大众传媒业解决的是事实信息的生产、分发，而价值信息则归属于舆论。当然，大众传媒业也生产价值信息，并且长期处于主导地位，因此报纸有"舆论之母"之称。及至当下，用户生产信息的社会化模式主导着信息生产，事实信息与价值信息更加水乳交融，因此，研究舆论观的转型必须考虑其所依附的信息生态的变迁演进。正如法国社会学者布尔迪厄认为的，研究一个子场域必须回到其所在的元场域，当下社会信息生态即大舆论观的元场域。信息生态强调参与主体的多元性和角色的多层次性，信息的生产、分发与消费等的多主体参与促进了信息生态的形成。

第一章　社交网络时代传播格局的变化

与传统媒体时代相比，社交网络时代的传播格局发生了根本变化，主要体现在接力化、关系化和情感化这三个方面。相应地，信息的生产、分发与消费均发生了变化。

第一节　社交网络时代传播的新特点和新变化

一、接力传播：传统媒体的社会功能和角色发生根本变化

以往的新闻生产均由传统媒体一家进行内容生产和渠道分发（发行或电视台播出），即在一个组织内部完成信息的生产与分发，内容和渠道"二位一体"。而随着自媒体技术的不断发展，信息传播格局从宏观角度进入了接力传播的时代，新闻传播的路径转变为社交媒体爆料—网络意见领袖转发热点化—新闻媒体跟进报道—新闻资讯App转发—社会大众，不同平台进行"接力"，最终到达社会大众，如果说以前的新闻传播是400米跑，从起点到终点都是由媒体组织一家完成的，那么现在它变成了4×100米接力跑，传统媒体在信息传播链条中只承担了一个环节，其在整个链条中的角色和功能在不断地被"后置化"和"单向化"，由原来的信息第一落点和社会解读者到现在的只承担社会意义建构和仪式赋予的角色。中国人民大学舆论研究所2009年至2016年的社会舆情监测报告显示，以微信群、微信朋友圈和微博等为代表的自媒体平台（37.3%）已经超过都市报、广播电视台等传统新闻媒体（20.4%），成为社会热点事件的第一落点[1]。

信息生产和分发方式也从组织化转化为社会大分工，这符合马克思的社

---

[1] 喻国明.当前新闻传播"需求侧"与"供给侧"的现状分析[J].新闻与写作，2017（5）.

会分工论。技术的发展会使得社会分工越来越精细化，如果把以往媒介组织的生产比作自给自足的自然经济范式，是典型的粗放型新闻生产，那么自媒体时代的新闻生产必然是更高级别的集约化生产，即社会分工细化，不同主体各司其职，完成信息生产的每个环节。从这个意义上说，目前所有的媒体融合的"初心"都是希望"旧梦重温"——试图重新将内容生产与分发捏合在一起并掌控在自己手里。这些尝试是逆趋势而动，和以往的 3D 报、全能记者等尝试一样，以烧钱赚吃喝而告终。

二、关系传播：人际关系网取代媒体成为民众获知信息的第一渠道

博客（blog）刚出现时，台湾地区的译法"部落格"更为形象——社交网络的崛起使人类社会得以重新部落化、网络化和关系化。人类社会最初的状态是以血缘、地缘等纽带勾连起来的"人际部落"；工业文明在将整个世界联系起来的同时，破坏了社会个体所依存的基本关系网；社交网络则使得人类基于血缘、地缘、学缘、业缘和趣缘等，在虚拟社会空间得以重新部落化、圈群化。

随着社群的崛起，人们越来越依靠人际关系网来获取信息，"关系"本身成为一种媒介。据中国人民大学舆论研究所 2004 年和 2015 年对北京地区居民的信息源结构调查，新闻媒体在其中的占比已经由 2004 年的 76% 左右下降到 2015 年的 29.4% 左右，以微信群、微信朋友圈为代表的人际关系网成为民众获取信息的第一大渠道（42.8% 左右）[1]。这在一定程度上说明传统的"一对多"的粗放型信息分发模式（大众传播）逐渐式微，以人际传播、群体传播为代表的社群传播崛起。"无社交，不新闻"，成为新闻生产行业的铁律。

三、情感传播：民众从追求客观真实到追求情感沟通与共鸣

著名市场营销学权威菲利普·科特勒曾将人的社会消费行为划分为三个不同的阶段，分别为量的营销—质的营销—情的营销。在情的营销阶段，商品的数量与质量已经不再是人们消费时追求的主要目标，人们追求的是在购

---

[1] 喻国明. 当前新闻传播"需求侧"与"供给侧"的现状分析[J]. 新闻与写作，2017（5）.

买与使用中该商品的附加价值与自己的关系，以及其在多大程度上能够满足自己在情感上的需求。人们对新闻的消费也经历了以上三个阶段：第一个阶段是量的传播，在信息渠道相对匮乏的时期，无论生产出来什么样的信息都有人阅读和观看，这一阶段是渠道为王的阶段，如20世纪80年代的读者可以将党报从头读到尾；第二个阶段是质的传播，在信息渠道丰足的阶段，民众获取信息的成本在下降，会选择内容质量高的信息来阅读，这一阶段是内容为王的阶段，如20世纪90年代的晚报和都市报的"一纸风行"；第三个阶段是感性或情感的传播，民众追求的不是信息的渠道多权威、内容质量多优质，而是关注是否与我有关、能否满足我的情感需求，民众关注的不再是媒体设置的"宏大叙事"的议题，而是与自己日常生活密切相关的"小确幸"（微小而确实的幸福），尤其是"95后"的群体，追求的是感性的信息刺激而不愿意阅读那些深度理性的长信息。

在感性的满足阶段，新闻的界限越来越模糊。微信公众号的大量"10万+"的文章大多不是按照新闻专业主义的客观中立规则生产出来的，很多文章杂以表情包、戏谑调侃和耸人听闻的标题，价值判断明确、社会情绪鲜明，和传统意义上媒体必须客观公正之要求已经相去甚远。新生代网民不再关注某个信息是否是新闻、是否符合新闻专业主义，只要刺激好玩或者能打动他们，并满足他们对信息的需求，就是好内容。新闻与非新闻的界限越来越模糊，新闻专业主义的操作手法越来越成为传统媒体"孤芳自赏"的"古董"。因此未来的传播要从"新闻产品"的窠臼中跳出，上升到大内容生产的角度，主动打破藩篱，从用户的情感需求结构和情绪依赖入手，以满足用户的情感需求和价值共鸣为大内容生产的标尺。

第二节　社交网络时代的信息生产、分发和消费：社会大分工、解构"权威"

一、信息生产的四类主体：UGC、PGC、OGC 和 MGC

在传统媒体时代，信息内容的生产与分发都是由传媒组织一家来完成的，即采用二位一体的社会角色扮演和功能设定。但随着移动互联网时代来临，信息生产主体越来越多元，社会分工更加细化，自媒体时代的信息生产主体主要有以下四类（见图 1-1）：一是网民主体，即 UGC（User-generated Content，用户生产内容），生产主体主要是网民，理论上讲有多少个网民就有多少个自媒体，网民通过在微信、微博等平台上的阅读、点赞、转发、评论等行为，时时刻刻生产着信息内容；二是专业化组织，即 PGC（Professionally-generated Content，专业生产内容），如以谣言粉碎机、科学松鼠会等为代表的科普类组织，这些组织生产的信息内容具有相对较高的门槛和专业性；三是媒体组织，即 OGC（Occupationally-generated Content，职业生产内容），其基于职业行为而生产信息；四是机器算法，即 MGC（Machine-generated Content，机器生产内容），由机器智能生产新闻。这四者均是当前传播格局中主要的信息生产主体。

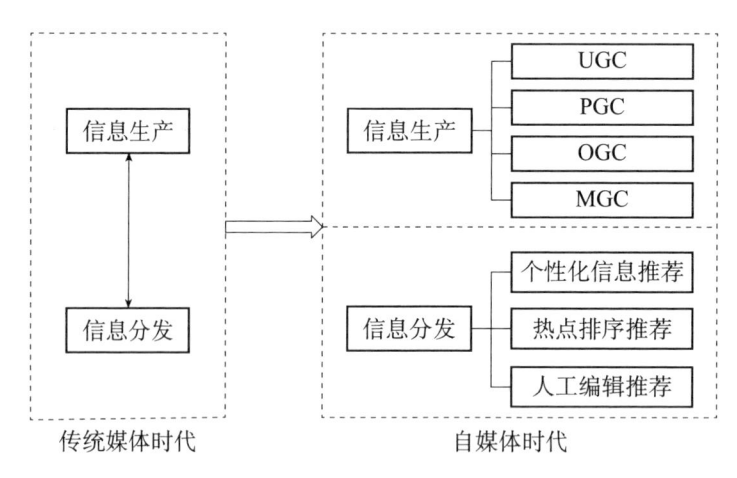

图 1-1　传统媒体时代与自媒体时代信息传播格局变化

从结构上讲，传统媒体组织让位于网民，不再作为信息的第一落点，而更多的是对新闻事实的澄清、修补与再诠释；专业化组织贡献的信息相对比例不高，但随着知识生产的细化，未来会有一个井喷的时期；机器算法生产新闻由于目前算法的局限，仍以体育、金融和灾难事件等领域的新闻报道为主，未来随着机器算法的精进，会成为信息生产的主流方式之一。

二、信息分发的三种模式：算法、热点和人工

自媒体时代变化最大的是信息分发格局，以往由传统媒体组织独自负责

内容分发（如发行、转播等）的模式转变为更多的信息分发模式，概括起来主要有以下三种：一是依靠电脑算法的个性化信息推荐，背后的逻辑是"用户喜欢看什么就推荐什么"，最具代表性的是今日头条；二是热点排序推荐，背后的逻辑是"别人喜欢看什么就推荐什么"，主要依靠话题的热度（转发和评论等）进行推荐；三是人工编辑推荐，背后的逻辑是"编辑猜你喜欢看什么就推荐什么"，主要由传统新闻媒体 App 的人工编辑承担把关人的角色进行议题设置和推送。

这些分发模式无所谓好与坏，但由于机器算法的出现挑战了传统新闻编辑"把关人"的社会分工，因此出现了很多的讨论和争议。按照祝建华的观点，目前对根据机器算法进行内容分发的模式的争论大致可以概括为三种观点：一是技术产品派，认为推荐系统只是一种技术，帮助用户在纷繁芜杂的信息中找到自己喜欢的信息，进行个性化消费，大大降低了信息消费的成本；二是道德规范派，认为算法等个性化信息消费会使得信息日益狭隘，造成"信息茧房"，进而引起社会不同阶层之间的对立和社群极化；三是科学实验派，认为推荐是个前所未有的新东西，目前并不知道它是好还是坏，所以需要用科学的方法做出评估①。

以上三种分发模式不论哪种都可以脱离新闻生产环节而独立存在，传统媒体在信息分发渠道上的优势不再，信息分发越来越呈现出社会化的趋势。

三、信息消费的三种变化：界面、界限和场景

传统媒体生产出来的新闻主要通过纸质媒介、电视屏幕等来获取，是一种单向度的消费。随着自媒体时代的来临，信息消费也出现了以下三种变化：一是消费界面的变化，即从单一的介质向"万物皆媒"转变。除智能手机之外，媒体终端日趋多样化，从一屏（电视）到三屏（电视、平板和手机），甚至可穿戴设备中也可以植入媒介。每个媒介介质带来的都是全新的信息消费界面。根据麦克卢汉的"冷热媒介"的论断，不同的屏幕带给消费者不同的界面感受，进而会影响其信息获取的偏好和个体思维方式②。二是

---

① 祝建华. 算法推荐新闻是"好东西"、"坏东西"、还是有待验证的"新东西"？[EB/OL]. (2017-11-22) [2023-06-02]. https://www.jfdaily.com/news/detail?id=71705.
② 彭兰. 万物皆媒：新一轮技术驱动的泛媒化趋势[J]. 编辑之友，2016 (3).

新闻的界限在不断消融和瓦解。新生代网民喜闻乐见的"新闻"在某种意义上已经不再是新闻——夸张的标题，各类表情包、感叹号的大量应用，夹叙夹议的修辞结构……这些都是非传统意义的"新闻"，客观性、公正性和新闻专业主义在新生代网民的信息消费视域中已经消失无踪，甚至新闻生产的主体对新生代信息消费者而言也无足轻重，消费者不再管信息是传统媒体还是自媒体账号生产的，只要满足"感性需求"就喜欢阅读。三是消费场景越来越多元化。以往的信息消费场景主要集中于单位、上班路上和家里；随着手机等移动终端的普及，信息消费场景越来越多元化和碎片化，甚至床上也成了一个独特的深度阅读的场景。场景的改变会对信息消费者的时间和空间概念产生深远影响，这些都会不断重塑信息消费的全新"惯习"和个体认知结构。

第二篇
大舆论观范式建构

何为大舆论观？传统社会信息流动是以天为计量单位的，舆论传导是以滴灌方式渗透到其他群体和地理空间的，由于速度慢，民众的讨论是充分的，"意见核"的质量是高的。但到了互联网时代，舆论是以秒传播的，舆论信息在流转中夹杂着更多的感性要素，并且借助于嵌套化的社群，因此产生了舆情之说。从舆论到舆情强调了两点，一是舆论变动的急剧性，二是舆论夹杂的感情更为多元和复杂。因此，如果说传统社会舆论研究只需要对其传播特征进行把握，就可以进行有效的引导和治理，那么当下信息社会舆论研究不能仅仅停留在信息范式，还需要加入情感、关系和行为等范式，因此本书提出大舆论观范式。大舆论观范式是信息—情感—关系—行为的综合性范式，是解决以往靠单维度的信息供给引导舆论的做法失灵的根本，在大舆论观范式下需要复杂的综合范式来引导舆论。

第二章　信息传播范式下的社会舆论传播机制

当下，媒体格局正发生深刻变革，微博、微信、微视频等新兴媒体"强势崛起"，整个社会表达进入了"人人都有麦克风、个个都是通讯社"的自媒体主导的新时代。传统大众媒体时代的信息统一生产、统一分发的模式被打破，自媒体"遍地开花"，再加上2016年被称为"网络直播元年""VR（虚拟现实技术）元年"，以问答社区、视频弹幕网站、网络电台等为代表的新技术平台强势崛起，传统的舆论格局发生了根本性转变，虚拟现实空间与线下空间的界限在不断模糊，网络话语表达在经过一系列网络治理后呈现出更加多元与极化的现象。舆情反映现实，也干预和建构现实。

第一节　社会舆情演变的过程及关键节点

正如了解一个城市的清洁程度只需了解其公共厕所的清洁程度一样，要对改革开放以来的社会舆情演变有比较系统的了解，必须通过几个关键节点和标志性事件来对其发展的脉络进行素描式的勾勒。

一、1976年唐山大地震：以阶级斗争为纲，民间舆论场隐匿化存在

中华人民共和国成立后到改革开放前，由于社会信息流通不畅，一段时期非正常化的政治环境和思想教育等原因，整个社会舆论生态呈现出由官方话语主导的状态，民间舆论依附于官方舆论而存在。最为典型的代表是1976年的唐山大地震。唐山大地震实际死亡20余万人，而媒体仅用"震中地区遭到不同程度的损失"一语带过，灾难报道被处理成抗灾报道，淡化灾情，片面放大人的精神力量。当然，当时也存在一定的民间话语表达，比如即使在八亿老百姓看八部样本戏的时代，依然存在着以《一只绣花鞋》为代表的

手抄本。民间舆论场以一种隐匿化状态存在着。

二、1982年"新新华体"提出,文风的改变带动了社会话语表达方式的改革

"文化大革命"中的新华体与"样板戏""党八股"一样,是一种主流的、正统的、革命的"意识形态"。1982年,穆青提出"新闻报道不应规格化,不应为新闻报道设置清规戒律",提出了"散文式新闻""视觉新闻"和"实录性新闻",文体由单调老套转向了"短新闻""对话新闻""立体交叉新闻"等"新新华体"①,主流媒体文风的改变带来了社会表达方式的改革,社会话语表达越来越人性化和个性化。

三、20世纪80年代末90年代初副刊与晚报大潮使得软性新闻占比越来越大

20世纪80年代末90年代初,副刊版数不断增加,信息量加大,更多软性的新闻信息开始出现,改变了以往以时政新闻为主的信息结构。如1991年《人民日报》副刊版面每周8个版,一周共56个版,副刊占总版面的比例为14.3%②。相应地,在这种信息传播格局的刺激下,民众对信息的需求层次与品类也越来越多元化。

四、1993年《东方时空》开播和1995年《华西都市报》创办:民间舆论场开始萌芽

改革开放后,国家控制减弱,公民的私人表达空间得到一定的释放,更多人对于参与社会事务、表达个人诉求的公共领域有了进一步诉求。1993年,央视《东方时空》开播,民间社会舆论场开始萌芽,民间话语表达开始出现,并呈现出市民化的特点。1995年元旦,中国第一份都市报《华西都市报》在成都诞生。都市报的创办实现了报纸从政治宣传工具向新闻传播功能的历史性回归,在20世纪90年代中后期都市报异军突起的辉煌岁月里,都市报对于反映市民呼声、满足市民诉求、构建公共领域具有重要作用。民众

---

① 吕艺,陈彦蓉.从"新华体"到"新新华体":浅析新华社报道文风创新的实践与意义.中国记者[J],2015 (10).
② 陈叙.20世纪90年代中国报纸副刊发展研究[D].成都:四川大学,2004:3-5.

开始借助都市报等的读者来信摘登等途径表达自己的言论与看法，同时在对时政新闻的消费基础上开始更多地转向软性新闻，呈现出越来越多元的新闻信息需求趋势。

五、1997年传统新闻媒体开始触网和1998年"两个舆论场"的提出

1997年，随着国内第一个网站"神州学人"的上线，互联网开始进入中国，传统新闻媒体跃跃欲试，一系列网络新闻媒体开始出现。当时，随着改革的深化，下岗人员增加，部分职工生活困难，再加上腐败现象滋生，治安形势严峻，围绕这些社会热点，人民群众议论纷纷。虽然当时互联网论坛还没出现，但媒体渠道的多元化，使得社会民众的话语表达空间开始不断拓展，民间社会话语场域的萌芽开始在互联网的春风下茁壮成长。时任新华社总编辑的南振中关注到了这种现象，并于1998年1月提出了"两个舆论场"的判断。他认为，在现实生活中实际存在着两个舆论场：一个是老百姓的"口头舆论场"，另一个是新闻媒体着力营造的舆论场。民间舆论场经过不断发展，开始被发现并认可。

六、2003年"孙志刚案"和"非典"肆虐：网民成为民间话语场域的主体

虽然网络舆论在2003年之前就已经存在——有研究者认为中国舆论发端的标志性事件是1998年5月印尼排华事件后全球华人（包括国内）在网上发起的"黄丝带"抗议活动[①]——但真正标志着网民力量开始登上历史舞台的是发生在2003年、在网上引起巨大争论的"孙志刚案""刘涌案"等，它们让中国网民第一次看到了自己通过网络舆论改变社会事件进程的力量，因此2003年被称为中国的"网络舆论元年"。同年，"非典"肆虐全国，出于对SARS病毒的无知和恐惧，在从广东发现首例到政府首次发布疫情信息的两个多月时间里，政府和主流媒体的公信力受到了严峻的考验，社会流言横生，恐慌情绪蔓延。同时，经过几年的不断发展，互联网独特的优势已经凸显，传统媒体没有发出的声音由网民不断通过网络论坛等传播出来。民间

---

① 林楚方．自由与启蒙之地：网上舆论的光荣与梦想［N］．南方周末，2003-06-05.

社会舆论场域得到了更大的社会发展空间和更强的公信力,传统舆论场的力量对比与格局在默默改变着。

七、2006 年"铜须门事件":网络民粹主义初现端倪

随着网络论坛的不断发展,网络世界开始形成猫扑社区、天涯论坛和凯迪社区三足鼎立的舆论传播态势,这一时期最具代表性的事件是"铜须门事件"。该事件起源于猫扑社区,一位 ID 为"铜须"的《魔兽世界》玩家被人发帖指责与其妻偷情,遭到人肉搜索,以及连锁而来的恐吓和骚扰。事件影响太大,以至于中央级媒体乃至海外媒体如《纽约时报》《国际先驱论坛报》都进行了报道,并且海外媒体给中国的网民贴上了"以鼠标和键盘为武器的网络暴民"的标签。这种自发性集体行为被上升为网络文化现象,引起了社会民众的关注和热议,网络民粹主义初现端倪,是现在互联网上横行的"键盘侠""地域炮"等动辄就给别人贴标签、架上道德十字架的群体较早的雏形。在网络讨论和发声热度急速上升的背景下,如何建构合理的网络生态成了一个需要冷静反思的命题。

八、2009 年 8 月新浪微博上线:社会话语能量的极大释放

2009 年 8 月,新浪微博正式进入中文主流上网人群的视野。由于推行名人战略模式,其很快被主流上网人群使用,再加上其是基于用户关系信息分享、传播以及获取的平台,在一定程度上促进了"人人发声的大众麦克风"时代的来临,最大限度地释放了社会话语能量。微博成为中国社会话语场域的意见发酵池和信息源,很多网络事件是在微博中被爆料、讨论和群集才最终影响到社会话语场域的。中国人民大学舆论研究所对 2013 年的社会事件的第一信息源统计表明,25.7%的网络热点事件的首发主体是微博①。

微博提供了个人表达和公共讨论的崭新舆论场域,民间社会舆论场域开始从聊天室、网络论坛等向微博转移,开始从主流社会话语场域中剥离开来,成为独立的社会话语场域,并表现出与官方话语场域的对立、合意的复杂微妙关系:一方面,官方舆论逐渐正视和重视网络舆论,从最初的被动回

---

① 喻国明.中国社会舆情年度报告(2013)[M].北京:人民日报出版社,2013:22.

应网络质疑到参与网络热词的讨论、占据微博阵地,再到如今的主动制造网络热词、引导网络现象,部分"体制内"力量以亲民形象受到热捧,民间舆论与官方舆论不断融合,如一向以严肃、严谨著称的《人民日报》2010年11月11日头版头条《江苏给力"文化强省"》的标题中首次采用了网络热词"给力"①;另一方面,官方舆论的权威不再唯一,草根话语权平衡发展,相对传统媒体而言,以微博为代表的网络平台采取的是一种"去中心化"的话语模式,每个人都有可能成为话语中心,这使得草根阶层的话语权得到释放,微博在一定程度上"对语言单一的中心神话、中心意识形态的向心力量提出强有力的挑战"②。

九、2011年年初微信面世:重塑社会族群和网络社会话语格局

微信作为一种新的社交平台在2011年年初上线。微信通过微信群和朋友圈等使得传统社会工业革命以来以"原子化"方式生存的社会个体得以重新族群化和再次部落化,在微博受到更加严格的管控的背景下,微信作为一种小圈子社交平台,加上社会信任和社会资本等元素的加入,迅速成为民众争相使用的社交平台。在一定程度上可以说,微博最大限度地释放了民众的社会话语能量,微信则满足了民众在熟人圈子中集会讨论的需要。虽然不可否认的是,相对于微博,微信的社会公共话语平台弱化,但微信可以满足人们更多的社会功能属性。麻省理工学院的雪莉·特克尔在其著作《群体性孤独》(Alone Together)中认为,长期沉溺于网络媒体或者依赖科技产品与外界联系,非但不能使人摆脱孤独,反而会让人更孤单③。微信在一定程度上缓解了这种倾向,民众在微信上重新找到了归属感和社会族群,缓解了在微博上宣泄过后带来的社会集体情感空虚和虚无主义。

通过以上梳理可以看出,社会舆情生态在技术力量的刺激下不断动态演变。社会舆情生态具有以下特点:一是社会舆情生态是一个相对独立或半自主的社会空间,拥有自己的独特运行规则;二是社会舆情生态是一个时刻充满各种力量关系对抗的空间,主要包括政治力量、技术力量、社会力量三种

---

① 赵京安. 江苏给力"文化强省"[N]. 人民日报,2010-11-10.
② 刘康. 对话的喧声:巴赫金的文化转型理论[M]. 北京:中国人民大学出版社,1995:45.
③ 特克尔. 群体性孤独[M]. 杭州:浙江人民出版社,2014:4.

核心力量，这三者在不断进行博弈，有时是零和性博弈，有时是共生性博弈；三是社会舆情生态是一个共时态与历时态相交融的空间，社会舆情演变是变动的，每次变动都使社会话语权力资源重新配置，尔后斗争又继续，如此反复不已，从而使社会舆情生态呈现历时态的特征。

综合近50年来的社会舆情演变过程，可以看出中国社会舆情生态演变是个政治-技术-社会三方力量动态博弈的过程。三者的关系如图2-1所示。

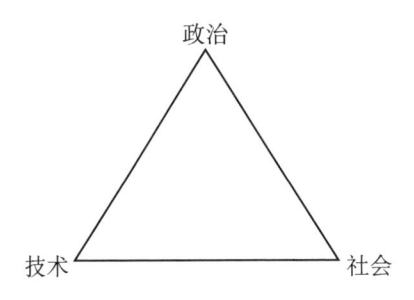

图2-1 社会舆情生态政治-技术-社会三方力量动态博弈示意图

政治力量是国家所有资源配置中的绝对主导力量，其在整个社会话语场域中一直扮演着绝对主导的角色；媒介技术作为重要的社会变革力不断突破政治力量的话语管控；民间社会话语则在整个社会话语场域中从萌芽到不断壮大，并不断凸显自己的力量，隐隐有与政治力量分庭抗礼之趋势；在民间社会话语力量成长的过程中，技术力量扮演着帮手的角色。此外，社会舆情生态演变伴随着话语依附的载体的技术演进。社会舆情的依附载体从最早的"口头"到都市报等商业化媒体，再到21世纪初以北大未名和水木社区为代表的BBS，以及2005年前后的猫扑社区、天涯论坛和凯迪社区，直到2009年的微博和2011年的微信，即社会舆情所依附的技术载体随着技术的不断发展而不断转移。

第二节 社交网络时代社会舆情的内容特质及传播机制

社会舆情具有对象性特点，即基于事件、现象、问题等生成附着意见信息，因此需要对其所依附的事实信息进行研究，研究事实信息的内容特质（包括内容类别、话语修辞等），进而分析不同内容类别信息在传播结构上存在的差异性，进而建构具有不同内容特质的舆情传播模型。

一、基于大数据挖掘技术的微博数据抓取

（一）数据抓取

本节采用爬虫技术，通过新浪微博应用程序接口（Application Programming Interface，API）进行数据抓取。新浪微博与其他微博客服务网站（如推特）类似，用户之间构成有向无权网络。用户可自由添加关注的其他用户，这被称为"关注的人"；用户也可在未经许可的情况下被其他用户关注，这被称为"粉丝"。用户发表的话题信息会被自动推送给该用户的所有粉丝；类似地，用户也可自动获知所有关注的人所发表的话题信息，这些信息几乎都是实时更新的。为了获取新浪微博的真实用户数据，本节编写了针对新浪微博的爬虫程序，该爬虫程序采取广度优先和随机采样策略。首先，从新浪微博"名人堂"的各个子栏目中，随机选取 10 个用户作为种子用户，加入爬虫工作列表；然后，获取这些种子用户的"朋友"列表，包括粉丝列表和关注的人列表。由于有些用户（比如名人姚晨）的粉丝数量很多，要获取整个网络用户信息不太现实，因此，本节采取随机采样策略，从"朋友"列表中随机选择最多 50 名用户加入工作列表，继续爬取用户信息。采用上述策略收集的部分用户信息能较好地反映整个微博用户的情况。

（二）数据集

本节使用的数据库于 2013 年 9 月 9 日开始收集数据，目前已经收集的数据来自大约 40 万网络用户，以文本形式存储，占用空间 50G 左右。收集的信息包括两部分：（1）用户基本属性信息，如 ID、Name、Gender、VFlag、Address、Tags、Fans、Followings、Tweets；（2）用户话题内容信息，如话题内容属性、转发次数、评论次数。爬取的内容几乎涵盖了用户的所有信息。其中 VFlag 是认证用户标识，新浪微博采取实名制等形式对知名用户进行实名认证。

（三）数据处理技术

本节按照以下标准选取数据作为分析对象：选取时间跨度为 2013 年 9 月—2017 年 10 月，每条转发量在 1 000 次以上的原创微博。在以上数据库中，总计符合条件的微博数量为 6 025 条，来自 2 356 位博主，每条微博平

均转发1 836次，总转发次数1 100多万次。

为了更好地对这些热门微博进行数据处理，本节将所有热门微博信息分为以下8个类别（见表2-1）。

表2-1 热门微博的类别列表

类别	类别描述
时尚&娱乐	时尚潮流、娱乐视频、闲言碎语
社会热点事件	自然灾害、公共卫生、政府腐败、社会保障
休闲&心情	幽默、搞笑图片、星座、有趣的事情、智慧哲理
生活&健康	生活小常识、医疗保健、环境保护
寻求帮助	发动捐赠、寻找走失人员
促销信息	广告、微博营销
风水&财运	涉及风水和转运的内容，还包括"转发会有好运"等微博
被删除的微博	管理部门或用户个人删除，显示为"该微博信息已被删除"

（四）关键概念说明

本书使用以下两个关键概念，即转发深度和转发宽度。

转发深度是指同一条微博信息传播流的环节多寡。如图2-2所示，原创微博经过转发者B1和转发者C1、C2等的转发，其转发深度为2级。单个话题中转发深度极值越大，其信息链条越长，说明该事件越受关注、越容易引起民众的讨论兴趣。

转发宽度是指在一条微博转发的信息链条中，单个信息链条节点被转发的次数，转发次数越多，转发宽度也就越大。如图2-2所示，在转发者B1这个节点有四个转发者进行转发，那么在转发者B1这个节点，转发宽度为4。

需要说明的是，每条原创微博并不是仅仅有一个转发深度和转发宽度，而可能有很多个。如图2-2所示，在这条原创微博A1中，总计有两个转发深度，即A1—B2的转发深度1级和A1—B1—C1（或C2、C3、C4）的转发深度2级，其中2级是原创微博A1的转发深度极值，因此每条原创微博只有一个转发深度极值；同样，在原创微博A1中，有两个转发宽度，即从A1节点产生的B1、B2两个单位的转发宽度，以及从B1节点产生的C1、C2、C3、C4四个单位的转发宽度，其中四个单位宽度是原创微博A1的转发宽度极值，因此每条原创微博只有一个转发宽度极值。

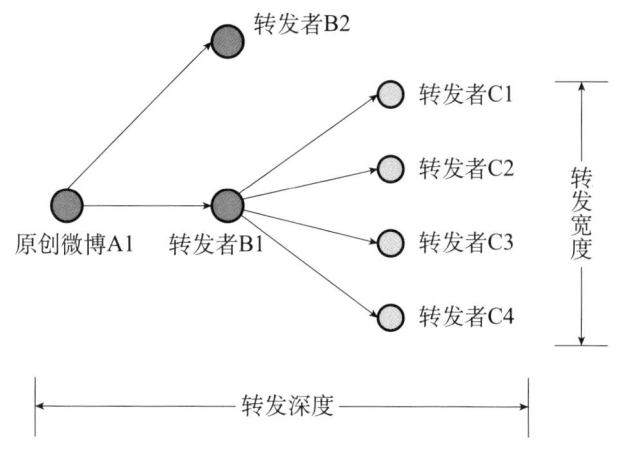

图 2-2 转发深度和转发宽度示意图

二、舆情热点话题内容分析

（一）话题内容类别特征

通过对以上 6 025 条热门微博进行归类分析，相关结果如表 2-2 所示。

表 2-2 热点话题的类别分布及转发情况

	时尚&娱乐	社会热点事件	休闲&心情	生活&健康	寻求帮助	促销信息	风水&财运	被删除的微博
条数	809	1 320	2 569	448	290	201	212	176
所占比例	13.4%	21.9%	42.6%	7.4%	4.8%	3.3%	3.5%	2.9%
最大转发量	13 445	35 066	18 109	7 462	29 610	33 154	10 204	23 363
平均转发量	1 721.9	2 044.4	1 606.8	1 586.7	2 572.3	2 611.6	2 172.5	2 312.8

从表 2-2 可以看出，新浪微博是一个大而全的信息平台，在 8 个类别的热点话题中，微博用户最为关注的是"休闲&心情"，占到总体的 42.6%，说明目前微博用户的心理压力普遍较大，希望通过微博来获得心理放松和安逸，另外也说明微博具有缓解压力、进行心理按摩的工具属性，从这个意义上说，微博是一种"软"媒体。微博用户第二关注的是社会热点事件，占到总体的 21.9%，在一定程度上佐证了微博具有媒体的属性特征。微博用户第三关注的是时尚&娱乐，占到总体的 13.4%，这更多是满足了人们的娱乐、窥私等心理需求。这三者就占到了总体的 77.9%。

从热点话题最大转发量上来看，社会热点事件引发的转发极值最大，凸显出微博的围观效应；其次是促销信息，但由于背后有网络水军的身影，因此这个数值不是很准确；从热点话题的平均转发量来看，促销信息和寻求帮助信息的平均转发量最高，可以看出微博作为一种草根社会化网络媒体，在社会关系的维系和拓展方面具有其他新媒体所不能比拟的价值。

（二）热点话题创作者特征分析

1. 性别特征

数据统计显示，男性是热点话题的创作者主力，在所有 8 个类别的热点话题中男性创作者的数量都远远超过了女性，在一定程度上折射出现实社会中男女两性的话语权力格局。尤其在社会热点事件、休闲 & 心情等类别中，男性创作者占主导地位，说明男性依然是微博这个虚拟话语场域中的主要议程设置者和主导者。

从同一话题内性别比例分布来看，男性在促销信息、社会热点事件等类别中的创作者比例远远超过女性，是这两类信息的绝对主导者，在一定程度上反映出男性积极赚钱、热心时事政治的性别特征。在生活 & 健康、时尚 & 娱乐等类别中，女性创作者比例要明显高于男性，也凸显出女性在微博这一虚拟社会场域中依然关注美容、娱乐等这一性别特征。

2. 认证特征

通过对话题原创用户的认证特征进行分析可知，认证用户是社会热点事件、促销信息等类别的热点话题的主要生产者和主导者，促销信息多由一些认证机构发布，而社会热点事件则主要由一些加 V 的认证用户发布。这些认证用户通常也拥有线下现实社会的话语权，能通过认证将线下的话语权"平移"到微博话语场域，这说明微博仅在一定程度上实现了所谓的话语平权，在整个社会话语场域，主导权依然被传统的社会话语精英阶层掌握。同时也说明，在社会热点事件传播过程中，这些认证用户扮演了重要的角色，因为其具有较高的社会公信力和影响力，其态度意见乃至情绪很容易传染给草根用户，很容易引起民意的啸聚，因此目前很多舆情热点事件的消弭是这些社会话语精英阶层与社会管理者之间在"合意的空间"内妥协的结果。

非认证用户是休闲 & 心情、生活 & 健康、风水 & 财运和时尚 & 娱乐等类别的热点话题的主要创作者，这些话题多是一些"鸡零狗碎"的碎片软性话题，无关"社会宏大叙事"，再次印证了微博话语权力格局中的权力结构。

3. 地域特征

在热点话题创作者所处的区域分布中，北京、广东、上海三个区域是创作者主要集中的区域，三者占到总体的74.8%，其中北京最多，占到总体的44.6%，在一定程度上反映出微博场域话语权与线下经济社会水平有一定的正相关关系。其余区域依次是海外、浙江、香港、其他省份、江苏、台湾地区，这在一定程度上凸显出目前微博话语场域的区域权力格局。

需要说明的是，海外、香港和台湾地区超过其余区域处在前九名的创作者区域序列中，说明微博社会话语场域中港台、海外地域因为其文化的独特性和接近性也占据着重要位置。

可以将8个类别的热点话题与以上9个重点区域进行交叉分析，相关结果如图2-3所示。

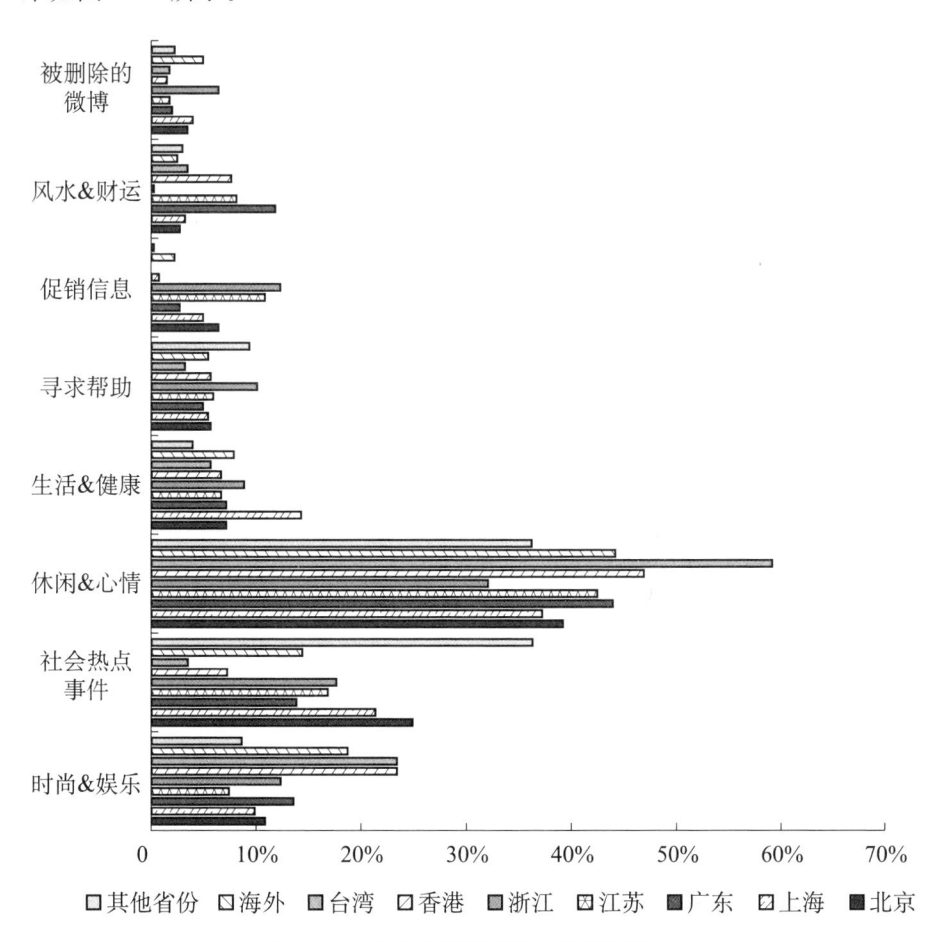

图2-3 各热点话题创作者的区域分布

从图 2-3 中可以看出，在时尚 & 娱乐热门微博中，台湾、香港和海外占据前三名，这和目前明星、时尚娱乐信息多来自这些地区有一定关系；在社会热点事件热门微博中，其他省份、北京、上海占据前三名，北京、上海是全国政治经济文化中心，公共知识分子较多，对时事政治比较关注；在休闲 & 心情热门微博中，台湾、香港和广东占据前三名，与时尚 & 娱乐热门微博差不多，说明在目前大中华文化圈中，内地文化的影响力和辐射力还有待于进一步提升；在生活 & 健康热门微博中，上海一枝独秀，说明上海民众爱生活、注重健康；在促销信息热门微博中，浙江和江苏比例最高，说明江浙民众爱做生意和营销的省域特征；在风水 & 财运热门微博中，广东可谓一枝独秀，这与当地的文化习俗有较为密切的联系。

从以上特征大致可以得出：北京民众向微博话语场域输入时事政治话题，上海民众向微博话语场域贡献生活健康信息，广东民众向微博话语场域贡献风水财运信息，江浙民众拿微博平台来做生意和营销，港台地区则向微博话语场域输入时尚、娱乐、休闲等话题。这些特征构成了目前整个微博话语场域色彩斑斓的精彩画面。

（三）热点话题转发者特征分析

1. 性别特征

通过数据分析可知，女性是热点话题的积极转发者。从绝对数量上看，男性是社会热点事件、被删除的微博等类别的热点话题的主要转发者。在其余类别中，均是女性是主要转发者。

与前面的热点话题创作者性别特征相比可以看出，男性生产热门微博，女性转发热门微博，两者分工十分明确，而男性对于社会热点事件、被删除的微博等类别最为关注，体现出男性相较于女性更热心社会时事政治，关心社会发展。

2. 认证特征

通过对转发用户的认证特征进行分析可知，非认证用户是所有热点话题的积极转发者，尤其是在促销信息、休闲 & 心情等类别的热点话题上；在所有话题转发者的分布上，认证用户对社会热点事件、被删除的微博、寻求帮助类别的热点话题的转发量超过非认证用户，体现出认证用户已经具备了"社会公共知识分子"的属性特征。

结合热点话题创作者的认证特征，可以看出目前微博话语场域的权力格局并未体现出所谓的话语平权特征，而依然存在多个话语"明星"的仰角特征，认证用户拥有较多的社会资本，通过自己的社会网络生产信息，非认证用户负责传播扩散信息来为认证用户"站脚助威"，使得认证用户获取到更多的社会资本，形成所谓强者越强、弱者越弱的马太效应。

三、热点话题传播特征

（一）转发次数分布

图2-4显示出不同热点话题转发次数的累积概率（empirical cumulative distribution function）。

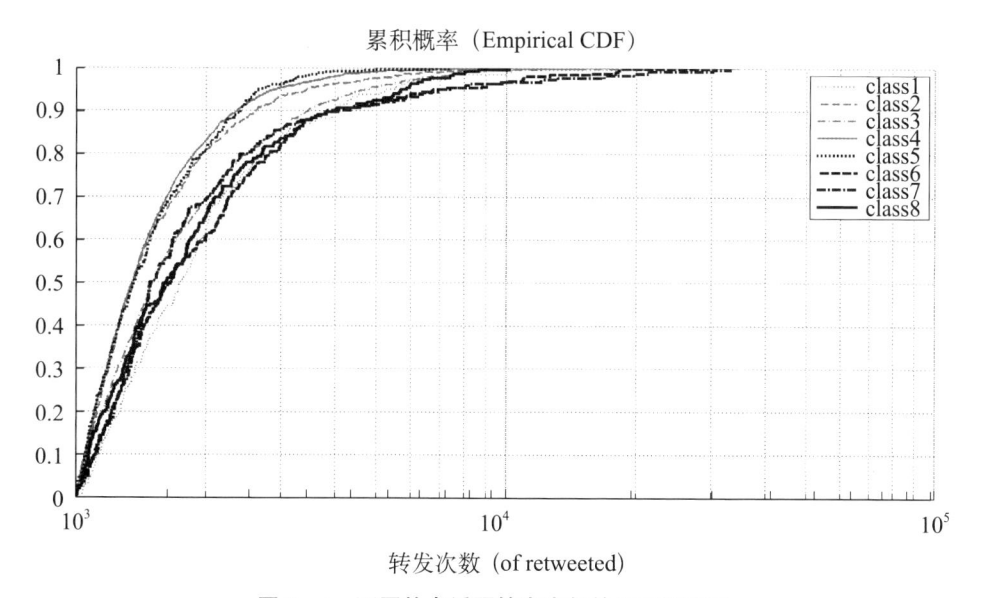

图2-4　不同热点话题转发次数的累积概率图

图中横轴（x轴）表示转发次数，纵轴（y轴）表示转发次数小于x次的所有微博的数量/所有微博的数量。随着x的增大，y也在增大，累积概率最大为1。图2-4表现出各类别热点话题所呈现出来的转发特征基本一致，即大多数热点话题的转发次数在1 000～3 000次这个区间内，超过3 000次的热点话题数量减少得很快。整体来看，热点话题的转发次数分布符合幂律分布特征，高转发的热点话题数量不多，都集中在"长尾"段。

(二) 转发深度分布

图 2-5 为热点话题的转发深度分布示意图（其中纵轴为各级深度的频数，横轴为转发深度）。表 2-3 显示了各类别热点话题的转发深度均值及极值。

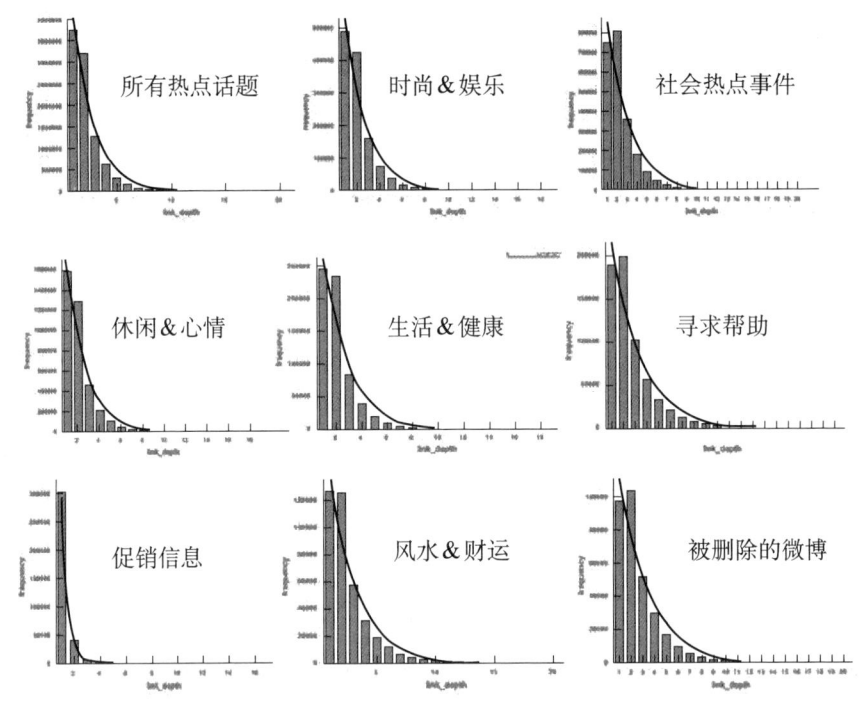

图 2-5　各类别热点话题的转发深度分布示意图

表 2-3　各类别热点话题的转发深度均值及极值一览表

话题	转发深度均值	转发深度极值的均值	每类话题的转发深度极值	结果
时尚&娱乐	2.054 1	5.136 1	9	中等
社会热点事件	2.323 9	6.264 4	10	高
休闲&心情	2.024 3	6.063 1	8	中等
生活&健康	2.083 5	4.041 1	8	中等
寻求帮助	2.625 4	6.615 5	11	高
促销信息	1.295 3	3.229 7	4	极低
风水&财运	2.507 3	6.099 3	13	极高
被删除的微博	2.587 5	5.791 2	12	极高
所有热点话题	2.187 8	6.064 2	9.4	

从图 2-5 和表 2-3 可以看出，微博热点话题的转发深度符合指数型分布。从不同类别话题的转发深度极值来看，13 级是目前所有热点话题转发的极值层级，也就是说目前所有的话题传播的信息链条中 13 个环节是极值。转发深度极值较高的话题类别是风水 & 财运、被删除的微博、寻求帮助和社会热点事件。风水 & 财运话题因为心理暗示的强制作用转发深度极值较高；被删除的微博话题由于本身信息量缺乏，信息链条断裂，只有通过一个个转发的"信息碎片"拼凑才能还原事实；寻求帮助话题因为转发传递社会正能量、帮助别人而转发深度极值较高；社会热点事件话题由于多是一些影响力大或击中老百姓心中绷得最紧的那根弦的事件，因此转发深度极值也较高。

总体来看，所有热点话题的转发深度均值为 2.2 层左右，转发信息链条中转发深度极值的均值约为 6.1 层；相较于这个标准，风水 & 财运、被删除的微博、寻求帮助和社会热点事件这四类热点话题的转发深度较深；促销信息热点话题的转发深度极值和转发深度均值都最低，在一定程度上可以看出，所谓的微博营销在没有兴趣、幽默等元素植入的前提下，只有经济利益刺激的一哄而散的捧场效应，微博营销的自身价值很值得怀疑。

（三）转发宽度分布

表 2-4 显示了各类别热点话题的转发宽度均值。

表 2-4 各类别热点话题的转发宽度均值一览表

话题	转发宽度均值	转发宽度极值的均值	结果
时尚 & 娱乐	3.934 2	105.461 3	中等
社会热点事件	2.985 3	12.732 1	低
休闲 & 心情	3.682 1	99.582 8	中等
生活 & 健康	3.841 0	126.778 7	中等
寻求帮助	2.751 8	10.333 0	低
促销信息	18.941 8	350.531 3	极高
风水 & 财运	2.479 9	6.451 4	低
被删除的微博	2.653 0	9.771 2	低
所有热点话题	3.844 8	81.296 7	

从表 2-4 可以看出，总体来看，热点话题的转发宽度均值为 3.8 左右，其转发宽度极值的均值为 81.3 左右。以这个数据为标准的话，促销信息热

点话题的转发宽度均值最大，转发宽度极值的均值也最大，加上其转发深度较浅，说明促销信息的传播模型是"一哄而散式"的，恰好印证了了"言之无文，行而不远"的说法；而风水 & 财运、被删除的微博、社会热点事件和寻求帮助类别的热点话题因为信息本身比较引人注意，在单位数量人群中被转发的概率较高，因此其转发宽度较小，结合其转发深度较深，其传播模型是细长型的"面条式"结构。

四、社交网络时代舆情传播模型建构

通过以上数据分析，可以得出以下若干结论。

第一，热点话题的传播呈现出这样的规律：转发次数符合幂律分布，转发信息链的长度符合指数型分布特征。

第二，新浪微博具有强弱关系同时存在于一个平台的属性特征，这既不同于推特等社会单向度的弱关系平台，也不同于脸书等双向的强关系平台。按照微博鼻祖推特的最初设计，其更多扮演社会的信息源角色，每个人都可以拥有自己的媒体，这是一种社会单向度的弱关系；而脸书更多是一种社会关系网的嵌入，体现了一种双向的强关系，这种关系所吸附的社会资本更多、更牢固。因此，新浪微博目前打造和建立的是一个"单向＋双向"的关系平台，也可以将之理解为介乎推特与脸书之间的一种平台。

第三，不同类别事件在新浪微博平台中传播的信息流和时间线也有所差异，根据不同类别热点话题的转发深度和转发宽度，可以建构出下面的不同类别热点话题的传播模式结构图（见图2-6）。

图2-6中的横轴表示转发深度，纵轴表示转发宽度。可以将热点话题的传播模式结构分成四种类型：深-宽传播结构、宽-浅传播结构、浅-窄传播结构、深-窄传播结构。其中，时尚 & 娱乐、促销信息类别的热点话题属于宽-浅传播结构，这类信息的传播力有限，多是一哄而散的机制；休闲 & 心情、生活 & 健康类别的热点话题属于浅-窄传播结构；社会热点事件、被删除的微博、风水 & 财运和寻求帮助类别的热点话题均属于深-窄传播结构；目前来看还没有哪一类别的热点话题属于深-宽传播结构。

如果按照传播模式进行类别归类的话，那么可以看出，休闲 & 心情、生活 & 健康和时尚 & 娱乐类别的热点话题的传播结构大致相同，这一大类信

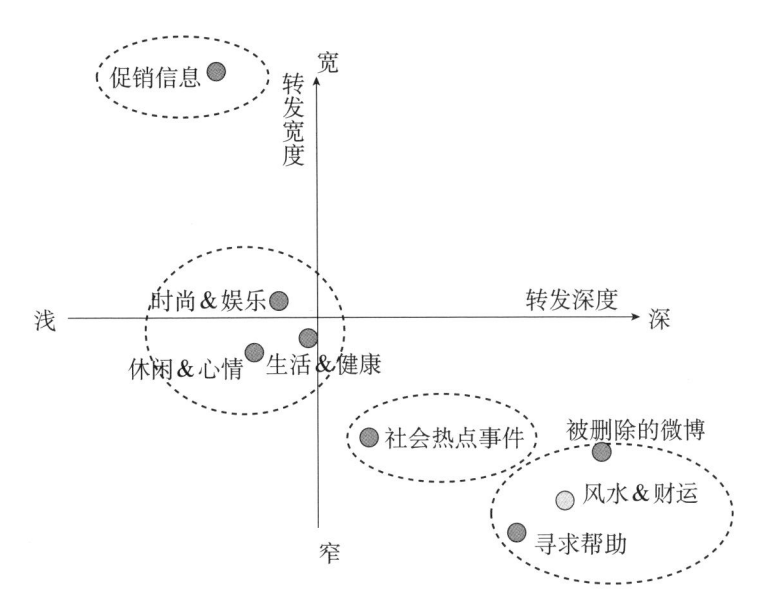

图 2-6 不同类别热点话题的传播模式结构图

息传播相对窄众，传播力不强；寻求帮助、被删除的微博和风水 & 财运类别的热点话题的传播结构大致相同，这一大类信息传播力较强，传播范围宽广，很容易引起民众的转发；社会热点事件单独属于一类，这类信息的传播力较强，覆盖的人群类别相对较广；促销信息也单独属于一类，其主要是因为经济利益的驱使，看似热热闹闹，但无论是影响力还是持久度都很低。

综上，深-窄传播结构是一种效率高、传播范围广的长条形、多级传播结构，而浅-宽传播结构是一种效率低、传播范围有限的扇面形传播结构。

第四，微博中的话语权力格局依然存在着不平等的现象。传统社会话语精英依然把持着微博话语场域的话语主导权，微博时代的话语平权只是"镜中花、水中月"，整个话语权力格局依然是众星捧月模式，在这其中存在着男性微博用户主导话语权、社会话语精英群体把持社会话语权、经济社会发达地区民众掌控微博话语场域的议题设置权力等话语不平等现象。

在微博的社会话语权力格局中，"话语平权"依然"看上去很美"。微博在某种意义上带来的是"话语集权"，它通过"技术赋权"的方式让草根用户能够更多地"围观"热点事件，而其社会话语权力与新生代意见领袖依然存在不对等性，这种不对等性恰恰又是由技术所决定的，微博中的"关注""转发"等功能，本身就是"再中心化"的过程。传统现实社会中金字塔形话语结构依然被"投射"到微博虚拟话语场域中，只是话语权力的主导者可能是一些"新贵"而已。虚拟世界不再是"像"现实世界，而是现实世界本来就有很大的"虚拟"成分，所谓虚拟世界只不过还原了那种现实罢了。

第三节 社会舆情传播的特点与新变化

社交网络时代的社会舆情演变呈现出新的特点和趋势，概括起来有以下几点：意见竞争更加激烈、价值认同诉求更加强烈、表达者升级为行动者、社群化和部落化趋势更加显著、不以达成共识为目的的虚耗式公共讨论增多、网络大 V 退场、资本力量挺进舆论前台、网络民粹主义泛滥等。这些传播特点将延续很长一段时间，具体表现如下。

一、舆论生成模式：爆米花模式成为主流爆发形式

舆论的生成模式主要分为五种：爆米花模式、风吹浪起模式、飘雪模式、瀑布模式和沉默的螺旋模式①。随着自媒体的"遍地开花"，信息传播呈现出秒传播的趋势，舆情生成也不再是由多级主体参与的缓慢形成过程，爆米花模式成为主流模式，并且呈现出一定的规律性，从全天 24 小时来看，22 时成为社会热点事件的集中刷屏时间。

中国人民大学新闻与社会发展研究中心发布的《中国网民的信息生产及情感价值结构演变报告》显示，社会舆情事件的集中爆发阶段在晚间的 21～23 时，此时社会热点事件传播的活跃度几乎是白天的一倍，尤其是晚间 22 时的睡前阶段，是网民全天打字最活跃的时刻，这主要是因为这段时间不仅是一天的紧张工作后相对清闲的时间，也是自媒体账号信息生产最为频繁的时间，还是社会舆情热点事件发酵和传播的重要时间②。近年来自媒体账号强势崛起之后，社会舆情事件的集中爆发阶段，相较于以往的 19～20 时具有了显著后移的变化，这是自媒体时代社会舆情时间分布的重要特征之一。

---

① 刘建明，纪忠慧，王莉丽. 舆论学概论 [M]. 北京：中国传媒大学出版社，2009：64-67.
② 张艳玲. 中国网民日均打字 350 亿 "亲爱的"系最常用网络称谓 [EB/OL]. (2016-11-19) [2023-02-02]. http://news.china.com.cn/txt/2016-11/19/content_39742847.htm.

二、舆情生态：更加复杂多变，不同意见竞争更加激烈

新媒体平台不再仅仅是"两微一端"（微博、微信和客户端），随着新技术的不断发展，问答社区、网络电台、视频弹幕网站、网络直播、网络字幕组、笔记类分享应用（如印象笔记等）等已然兴起，并且在公共事务中开始发挥重要源头作用。"新技术平台爆料—微信刷屏—微博跟进—传统媒体报道—新闻门户客户端打通最后一公里"的接力传播模式已成为近年来网络热点事件传播的主要模式：以知乎为代表的新技术平台扮演信息源头角色；微信是媒体人观点齐发的话题酝酿和讨论的地方；微博扮演信息二传手角色，最终形成社会话题的"平台联动"和"情绪共鸣"；传统媒体则对事件进行"仪式化"报道……这些新技术平台使得网络舆论生态更加复杂多变，并且它们是目前公开舆情监测所兼顾不到的，传统的舆情监测与预警往往很难抓取到新技术平台的封闭数据，造成只能被动应对危机舆情的局面。

新技术平台的多元化使得网络社群能够依靠自己所依附的技术平台表达各种不同的社会意见，无论是公共利益事件还是民生领域事件都有多样的社会表达和意见，使得传统的对舆论引导能力的考察必须从简单地考察对一种意见的引导转向考察多个社会意见之间达成社会共识的能力。舆论引导不能追求单向度的自我表达和卡拉 OK 式的"自嗨"，不能一味地强调"抢夺"网络舆论阵地和舆论主导权的麦克风，舆论引导应强调引导讨论协商的能力，而不能继续维持自媒体出现之前依靠网评员的数量优势来夺取舆论主导权的做法。

三、关注领域：公私领域界限越来越模糊

私人领域叠加在公共领域之上，公共领域越来越呈现出私人属性。网络围观是中国人使用互联网后经常采用的行为模式，网络流行语"地命海心"就是形容中国网民将更多的心思用在对社会公共事件的关注上。但随着自媒体平台的崛起，民众对社会公共议题的总体关注度在下降，而越来越关注自己的生活和境况，社会情绪的表达也从公共事件拓展到伦理、社会信任、社会审美等领域，私人领域议题越来越公共领域化，购物、娱乐等以往事关私人的事情越来越多地被放在公共话语场讨论。如在王宝强事件中，大家在关注娱乐事件本身的同时，有上升到爱情、阶层、家庭伦理等角度的讨论，在

讨论中并非简单地以事实说话，情感表达与宣泄在公共传播中越来越多，公共传播也越来越具有私人属性。

私人领域与主观世界的表达近年来越来越多，公共领域与私人事务之间的界限越来越模糊，使得公共舆论表达常常不再理性，很多会呈现出社群的价值预设与刻板印象，因此，很容易造成以下两种现象：一是在很多公共事件发生后，当事人及其家属并不在第一线，而往往是以年轻人为主的中产阶层结成表达行动共同体。现代化社会不仅仅需要物质世界的丰富，更需要社会不同群体之间在情感、伦理等领域的价值认同和情感共鸣。二是舆情翻转层出不穷，无论是"上海女逃离江西农村"事件中对农村人与城市人的刻板印象与偏见，还是安徽省"离奇失踪"事件中对患者与医生群体的刻板认知，都凸显了社群的价值预设与刻板印象。

四、网络社群："抱团"极化趋势加剧

线下与线上社群的"抱团"极化现象使得公众从简单的"社会表达者"升级为复杂的"社会行动者"。新技术平台的不断细分化，使得在基于社交媒体与人际关系形成的社会话语舆论场中，各社群对社会公共议题的探讨有"抱团"趋势，观点以"赞同性反馈"为主，容易造成观点极化。当某些观点固化形成特定社会群体内的普遍共识时，易形成社会认同效应，难以被打破，加上线上线下的互动、共振和极化，社会认同效应极易从线上衍生到线下，公众很容易从简单的社会表达者升级为复杂的社会行动者。如在连云港"反核废料"事件中，虚拟社群成员通过微信群、QQ群等形成"弱势认同心理"共识，很容易转化为线下真实社会的行动者。未来这种基于血缘、业缘和趣缘等而结成的熟人网络、陌生人网络会进一步催化"抱团取暖"的社群极化现象，当社群成员感觉自己群体、阶层的利益受损时，会下意识地产生应激反应，演变成积极的社会参与者和行动者。因此，未来要充分实现官民对话，重大公共决策需要民众的真正参与与体验，进而实现整个社会范围内"价值共创"的可能性①，因为无论是网络社会还是现实社会都需要"程

---

① 刘康. 对话的喧声：巴赫金的文化转型理论 [M]. 北京：中国人民大学出版社，1995：59-60.

序合法性"。

五、社会关系:"社群的茧房化"效应凸显

"社群的茧房化"使得群际存在刻板印象和不通约的现象,虚拟社会关系矛盾化趋势明显。"茧房化"本来是指以今日头条为代表的机器算法的新闻推送方式使得人们的信息领域习惯性地被自己的兴趣引导,从而将自己的生活桎梏于像蚕茧一般的"茧房"中的现象,很容易造成民众获取的信息具有结构性的缺陷,进而造成民众视野狭隘、个人判断力与认知能力丧失。网络的广泛使用,让每个人都能获得自己所喜欢的信息,假如一个社会也是如此的话,各个社会群体便会分裂。微信群的出现使得社交网络也同样出现了这种效应,即人们习惯性地同与自己相似的人聚集在一起,获得认同与支持,而不愿意同与自己不同的群体打交道,逐渐"作茧自缚"。这也使得人们的社会关系呈现出"茧房化",即一群"志同道合"的人聚集在一起,抱团取暖,更加不愿意与别的社群进行对话、寻求合意,"躲进小楼成一统,管他春夏与秋冬",这样的一种思想偏狭将会带来各种误会与偏见。

随着"50后""60后""70后""80后""90后"甚至"00后"的加入,虚拟社会空间已经被割裂成了"世代"人的代名词,成为各自的"小众"势力范围。还有以血缘、地缘、学缘、业缘与趣缘等为基础形成的网络社群,不同群、不同代以自己的社群、时代为中心画圆,相互戒备甚至有时相互敌视,带来一个个断裂的社会族群。由于这些断裂的社会族群之间是"不通约"的,"你唱你的,我说我的",彼此没有共同的话语体系,不是互相倾诉和对话,而是戴着面具、带着预设的刻板印象隔空喊话、互相质疑、互相辱骂乃至互相怨恨,进一步增加了社群的刻板印象和众声喧哗,各种"键盘侠""地域炮""爱国贼"横行,虚拟社会关系出现了进一步紧张化的趋势。

六、参与主体:资本力量介入,网络民粹化表达加重

网络大V退场、资本力量直接介入社会舆论表达场使得社会舆论表达更加"民粹化"。近年来在很多公共事件中可以看到资本的身影——无论是在网络约车政策出台过程中滴滴打车等网络平台的背后有资本"煽风点火",还是在雾霾事件中个别资本力量介入炒作。这与西方社会中资本力量的表现形式完全不同——西方的资本力量通过在公共话语表达领域寻找代理人,隐匿在背后,而中国的资本力量则直接赤膊上阵,冲在第一线,为本来已经波谲云诡的舆论生态增加了更多的不确定性。

另外,随着网络大V群体退场和转向更隐匿化表达的新技术平台,一方面,社会公共话语空间中重大敏感事件的舆情啸聚减弱,呈现出"日丽云霁,月朗风清"的网络舆论新环境;另一方面,在规避了网络大V表达不成熟的风险后,当涉及国家重大决策时,也缺失了话语精英阶层的参与式协商与对话,网络民粹主义却显得十分抢眼,在公共事件中理性表达更为稀缺,情绪宣泄更为明显,甚至呈现出"网络民粹绑架主流民意"的极端现象,如在广东省人民医院一主任被患者砍几十刀致死事件中,网民中出现的对凶手同情乃至支持的话语表达。

七、社会情绪:中产阶层"弱势认同心理"蔓延

互联网的标签化表达使得"弱势认同心理"蔓延到更广的群体,社会中产阶层的焦虑感、不安全感集中释放。和颐酒店女子遇袭事件中的"旁观人群冷漠""警方不作为""单身女性",广东"杀医"案中的"陈主任""患者家属",魏则西事件中的"电子科大高才生""无限前途"等,都被过度"标签化"和"归类化",成为网络舆论中的"兴奋点",瞬间引发群体刻板印象,使得"弱势认同心理"蔓延,刺激网络热度。"弱势认同心理"使得以往被认为是社会中产阶层的人群容易产生"推己及人"的同理心,身份代入感强,很容易形成群体内部的"受害者心理"。这已经引发了中产阶层群体的焦虑和不安全感,而恰好这部分群体是掌握社会话语权的群体的主力,拥有舆论话语表达的主导权,如魏则西事件中对百度公司竞价排名现象的声讨等。

八、舆情本体:从"个体对事实的争论"转变为"群氓为情感的困斗"

在舆情1.0时代,民众参与公共事件的讨论大抵追求的是事实真相,通过围观倒逼的方式形成话语权压制来希望获得真相的过程按照自己预设的剧本展开;但在众声喧哗的社交媒体时代,事实真相被"七嘴八舌"地无数次

再阐释甚至故意扭曲与篡改,其本身已不再是事件的核心,而是让位于情感、观点与立场。从大的元场域来说,"后真相"其实是社会分化和社会焦虑的产物,每当出现医患矛盾、师生矛盾、官民矛盾、警民矛盾等社会事件时,社交媒体上的声讨之声就会不断出现,很多人其实不完全是就事论事的,而是基于他们的日常生活体验(比如"上学难"),移情于此,把之前的感受"代入"进来,进行简单的情绪宣泄,从对事实的争论转变为情感的困斗。

在信息大爆炸的今天,纷繁复杂的信息让人目不暇接,注意力早已成为各种媒体争夺的稀缺资源,自媒体也越来越娴熟地去迎合大众心理,以吸引点阅、引导舆论,对事实的核对、对客观的追求、对理性的崇尚早已成为明日黄花。正如《乌合之众》中所说的:"给群体提供的无论是什么观念,只有当它们具有绝对的、毫不妥协的和简单明了的形式时,才能产生有效的影响。"因此,它们都会披上形象化的外衣,也只有以这种形式,它们才能为群众所接受。这些单纯而强烈的情感的力量比现象背后复杂多维的社会现实更富有传播的魔力,在传播中需要的是这些符合情感信念的事实而不是事实真相本身。

九、场域结构:从"两个舆论场"到"网络社群巴尔干化"

长期以来,"两个舆论场"一直是官方和学界解释当前社会舆论结构的重要概念,该概念于1998年1月由时任新华社总编辑南振中提出,后来演变成以大众媒体主导的"官方舆论场"和存于互联网中的"草根舆论场"——这种提法既承认了舆论场的分化和复杂性,又为观察舆论场提供了有效的视角。但随着社交网络时代来临,不同的网民开始基于血缘、地缘、学缘、业缘和趣缘等形成一个个独立的圈子,以往铁板一块的草根舆论场进一步圈群化。相较于高高在上的主流媒体,网民们更愿意依赖一个个"部落化小圈子"获得资讯,分享观点,寻求精神慰藉,获得社会归属感。换言之,社交媒体所具有的回声室(echo chamber)效应和过滤泡(filter bubble)效应等,使得一个个圈子的"内壁加厚",圈子与圈子沟通与对话的难度在逐步加大。圈子内部的人抱怨其他圈子的人不了解自己所处的圈子,希望与其他圈子交往,但又以固有的偏见打量着外部的世界。以往"两个舆论场"非此即彼的结构格局被一个个分散到不同社交网络平台的多元"圈子"取代,这些圈子类似于打地鼠游戏中的一个个"地洞",表面上开着口,期待与其他圈子沟通,但实际上却隔着厚厚的"内壁",进而加剧了社会群体的撕裂,使之分裂成有特定利益的不同子群,即"网络社群巴尔干化"(cyber-Balkanization)愈发明显。

圈子内部的表达并非理性平等的对话,由于圈子是基于熟人网络的转移,很容易把线下的社会资本带入线上的虚拟圈子中,形成像线下熟人网络一样的话语权力结构。另外,圈子内部也存在话语权的争夺和重塑的动态机制,为了在圈子中获得更多的社会资本,很多成员表现得特别偏激,正如《乌合之众》中所表述的,任何时代的领袖(包括意见领袖),都是特别偏激的,偏激的观点才具有煽动性,话语表达必须简单粗暴,情绪明确、爱憎特别分明的人更容易在圈子内部得到拥护,产生虚妄的成就感,激发其他成员表达更加偏激的观点,最终形成只诉诸情感不诉诸理性、抱团取暖和抱团对抗的"不加思考"的行为模式。

十、话语表达机制:从"广场式的众声喧哗"到"会客厅式的窃窃私语"

在微博时代,话语表达更像是在一个大的广场上大家一起叽叽喳喳各抒己见,这中间可能会存在不同的讨论圈子,但所有人的声音如果想去听的话是可以听到的。随着以微信群为代表的社群传播时代来临,本应在网络公共领域开展的正常讨论,越来越转向在隐匿化的完全封闭的小圈子里进行,更像躲在自家的会客厅里"窃窃私语"。在"后真相"时代,相较于高高在上的主流媒体,网民更愿意依赖一个个"部落化小圈子"去获得资讯、表达观点、围炉取暖。但是,同一圈子的成员大抵拥有相似的价值观,这致使他们每天得到的信息大多经过了"立场过滤",与之观点相左的信息逐渐消弭,信息茧房形成。同时,人们为了留在圈子内部,也不敢发表与圈子立场不同的意见。

"会客厅式的窃窃私语"表达机制是符合人类最初始的群体组织形式的。社会学中有经典的150定律的提法,由英国牛津大学人类学家罗宾·邓巴在20世纪90年代提出。该定律根据猿猴的智力与社交网络,推断出人类智力允许人类拥有的稳定社交网络的人数是 148 人，四舍五入大约是 150 人。"会客厅式的窃窃私语"的话语表达会使得圈子内部的归属感更为强烈，因为熟人网络情感支持的正效应，具有情绪放大和制造虚拟社会环境进而形成虚拟社会认同的作用，很容易形成意见一致的意见气候环境，因此作为数字部落的成员，人们很容易失去彼此辩论的机会和勇气，在圈子内部制造的各自的"数字泡沫"中，很容易情绪化，甚至极端化，形成群体极化现象，这对整个社会来说是不利的。

十一、舆论场主体：从"技术-政治两者角力"到"多方力量纠结对决"

纵观改革开放以来的舆情发展，基本上是技术在推动舆情生态演变，从晚报副刊兴起，到都市报蓬勃发展，再到进入 21 世纪后互联网风起云涌，形成 BBS、贴吧、SNS 和现在微博、微信、微视频和新闻客户端多元的格局，背后的逻辑线就是技术演进使得话语表达权被不断释放。微博使得民众人人都有"麦克风"，具有了公开表达的权利；微信使得民众人人都有"圈子"，获得了社群归属感。政治力量基于意识形态的需要，对技术进行了一定的规制，技术-政治两者的不断角力是舆情 1.0 时代的显著特点。

近年来，随着新媒体技术平台风生水起，以百度、阿里巴巴和腾讯为代表的技术资本新贵开始介入话语表达平台，越来越具有超国家的能力。资本对舆论通过话题排序、关键词过滤、网页删除等手段进行隐性控制更是多不胜数。每次公共事件最终都能成就几个微信公众号大号，舆论背后是"带血的 10 万＋"，如 2016 年年底在微信朋友圈刷屏的《盛世中的蝼蚁》，就是一个署名"格隆"的财经公众号为营销自己而进行的故意炒作。

2017 年，境外敌对势力从幕后走到前台，运用高科技、移花接木炮制虚假新闻、制造网络谣言等手段在国内公共热点事件中混淆视听，扰乱舆论生态。如发生在北京的红黄蓝幼儿园虐童事件的爆料人"Reginababy_lsy"，微博注册地是美国，且超过半年没有活动，在"红黄蓝事件"中，一幅含沙射影污蔑"老虎团"的漫画也被大肆传播，作者"郭×雄"是一名由国内逃往美国的邪教分子……近年来，境外反华势力大力开发网络虚拟机器人，进行机器自动发帖，制造虚假新闻，编造大量政治谣言企图由境外向境内倒灌。这些行径扰乱了本已复杂的国内舆论环境，干扰了官民对话。

基于此，社会舆论生态的主导力量已经由原来的技术-政治两元力量向多元化演变，形成了技术-政治-资本-境外势力多方角逐的战场。

十二、网民主体：从"想象的共同体"到"偏见的共同体"与"行动的共同体"

"想象的共同体"由本尼迪克特·安德森最早提出，他认为印刷资本主义是实现民族主义建构的关键，是凝聚民族"想象的共同体"的必要技术手段，印刷品等为读者提供了"虚拟的共时性"，并使他们经由这种共时性而产生共同体想象，仿佛他们仅仅操持同种语言便息息相关似的[①]。从印刷时代跃进到网络传播时代，新的传播手段依然遵循着"提供虚拟共时性—凝聚共同体想象"的路径，只是不再仅仅局限于民族主义，不同阶层的网民在互联网这个大平台上被凝聚，形成了全新的想象的共同体。在舆情 1.0 时代，一旦发生社会公共事件，民众便在平台上各抒己见，试图改善线下公共治理，尤其是 2003 年以孙志刚案为标志，网民开始作为独立的社会表达主体登上社会舆论场，这一年也被称为"网络舆论元年"。

在"后真相"时代，"立场"已赤裸裸地压制"事实"。虽然在历史上不乏人类一时被立场蒙蔽的时期，但过去人们还是会承认事实比立场更加神圣。如今之所以谎言能够披着真相的外衣在各色新媒体上翩然起舞，绝不是因为谎言已经被指鹿为马为事实，而是因为人们认为虚假信息中蕴含的立场比事实更加重要。在传统大众媒体祛魅的时代，谎言和事实此起彼伏，人们在难以判断的情况下，第一反应往往是相信自己的感觉，跟着感觉走，之后一旦出现与自己的感觉相悖的证据，人们就会倾向于选择性忽视，不以达成意见共识为目的，只追求情绪宣泄，事实已经不重要了。情绪的宣泄与关系勾连，拥有共同偏见的人聚合在一起，"想象的共同体"窄化了，形成了一个个"偏见的共同体"。

"偏见的共同体"在情绪和虚拟认同的刺激下又转化为"行动的共同体"。如当鹿晗宣布与关晓彤在一起时，新浪微博瘫痪了近一个小时；在李

---

① 安德森. 想象的共同体：民族主义的起源与散布[M]. 上海：上海世纪出版集团，2005：167.

小璐留宿事件中，PG One 的粉丝自发捐款要买相关热搜词条抹黑抨击其偶像的《紫光阁》杂志公号；北京大兴火灾后，一些人组织起来为相关人员提供住宿和工作机会；等等。这些都是从"偏见的共同体"转化为"行动的共同体"的例子，之前宏大的网民主体——"想象的共同体"在"后真相"时代已经轰然崩塌，成为一个个零散的"偏见的共同体"。

十三、网民行为模式：从"围观-较真"模式到"应激-遗忘"模式

在前真相时代，一旦发生舆情事件，民众就会自发地在网络上进行围观，"围观改变中国"，在网民的凝视之下，社会事件得以解决，民众在无限逼近真相后一哄而散。因此，在舆情1.0时代，公权力部门的一个情况通报或者一个免职新闻就可以让民众满意散去，这是一种"围观-较真"的行为模式，如持续三年之久的周正龙"虎照"事件，最终以周正龙被抓、官方道歉为结局。

在"后真相"时代，情感太多，事实已经不够用了。部落与部落之间的壁垒更加坚实，每个人都在不同的池塘中，都是自己池塘里的青蛙，信息理解变短变浅，偏见与偏见交锋，只有情绪的冲撞。人们只能以一种特殊的方式来解决问题——立即反应，然后遗忘。面对舆情事件的发生，一个个小圈子的成员开始探出脑袋来关注，这是一种下意识的看热闹行为，是一种应激机制，但他们只诉诸情感而不关注事实真相，不加思考地与当事人同悲同喜，情感付出得很廉价，但不再像以前那么较真，"逢场作戏"后又回头关注自己圈子内部的"小确幸"。这也能够解释为什么近年来舆情事件反而看起来少了，其实客观上舆情事件并没有少，它们还在那里，只是我们使用一种全新的"应激-遗忘"的"后真相"时代行为模式来对待这些事件罢了。

十四、舆情治理：从"寻求达成意见共识"到"意见压制与竞争失序"

"前真相"时代的舆情治理，无论公权力部门是积极回应还是消极应对，都以最终达成意见共识为目的，并且客观来说在一定程度上促进了公共治理的改善。如2003年的孙志刚案之后政府废除收容遣送制度，网络议题的管理最终往往伴随着公共政策的改善。

在"后真相"时代，由于关键意见领袖（key opinion leader，KOL）的退场、转场等，以往官方—意见领袖—民众的二级意见表达模式转变为官方直面民众。由于缺少关键意见领袖的缓冲，官方与民众两者在任何公共危机事件面前都缺少必要的话语意见缓冲，官民之间直接开火，相互粗暴地"扣动扳机"。公权力部门想不明白，以往"屡试不爽"的舆情应对方式怎么失灵了——发了情况通报、解释了真相，为什么还是没有人相信？民众从寥寥几句的情况通报中看不到自己想要表达或者被慰藉的情感。事实真相在公权力部门与民众之间的互相撕扯下已经支离破碎，公权力部门需要民众"静下来不要闹事"，而民众觉得自己的立场与情感宣泄没人关注，事实真相已经不重要了，"解惑"不如"解气"。

党的十八大之后，官方媒体对于民间的质疑不再回避，相比以前有了明显进步，但是这些并不足够。很多时候面对激烈的舆情，有些地方政府或者网络监管部门不是出面以正视听，而是一味采用信息封锁的方式降低舆论热度。这样的做法也许可以在短时间内控制舆论场的温度，但是也失去了民众的信任。虽然个别部门领导口口声声说在意网络舆情，但在实际运作中，舆情报告提供方却按照领导的要求进行"定制化生产"，在价值和立场预设的前提下提供舆情报告，构建了不实的意见环境。很多舆情事件并没有推动各方意见达成共识，而是通过简单的优势意见压制而告终，意见竞争呈现出失序状态。

第四节　社会舆情生态的结构性转型与调适

基于社会舆情近年来要素级的变化和发展，从点到线到面，整个社会舆情生态也出现了结构性的转型与调适，在舆论的参与主体、线上线下互动机制、公共讨论理性度以及舆论场的感性色彩越来越浓等方面出现了新的变化与转型。

一、发声平台更加多元，舆论生态更加复杂，意见竞争更加激烈

在新技术的推动下，除了微博、微信和新闻客户端，问答社区、网络电台、网络直播、视频弹幕网站、网络字幕组等新型社交舆论平台全面发展。

热点舆情爆发的源头、通道和公共参与介质更加多元。各种平台皆有其信息传播和意见表达特质，并彼此交互、聚集舆论合力，形成多元、多级、多维的平台联动、信息涡流和"情感飞瀑"。以往的舆情监测、信息控制手段越来越难以适应这种复杂多变的技术平台和舆论生态。多元主体借由多元渠道发声也带来了多元意见的激烈竞争，几乎所有重大舆情都会出现两种或更多种意见的交锋，真相与谣言、理智与情感、科学与伪科学等鲜明对立或相对含混的观点共同涌入公共舆论空间，党政部门、企业、精英阶层、新中产阶层、进城务工者、在校学生等皆被卷入其中。这体现出三个重要趋势：一是话语权的再分配，当人人都掌握了麦克风后，话语权便不再像以往那样专属于党政部门和社会精英；二是掌握了麦克风并不意味着就拥有了话语权，一种意见只有在多元舆论生态中被倾听、理解和接纳，才能使话语权落地；三是舆论引导能力不再单纯表现为如何消除负面信息和批评意见，而是表现为如何基于意见的多样性在对话协商中寻求可能的共识和认同，如习近平总书记指出的要"成风化人、凝心聚力"[①]。

二、线上与线下的联动趋势增强，部分网民由表达者"升级"为行动者

在连云港"反核废料"事件、住建部"拆小区围墙"事件等重大舆情事件中，网民通过互联网平台实现信息分享和社会动员，其中部分网民结成临时或相对稳定的沟通共同体，进而在特定情境或导火索的刺激下，将虚拟空间的社会动员转化为现实的集体行动。从技术发展的趋势来看，社交互联、智能互联、万物互联将进一步破除虚拟空间与现实空间、表达与行动之间的障碍，线上动员向线下行动的转化将成本更低、效率更高。从连云港"反核废料"事件处理的经验和教训来看，解决此类问题的一个关键步骤在于预先的舆论动员和公共参与，即以互联网思维增强公共决策的透明度、参与感和程序合法性。

---

① 习近平在全国宣传思想工作会议上强调 胸怀大局把握大势着眼大事 努力把宣传思想工作做得更好[N].人民日报，2013-08-20.

三、网民的情感共振和身份代入感日益强烈，价值认同需求高涨

在魏则西事件、和颐酒店女子遇袭事件等热点舆情中，当事人及其家属往往并未冲在舆论的第一线，而恰恰是看似利益无涉的普通网民以"我也可能是受害者"的心态形成了集体围观。这种自我代入式的意见表达未见得总是理性的，甚至直接拆解了"理性的梯子"。这一方面说明众声喧哗、情绪冲撞的舆论场需要加以约束和引导，另一方面也意味着公众在主观世界和价值意识层面的觉醒。就个体而论，价值意识包括情感、尊严、审美、伦理、理想和信仰诸方面，即关爱与被关爱、体面而平等、值得信任和托付的道德契约、可期的目标与愿景、超越性的价值信念等等。换言之，今日社会认同的动力来源既包括经济发展、物质进步带来的绩效认同，也包括主观精神世界的安宁、美好促生的价值认同。若无价值认同的统摄，绩效认同将因为社会财富分配不均和相对剥夺感等负向因素而效力下降。

四、不以达成共识为目的的公共讨论有加剧之势

互联网一方面连通了整个社会乃至全世界——"地球是平的"，另一方面加剧了人群、社群的部落化，多元的社群在其内部形成了"茧房化"效应，即人们只愿意与"志同道合"的人聚集在一起，只寻求"赞同式反馈"。不同社群可能各持偏见，难以沟通和达成合意，意见竞争变成偏见与偏见的碰撞。从广东"杀医"案等热点舆情来看，各种社群或直接交锋，或隔空喊话，并在辩论中使用简单的标签化手段，互相质疑、互相辱骂乃至互相怨恨。此外，一些舆情事件还表现出明显的塔西陀效应，当事主体无论怎样表达和行动，另一方都以不信任、不赞同、不接受作为回应。这就导致不以达成共识为目的的虚耗式公共讨论增多，甚至出现了为反对而反对的极化现象。

五、网络大V退场，舆论表达"民粹化"倾向严重

前几年，一些不良网络大V遭到相关监管部门的批评、教育和处罚，网络空间一时清朗。但此举亦有当时难以预见的另一个效应，即在经济社会改革的重大决策和一些热点舆情事件中，网络大V的退场也导致了精英话语的

薄弱乃至缺席，尤其是理性、引领性话语的缺席。因此，在善用网络代表人士方面，应与时俱进做出调整和优化。与之相对，资本力量对舆论的干预、"民粹"力量对舆论的影响则有抬头之势。在2016年的多起舆情事件中皆可以看到资本的身影，如网络约车政策出台过程中商业公司的"煽风点火"和雾霾舆情中资本力量的炒作。此外，从"帝吧出征"等热点事件来看，"网络民粹"持续升温，甚至出现"网络民粹绑架主流民意"的现象。从长远来看，非理性的民粹主义不利于培育成熟的社会心理，不利于塑造负责任的大国形象。

第三章　情感传导范式下的网络舆论议题动员

在社会网络时代,随着社会关系茧房化和重归部落化,加上传统知识权威的衰落,相同的境遇、共同的生活体认,再加上以秒计算的新型传播手段,时间消灭了空间的隔阂和障碍,彼此之间的对话和沟通强化了个体在公共事件的讨论中产生的一致的认识和看法,建构了共同的群体记忆,进而提升了情感共鸣和虚拟群体认同。情感和立场优于事实的"后真相"时代来临,事实真相经过"七嘴八舌"的无数次再阐释甚至是故意扭曲与篡改,其本身不再是事件的核心,而是让位于情感与立场。情感已经超过事实真相本身成为网络舆情事件的动力源和基本社会动员形式。舆情研究近年来也有从"信息"维度向"情感"和"关系"维度等研究范式的转变。

近年来新媒体平台成为社会动员的主要场域,新媒体平台的动员机制从阶段上可以分为文本话语动员、情感动员和线上线下的勾连行为动员。文本话语动员是整个动员机制的起点和基础,而在互联网上最具有动员色彩的就是近几年流行起来的公益众筹项目。为了获得更多的注意力和金钱资助,公益众筹项目会在信息文本上做足功夫,争取起到最大限度的动员力,因此研究公益众筹项目的话语修辞,对了解整个新媒体平台的动员机制具有重要的管窥价值。而且,随着词媒体时代的来临,标题在事件的命名机制和传播广度上的影响力越来越大,并且在公益众筹项目的文本中最具有动员价值和代表性的就是项目的标题,标题是整个项目文本能否引起关注的关键点。因此本章选择新浪微公益平台上公益众筹项目的标题作为研究对象进行研究,揭示公益众筹项目话语的修辞策略和动员手法,进而探析其背后的心理诉求。

第一节　议题修辞动员文献综述

贝克尔斯等对之前的 300 余篇有关慈善捐赠的文献进行了回顾总结,总结出了影响公益捐赠的八种机制：被需要感（awareness of need）、游说度（solicitation）、成本和收益（costs and benefits）、利他主义（altruism）、声誉（reputation）、心理收益（psychological benefits）、价值观（values）和效能感（efficacy）[①]。结合贝克尔斯和其他的相关研究，目前对公益捐赠的影响因素的研究主要从个体层面、社会层面和传播过程层面等三个层面展开。

从个体层面来看，与经济学领域研究的经济人假设不同，普伦奇佩等认为个体的捐赠行为是一种亲社会行为，且捐赠往往不是以物质利益为动机，而是一种因情感因素生发的决策行为[②]。曼瑟尔·奥尔森提出，个体的捐赠行为有时候是出于对声望、尊重的要求[③]。蔡燕青则认为，宗教是慈善事业的源头，慈善行为是宗教教义基础上慈善理念的外在表现[④]。定险峰等发现人格特质会对捐赠行为产生影响，并且受到情境的共同影响[⑤]。何志兴研究发现，个体情绪的效价也会对个体的捐赠行为产生不同的影响，在消极情绪下，个体出于改善情绪和情绪补偿的目的更愿意捐赠，且对对于同乡的捐赠表现出明显的偏好[⑥]。

另一些研究从社会层面来解析和理解捐赠行为。如王秀丽认为，以中国儒家"仁爱""仁政"为源头的东方慈善构成了社会普遍认同的乐善好施、助人为乐的公益理念[⑦]。但是，也有提出反对意见者，如王小波认为，从费孝通差序格局的传统乡土社会架构来说，"人与人之间以人伦亲疏为序……凡与自己有亲属关系的为近，无亲属关系的为远；相识者为近，不相识者为

---

　① BEKKERS R H F P, WIEPKING P. A literature review of empirical studies of philanthropy: eight mechanisms that drive charitable giving [J]. Nonprofit & voluntary sector quarterly, 2010, 40 (5).
　② PRENCIPE A, ZELAZO P D. Development of affective decision making for self and other evidence for the integration of first- and third-person perspectives [J]. Psychological science, 2005, 16 (7).
　③ 奥尔森. 集体行动的逻辑 [M]. 上海：格致出版社，2014.
　④ 蔡燕青. 中国大陆个人慈善捐赠的影响因素研究 [D]. 北京：中国政法大学，2011.
　⑤ 定险峰，易晓明. 群体灾难下的慈善捐赠：共情的中介效应 [J]. 中国临床心理学杂志，2011，19（3）.
　⑥ 何志兴. 个人捐赠行为影响因素的实验研究 [D]. 长沙：湖南师范大学，2014.
　⑦ 王秀丽. 微行大益：社会化媒体时代的公益变革与实践 [M]. 北京：北京大学出版社，2013.

远；与自己有利益关系者为近，无利益关系者为远"①。传统慈善文化会在一定程度上阻碍个体公益捐赠行为的发生，因为现代慈善传递的是一种"陌生人的伦理"，这与中国传统的熟人慈善格格不入②。

有研究者从慈善公益劝服的宣传方式角度进行研究。赫尔等发现，丰富多彩的语言风格比起平铺直叙的信息内容对传播对象的行为有更加明显的影响③。但章友德和周松青认为，对标题的处理以及动员发起者所使用的"白描"的写作手法和一定的距离策略等，在一定程度上反而可以增加事件的可行程度④。李京丽针对互联网求助文本的分析研究表明，求助人倾向于采取由亲属担任叙事角色、构建弱者身份、自我"道德化"以及故事化的话语模式来向大众传递求助信息，该研究对网络求助文本的特点归纳清晰，但仅选取了三个案例作为分析对象⑤。

还有学者研究了作秀式求捐现象。如有研究认为，一个有好故事的人，可能胜过一个更加苦难、更需要帮助的人，这也在一定程度上偏离了新闻报道客观性的初衷。当这个观点被放到如今的新媒体时代中时，一个新的矛盾就会产生，即当人人都拥有话语权时，往往还是那些最会造势、最会讲故事，而不是最需要的人得到了公众大多数的关注和帮助，媒体为了吸引观众和产生眼球效应，也会倾向于将报道资源分配给能够引起话题的求助人⑥。

总体来说，目前围绕公益慈善、公益众筹项目等的研究大都从经济学、社会学、心理学的角度出发，从捐款人的角度采用个人效用、网络动员、心理收益等理论框架展开研究，而从传播学视角切入，研究公益众筹项目传播过程中使用的叙事方式和表达框架的研究还不多，这恰恰是本章研究的重点问题。

---

① 费孝通. 乡土中国 生育制度 [M]. 北京：北京大学出版社，1998.
② 王小波. 试论普通人参与慈善事业的意义、影响因素及其途径 [J]. 道德与文明，2006 (2).
③ HERR P M, KARDES F R, KIM J. Effects of word-of-mouth and product-attribute information on persuasion: an accessibility-diagnosticity perspective [J]. Journal of consumer research, 1991, 17 (4).
④ 章友德，周松青. 网络动员的结构和模式：以"小雪玲救助案"为例 [J]. 政工研究动态，2008 (8).
⑤ 李京丽. 网络求助文本的话语研究：对"轻松筹"和"微爱通道"的三个案例分析 [J]. 新闻界，2016 (11).
⑥ 薛相峰，殷润国，阮来祥，等. "作秀式求捐"事件中的媒介舆论导向与传播伦理探析：以安徽省合肥市为例 [J]. 视听，2016 (6).

第二节 社交网络与情感动员

在"后真相"时代,真相并没有被篡改,也没有被质疑,只是变得次要了。网民不再相信真相,只相信感觉,只愿意去听、去看想听和想看的东西,因此"后真相"时代的重要表征是真相敌不过情感。

情感一直是社会动员研究视域中的重要对象之一。在早期的研究中,社会情感因素被极度重视和关注,被认为是社会集群行为中的关键因素。如法国社会心理学家勒庞认为情感因素是解释社会群体行为最为关键的因素之一①。随着资源动员与政治过程理论在美国的逐步兴盛,情感因素被抛弃,相关研究者要么认为在社会运动中情感往往屈从于社会理性,要么认为情感只会破坏,毫无价值。直到20世纪90年代新社会运动理论兴起后,相关研究者才开始重新重视情感的重要作用和价值,如美国学者裴宜理认为:"情感不再被看作纯粹的生理范畴,而是更多地被看作文化范畴。也就是说,情感并非只是个人的自然属性,而是更多地具有社会的建构特性。"②这些新社会运动研究者不再认为情感是个体的情绪表达和宣泄,而是将之上升到社会心理的宏观视角进行考察,认为社会情感可以产生社会认同,形成社会的重新结构化。芝加哥大学社会学者赵鼎新则将情感置于对社会组织力量的考察中,认为当相关运动的社会组织力量薄弱时,情感会发挥重要的作用,成为整个社会动员得以发展的重要因素,甚至会"主宰运动的发展",而当社会组织力量比较强势时,情感因素会退居次要位置,两者是一种反比例关系③。

情感是社会事件得以发生和发展的动力源泉,很多事件被社会动员起来的第一个阶段就是情感渲染、情绪感染,进而产生社会行为趋同。虽然网络事件的出现表面上是信息的传播和扩散过程,但其本质上是情感的动员过程,因为社会网络不仅是简单的媒介技术,还为社会个体提供社会认同和情感依赖,是整个社会的对话平台。社会个体是在情绪的渲染、驱动下进行网

---

① 勒庞. 乌合之众:大众心理研究 [M]. 北京:中央编译出版社,2011.
② PERRY E J. Chinese conceptions of right: from Mencius to Mao and now [J]. Perspectives on politics,2008(6).
③ 赵鼎新. 社会与政治运动讲义 [M]. 北京:社会科学文献出版社,2006.

络虚拟社会的行为的,而并不是一些研究者所认为的盲目的乌合之众,其本质是"争取承认的政治"或者说"认同的政治",因此,"集体行动中的情感,不是简单的资源或工具,而是斗争的动力"①。

社会情感动员中的情绪是多种多样的,其中最为主要的是负向情绪,如愤怒、悲情,负向情绪更容易在网络群体中快速传导和渲染。正如杨国斌所认为的,情感动员大体上可以分为两种:悲情和戏谑②。但在现实的网络事件中,并非单纯是以上两种情感在起作用,很多网络事件中网民的社会情感表达是丰富的、多元的,并时刻变动,哪种类别的情感更能表达网民的社会情感,网民就用哪种。悲愤的情感表达相对比较直接,爱恨分明,而戏谑、幽默化的情感表达更加犀利、辛辣,更加有助于情感的表达和渲染,这种只可意会不可言传的表达氛围也是网民自我规训的一种方式,其中还夹杂着愤怒和心酸,只有通过这种类似于"网络仪式"的狂欢才能将心中淤积的情绪淋漓尽致地发泄出来。从这个意义上说,戏谑或者说调侃情感也是悲情或愤怒情感的表征,是悲情后的自嘲。

在很多网络事件中,多种情感往往是交织在一起的,如在2020年的杭州女子失踪案、鲍毓明案件等中,上演着一幕幕跌宕起伏的舆论"过山车",从最初的力挺当事一方而指责另一方,到在短短的时间内出现情绪"180度大转弯",呈现出戏剧化的舆论逆转现象。在这个过程中,网民的社会情感是一个动态变化过程。另外,由于社会网络属于多媒体,网民群体进行情感表达的载体和表征手段也不尽相同,有的是文字表达,包括打油诗、顺口溜等形式,而随着移动互联网的兴起,很多新的感性情感表达手段(如图片和视频)不断出现,这些手段更加感性、直观,更能引起网民群体的情感共鸣,情感动员的效力也更强。

一、"后真相"时代网络事件的情感动员行为表征

根据对相关事件的整理和分析,可以看出,网络事件中的情感动员在形式上相对简单,具体来说,大致可以分为以下三种形式。

---

① WILLIAMS R. Marxism and literature [M]. Oxford: Oxford University Press, 1977.
② 杨国斌. 悲情与戏谑:网络事件中的情感动员 [J]. 传播与社会研究, 2009 (9).

（一）通过主动发布信息寻求情感建构和情感共鸣

情感动员必然是以信息为主要表征形式的，信息是情感植入的最好的形式，在情感动员的初期必然是以信息传播为前提的，民众只有了解了事情，才有可能形成共同的情感和判断，进而产生社会行为。因此，情感动员的初期主要是以主动信息传播为特征的。如在网红拉姆被烧事件中，自称拉姆姐姐的人在拉姆抖音上发布的"爱心人士，救救我可怜的妹妹吧！"称拉姆是被其前夫用汽油烧伤的，"在州医院重症监护室，急需转院，医疗费用需百万元"，这就是通过主动发布信息来寻求社会援助和情感支持。

社会网络由于其信息传播字数一般不多，其更多地表现为一种观点媒介。社会网络中的动员机制建立在社会信任和社会归属之上[1]。网民主动发布信息，除了将自己知道的事情发布出来，更多的是希望表达自己的观点和看法，阐明自己的立场，同时也希望自己的看法和态度能够获得其他人的认同和支持。在这个过程中，如果个体的态度得到了其他个体的点赞或认同，个体原有的情感就会得到强化和巩固；反之，个体原有的情感就可能发生动摇甚至改变为与群体一致的情感。如在新冠疫情期间火神山医院建设过程中，政府使用相关工业监控摄像头，24小时直播火神山医院建设的"中国速度"，引起网民的关注，进而形成线上与线下、场内与场外的情感共振，使整个事件不仅在线下产生了强大影响力，在互联网上也引起了网民的极大关注，最终从一个医院建设事件演变成一种网络爱国行为。这其中除了信息的简单传播之外，更多的是情感的互动和共振，情感是整个事件舆论关注得以扩大的直接动力。

（二）通过转发、评论、点赞等行为表达情感

每一次信息转发和评论都代表一种态度和情感，更是一种舆论力量。因为对网民来说，对信息的主动转发和评论的成本要远远高于浏览的成本。有研究表明，100个微博浏览者中只有4.3个左右愿意进行评论，只有6.7个左右愿意进行转发[2]，而每次的转发或评论行为中都掺杂着一种强烈的情感

---

[1] 郑满宁. 微博时代的群体动员机制及管理对策[J]. 重庆大学学报（社会科学版），2014，20（1）.

[2] 李彪，郑满宁. 社交媒体时代的网络舆情：生态变化及舆情研究现状、趋势[J]. 新闻记者，2014（1）.

因素，并且这些行为很少是对事件内容简单的重复，而主要是自己的看法、态度等的表达，是对别人观点的回应、声援乃至鞭挞。

微信与微博等社交媒体都具有圈群嵌套传播的技术属性，一些网络大V和微信公众号的订阅用户动辄百万计，一个微信公众号就可能带来几万的转发量，覆盖力更加可观，当这些信息里面含有情感动员的成分时，社会网络的动员力量就会凸显出来，即所谓的"围观改变中国"，并且在这个过程中，很多信息是经过一个个网络搬运工在不同微信群中传播而产生情感的渲染与互动，进而形成更大的社会凝聚力的。

（三）通过线下集群行为来表达强烈情感

在社交网络时代，线下集群行为是表达强烈社会情感的一种常态形式。情感动员的最终目的是集群行为，而线下行为直接越过虚拟现实，又最大限度地反过来影响虚拟空间的情感认同。如在弦子状告朱军性骚扰事件中，一些网民通过微信群自发地组织到海淀区人民法院聚集，以线下集体行动来支持弦子。这些行为虽有成功有失败，但都通过社交网络反馈到虚拟空间中来，形成更大范围内的社会判断和社会情感动员，进而又反过来影响线下社会，这种双向互动促进了社会公共治理的进一步完善。

需要说明的是，不同行为表征的网络情感动员力和发生阶段也不尽相同，在很多网络事件的发展过程中，以上三种形式经常同时出现并相互促进。

二、"后真相"时代网络事件的情感动员策略

如何形成有效的情感共鸣是网络事件中的关键一环，在"后真相"时代情感宣泄泛滥的情况下，不同的情感动员策略会体现出不同的情感表达逻辑，但最终目的都是推动情感以最快的速度渲染开来，服务于网络动员行动本身。概括起来，"后真相"时代主要有以下五种情感动员策略。

（一）怀疑策略：放大负面情绪以获取社会支持

在"后真相"时代，很多网络事件一出现就遭到网民不同程度的质疑和有罪推定，这甚至成为一种思维定式、一种刻板印象。当被怀疑对象不公开回应或者相关回应得不到网民的信服时，网民的这种不信任会得到巩固和强化，甚至发生转向，"狼来了"的心态就会产生，并最终转化为对相关社会

阶层的不信任。而随着社会阶层的板结化，不同社会群体被打上了不同的社会标签，如"富二代""星二代"甚至是"穷二代"，这些标签被污名化或刻板化。网民对一些特殊的群体形成了刻板印象，这种质疑也和社会心理形成了呼应，因此，一旦发生涉及相关阶层的事件，网民的第一反应多为"这肯定是真的"，对这些当事人或主体的任何辩解和澄清都持质疑态度。怀疑策略也成为鼓动社会负面情绪与获取社会支持的重要手段和策略。

（二）示弱策略：建构虚拟社会对立图景

示弱策略主要表现为在网络话语叙事中建构出一幅草根是困难族群、是可怜的虚拟社会图景，给对方和己方贴标签，划清"你""我"的界线，进而上升到不同社会族群对立，从而塑造出社会悲观情感。在建构的虚拟社会图景中，社会阶层不再是板结和僵化的，而是在不断的互动中形成"想象的共同体"[①]——"大家都是困难群体"。很多虚拟社群将自己界定为困难群体，甚至传统社会中的强势群体如知识分子、企业主群体等在网络中都自称困难群体。具有这种心理定位的人群会在虚拟社会中自觉地站在"困难"一方，形成虚拟空间"困难群体联合体"。更多的虚拟族群在网络中不断聚合和认同，最后形成虚拟空间中非此即彼、非强即弱的社会对立图景，而很多所谓的强势群体是这些困难群体自己塑造出来的社会假想敌，以此来凝聚社会共识和进行情感动员。因此，当这些虚拟困难群体所认为的一个强势现象或强权权力在网上出现时，困难定位心理就会出现条件反射式的应激反应，这种应激反应不一定是基于事实本身的就事论事，而成为一种超越事实的"自我生活感受"的情绪诉说和主观带入：他们表达对"困难群体"的同情，事实上是在表达对"自我现实生存状态"的同情；他们表达对"强势群体"的谴责，事实上是在表达对"现实自我"被压抑的反抗。

（三）简单归因策略：最大限度地撩拨网民的敏感神经

事件发生后，在网民无法获取真实消息或对事件存疑的情况下，常见的一种情感动员策略是简单归因，即直接将矛头指向自己怀疑的强势部门或主体，进行有罪推定。"所谓归因就是人们利用信息对自己及他人行为的原因

---

① 安德森. 想象的共同体：民族主义的起源与散布[M]. 上海：上海世纪出版集团，2005.

加以推断的过程。"① 这种归因往往是网民的主观臆测，正如沙赫特和辛格的情绪归因论认为："人的社会情绪既有自身生理的反馈，也有对导致这些反馈结果的社会情境的认知评价，一定程度上也是人们消除内心信息与社会认知双向不平衡的一种简单做法。"②

在很多网络事件中，事实本身与政府或公权力部门的关联度不大，但由于长期形成的不信任和公信力下降的社会现实，网民很容易将事件越过企业直接归咎于政府的不作为或违法乱纪行为。如在新生儿注射乙肝疫苗死亡事件中，虽然最终证实并非疫苗之过，但很多网民直接将矛头指向食药监部门的不作为；在历次的"悬浮门"事件中，悬浮照一出来，网民首先怀疑的是官员作秀……简单归因的情感动员策略使得网民的情绪反射弧线最大限度地缩短，一下子就可以将网民的情绪凝聚起来，拨动网民心中社会公平正义等敏感神经，使得网络动员的速率和效力陡然提升。

（四）贴标签策略：朗朗上口、笑中带泪

在网络事件的情感动员中有一个很重要的情感要素是戏谑，即通过调侃取笑等方式使得类似于玩笑的情绪在网民中渲染，达到"笑中带泪"的目的。戏谑最常用的手法是自嘲和反语等，其中还包括贴标签，在一个个具有娱乐精神和形象化的标签中，巧妙地植入自己的社会情感。随着朗朗上口的标签传播，社会情感也得以动员起来，如随着"姜你军""38元大虾"等令人拍案叫绝的标签出现，事件得到了前所未有的网民关注和社会动员能力。自嘲表达的是一种无奈，"凡尔赛体""油腻大叔""佛系青年"等网络用语的火爆在一定程度上是网民寻求虚拟认同的一种自我贴标签的尝试，但也在一定程度上切中了网民共同的情感需求，缓解了抱团取暖的孤独感，因此很容易引爆整个网络，获得情感上的认同和区隔，进而产生群体动员的力量。

（五）拔高策略：占据道德制高点评头论足

在网络中有一个比较奇怪的现象即道德洁癖现象。在现实生活中个人并不完美，但在网络中每个网民都将自己装扮成社会道德的卫道士。最典型的

---

① 沙莲香. 社会心理学 [M]. 北京：中国人民大学出版社，2006.
② SCHACHTER S, SINGER J E. A biographical memoir of stanley schachter [EB/OL]. [2023-02-02]. http://www.psychspace.com/psych/viewnews-384.html.

是在王宝强离婚事件中，一个婚姻出轨事件被网民上升到社会道德、社会伦理高度，网民甚至对宋喆、马蓉进行死亡威胁。正如历史学家彼得·伯克所认为的："'社会事件'或'社会历史事件'带有戏剧的特点，可以作为一个道德脚本加以分析，这是一种'社会显微镜'和历史比较方法，意味着不同的事件，演讲出同样的语言，显露出人们的内心冲动和可以强烈感受到的社会价值。"① 网络事件虽然在不同时间、不同地点发生，但很容易使个体有一种社会情境代入感，所面对的事件的相似性使个体把地点和时间剥离开，只剩下这些"社会历史事件"的结构性要素②，尤其是只凭道德标准对事件进行判断。因此，在网络中进行情感动员的另一个显著策略是对事件进行拔高和放大，将一个小的事件上升到社会道德层面，将个体的遭遇与整个群体乃至整个社会的命运联系起来，将个体事件放大为社会公共事件，使其他群体成员如果不加入这场道德动员就处在"道德洼地"，有被族群孤立之虞。同时，道德上的社会正义对脱离了现实身份的网民具有天然吸引力，是撩拨网民内心最深处道德之弦的力量，也是网络事件中公共话语表达的最高价值标准，因此每个人都以道德之名被最大限度地动员起来，这给网民造成了一种道德缺失错觉，进而影响其社会行为，使得虚拟现实成为真实现实，即社会学中所讲的"预言的自我实现机制"。

当然，以上几种情感动员策略并非单独存在于一个网络事件中，在很多事件中我们可以看到多种情感动员策略的存在，即多元情感动员策略，这也可以作为一种情感动员策略而存在。

第三节　舆论表达中的负面情绪启动与动员

心理学中有个"唤醒度"概念，是一种情绪被激活并随时待命的状态。相较于正面情绪，负面情绪的唤醒度更高，更具感染力，对舆情的启动效应更加明显，并且更容易走向极化。因此，研究舆论表达中的负面情绪启动与动员具有标杆性的价值与意义。

---

① 伯克. 历史学与社会理论 [M]. 上海：上海人民出版社，2001.
② 佟新. 社会结构与历史事件的契合：中国女工的历史命运 [J]. 社会学研究，2003（5）.

一、舆论表达中的负面情绪及生成机理

舆论表达的"负面偏好"是指舆论表达不管事件真相,有意或无意地进行负面评价乃至恶评,进而希望获得别人关注的网络行为。它从表面上看属于个人的行为偏好,其实背后有复杂的生成机理。

第一,"后真相"时代的话语表达只追求情感宣泄,不注重事实真相。在传统媒体时代,社会民众追求的是事实真相,而在"后真相"时代,"立场"已赤裸裸地压制"事实",传统大众媒体祛魅,谎言和事实此起彼伏。人们在难以判断的情况下,第一反应往往是相信自己的感觉,跟着感觉走,之后一旦出现与自己的感觉相悖的证据,人们就会倾向于选择性忽视,不以达成意见共识为目的,只追求情绪宣泄。事实真相已经不重要了,情绪宣泄与关系勾连,拥有共同偏见的人聚合在一起。[①] 只要有人发表了一个枉顾事实的负面言论并引发了情感共鸣,不顾真相的各类点赞便一拥而上。因此,舆论表达中的负面偏好往往能获得更多的社会资本,网民跟帖评论本身是一种"社群展演"行为,观点越极端,越容易受到关注和跟从。正如《乌合之众》中所表述的,任何时代的领袖(包括意见领袖),都是特别偏激的,偏激的观点才具有煽动性,话语表达必须简单粗暴,情绪明确、爱憎特别分明的人更容易在圈子内部得到拥护,产生虚妄的成就感,激发其他成员表达更加偏激的观点。负面表达往往更加极端,更易引起其他成员的关注,最终形成只诉诸情感不诉诸理性、以负面偏好为主的表达逻辑[②]。

第二,以道德洁癖为特征的"键盘侠""杠精"群体是展现出负面偏好的主要群体。虚拟空间中存在着一类道德洁癖群体,其在线下甚至可能是一群违反社会道德的人,但在互联网上则站在道德的制高点对网络中的一切事物评头论足,以鼠标和键盘为武器,以近乎神性的道德标准要求所有网民,一旦认为对方脱离了自己的标准就会口诛笔伐,用口水淹死对方,即所谓的"键盘侠"和"杠精"。并且他们只盯着负面事件,对任何事情都以负面评价为主,不论事情本身的性质,全是负能量的宣泄。因此,有研究者认为中国

---

① 李彪. 后真相时代网络舆论场的话语空间与治理范式新转向[J]. 新闻记者, 2018 (5).
② 勒庞. 乌合之众:大众心理研究[M]. 北京:中央编译出版社, 2011:6.

网民患上了"坏消息综合征"。美国尼尔森发布的亚太各国网民的用户习惯报告称,中国网民最喜欢在网络上发表与产品相关的负面评论,约有62%的中国网民表示更愿意分享负面评论,而全球网民的这一比例则为41%①。中国青年报社社会调查中心的调查显示,41.9%的网民认为批评性言论更有价值②。其实,这背后还有更深层的原因:以正面宣传报道为主的宣传方针虽然在一定程度上凝聚了社会共识,宣扬了正能量,但导致网民对负面信息产生了一种近乎"营养不良式"的渴求,网民往往会下意识地积极寻求一些负面新闻和对一些新闻进行负面评价。

第三,对社会个体来说,心理学中的破窗效应和首因效应会刺激更多的负面偏好者加入,形成一种社会模仿行为。破窗效应认为,环境中的不良现象如果被放任存在,就会诱使人们仿效,甚至变本加厉。而在两名医学生跪地救人无效死亡事件中,第一个"恶评者"是"第一扇破窗",具有首因效应,这个评论因为点赞数较多,被置顶显示。根据社会影响理论,个体在社会交往中往往会遵循他人意见改变其态度和行为,以便和群体保持一致并符合群体规范要求③。一般说来,当人们发现自己的言行与周围群体不一致时会产生认知失调,感到自己很突兀,为了获得认同就会尽量和群体保持一致,从而改变自己的观点或行为。社会影响主要包括两种方式:一种是信息性社会影响,另一种是规范性社会影响。在社会媒体的评论跟帖中,一方面,头部意见被作为新闻报道整体而优先呈现,很容易造成信息性社会影响出现;另一方面,由于社交媒体的关注者(粉丝)主要是相对志同道合的群体,很容易产生群体压力,规范性社会影响也可能会出现。另外,发表意见的平台也越来越具备社交属性,发表意见还具有一定的社会展演功能。在深度访谈中甚至有个别网友表示,看见点赞数多的评论就直接复制作为自己的评论,目的就是获取更多的点赞数。这也属于社会影响理论的范畴,即在开放的社交媒体平台上,相较于封闭的社群内部,除了信息性社会影响和规范性社会影响,表演性社会影响可能更加突出。

---

① 中国网民大多愿意发表负面评论[N].人民日报,2013-07-12.
② 批评有效 40.4%中国网友承认偏好分享负面评论[N].中国青年报,2010-08-03.
③ 安德森.想象的共同体:民族主义的起源与散布[M].上海:上海世纪出版集团,2005:167.

第四，以流量为表征的商业诉求驱使负面偏好成为一种赚钱手段。随着以微信公众号等为代表的自媒体崛起，一些运营者通过制造社会矛盾和对立冲突来哗众取宠，获取点赞和流量，实现自身的商业利益。没有矛盾就创造矛盾，这样一来，流量有了，钱就有了，KPI（关键绩效指标）也就完成了，至于评论区吵成什么样，有没有不明真相的群众，都无所谓。根据中国人民大学舆论研究所对十余年的舆情事件的梳理，很多事件背后存在一些商业利益的因素在作祟。

第五，网络社群化生存使得群际刻板印象加剧了负面偏好。随着社交平台盛行，人类社会重归部落化，社会个体在社交平台上分属于不同圈子，并且圈子在一定程度上开始取代传统媒体成为民众获取新闻资讯的第一媒介渠道，民众依靠圈子寻求精神慰藉。社交圈子所具有的回声室和过滤泡效应使得一个个圈子的"内壁加厚"，形成"社交茧房"，群际沟通与对话的难度在逐步加大，社群内部的人抱怨其他社群的人不了解自己所处的圈子，一旦发生涉及其他社群的事件，就用固有刻板印象打量和揣度。如在两名医学生跪地救人无效死亡事件中，有一条6万多人点赞的"恶评"——"次日男子家属把两名学生告上法庭，原因是两个女生没有行医资格证，这剧情怎么样"，由此可以看出，这一事件出现"恶评"，背后折射的是医患群体之间深深的不信任和刻板印象。不是所有点赞的人都是"键盘侠"，很多人因为近些年有一些医生做出了让人寒心的事而形成了刻板印象，当遇到类似的事件时很容易做出负面评价，其实这在一定程度上也说明了目前社会舆论生态的脆弱。

二、舆论表达中的负面情绪的次生影响

虽然舆论表达中的负面偏好具有深刻的社会动因和个体心理机制，并能促进社会负面情绪的宣泄，在一定程度上纾解部分网民群体的情绪淤积，起到社会负向情绪的"减压阀"的作用，但这种不论事实真相一味进行如果负面评价的行为如果蔓延为一种网络舆论表达流行偏好，就会对凝聚社会共识和建设健康的舆论生态具有一定的破坏作用。

第一，舆论表达中的负面偏好更容易造成次生舆情。相较于正面信息传播，负面信息往往具有较高的唤醒度和行为卷入度。心理学家对情绪维度进

行了二维细分，除了原来的积极情绪和消极情绪，还加上了生理唤醒维度的划分。高唤醒度的积极情绪有敬畏、消遣、兴奋（幽默）；高唤醒度的消极情绪有生气、担忧。而积极情绪中的满足感和消极情绪中的悲伤均具有低唤醒度，因此，正能量的新闻资讯的唤醒度本身就低于带有生气、担忧等负面情绪的新闻资讯，从这个意义上说，负面偏好是人类的主要需求偏好，人类更乐于去点赞、传播，这很容易造成次生舆情，引起民意的啸聚。正如两名医学生跪地救人无效死亡事件刚开始并没有引起网民的关注，结果一个负面评价成为整个事件的二次导火索，使事件成为舆情热点事件。

第二，舆论表达中的负面偏好会促使形成预言的自我实现，导致"信息环境的负向环境化"。在社会学家托马斯夫妇合著的《美国的儿童》一书中，有一句富有哲理且被广泛引用的话："如果人们将情境定义为真实的，它们在结果上就是真实的。"罗伯特·默顿将其概括为"托马斯定理"，并据此提出了"自我实现的预言"。舆论表达中的负面偏好会造成一种负向的情境，后来的阅读者会认为这就是主流的社会声音和真实的"民意"，最终形成一种负向的意见气候和心照不宣的默契，长此以往会形成一种阴谋论，使整个信息环境越来越负向化，促使民众下意识地做出负向、消极的判断和评论。

第三，舆论表达中的负面偏好会加剧群体刻板印象，造成社会群体的对立与不通约。在前文中提到了"社交茧房"，相较于经常被提及的"信息茧房"，社交茧房更需要引起关注。因为长期的社交茧房化，社群成员的立场和价值观越来越接近，不同虚拟社群的内部同质化、外部异质化越来越严重。这些圈子好比打地鼠游戏中的一个个"地洞"，表面开着口，圈中人希望与其他圈子交往，但又以固有的刻板印象打量着外部的世界，最终要么隔空喊话，要么对别的群体一味谩骂——遇到有关别的群体的任何事情都贴标签进行负面评价，从而加剧社会群体的撕裂。原本铁板一块的网民群体被分裂成拥有特定立场和价值判断的不同子群，在圈子内部制造的各自的"数字泡沫"中，形成了一个个微型意见气候，很容易负面情绪化，甚至极端化，形成群体极化现象，导致社会群体的对立甚至仇视，这对整个社会来说是不利的。

第四，舆论表达中的负面偏好容易促使舆论生态恶化，使"后真相"的情感宣泄加剧。传统社会管理立足于舆论引导，聚焦于对一个个事件的引导和处理，相对比较末端化和微观化。随着现代传播体系的建设，社会治理需要一个良好的舆论生态来作为支撑。舆论表达中的负面偏好很容易将事件的性质带偏，促使社会个体感知到"信息环境的负向环境化"，因而刻意为之，跟风模仿，导致整个社会信息环境负面化，只有破坏没有建设，不利于健康良好的舆论生态的形成与维系。此外，在"后真相"时代，意见发表者往往不关注事实真相，不加思考地与事件当事人同悲同喜，而负面偏好的意见评价更容易造成情感付出的廉价和情绪的集中宣泄——不管事实如何，"上去喷一喷就撤"的心理在一些网民群体中非常普遍，这种不以达成"最大公约数"为目标的负面评价只会加剧社会群体的刻板印象和社会对立。

第四节　社交网络时代社交媒体平台议题动员机制

随着社交媒体平台的发展，其越来越成为线下社交关系的虚拟镜鉴、社会价值观对冲的场域和社会运动的策源地，越来越多的新媒体社会运动肇始于此场域，并进一步勾连线上线下，实现社会动员。本节主要从社交平台中的议题这个小切口入手，管窥平台是如何实现社会动员的。

一、研究对象

本节以新浪微公益平台 2012 年 2 月至 2017 年 2 月总计五年间所有个人医疗救助项目为研究总体。之所以选择新浪微公益平台，主要是因为新浪微公益平台处于业内领先地位，医疗救助项目为其核心业务。新浪微公益平台是众多网络捐赠平台中的前四名，且相较于其他三名，新浪微公益平台的项目板块较为集中，医疗救助项目的筹款额度占其总捐款额去向的 81%。此外，相较于轻松筹等依托"强联系"微信平台的众筹平台往往容易受到用户间固有的亲缘、血缘等联系的影响，新浪微公益平台所依托的新浪微博中用户间的联系更多是一种弱联系，项目的标题叙事表达和话语文本的影响会更加重要。

2012 年 2 月，新浪微公益平台（gongyi.weibo.com）正式上线。因此为了更好地进行研究，本节选择截至 2017 年 2 月，正好涵盖 5 个完整年。

二、研究方法

本节使用内容分析和文本分析相结合的方法，对新浪微公益平台上的项目标题进行分析。

截至 2017 年 2 月，新浪微公益平台上已结束筹款的个人医疗求助项目共计约 14 000 个，数量较多，因此本节采用系统抽样法，将项目总体按照年份顺序排列，并对同一年份的项目按照随机排列的原则进行排序，而且为研究方便，本节将样本总数控制在 700 个左右，因此确定的抽样间距为 20，最终确定样本总数为 682 个。

三、数据结果与分析

682 个项目的平均筹款目标额为 47 837.1 元，平均筹款达成额为 13 150.5 元，平均筹款目标达成率为 30.4%，平均每个项目在微博上的被转发支持数量为 542 次，标题平均字符数为 17.7 个。

（一）表达视角

表达视角是指通过微公益这一平台向公众传播和讲述该项目相关故事和众筹理由的表达主体，或者说展示人物及故事的观察视点。表达视角可以是受助者本人，可以是与受助者相关的存在于故事内的其他个体，还可以是独立于故事之外的第三方，如基金会工作人员。标题以及项目说明的撰写不一定是由该视角的个体来负责的，例如 2014 年以患病的两岁半儿童的口吻表达的标题"天使妈妈，请救救我！我想站起来"，便是从孩子的角度来表达经历病症的痛苦和求助之意。

在叙事学研究中，叙述者一般分为两类：一类是同叙述者，即他叙述的故事就是自己参与的故事，他自己就是故事中的人物；另一类是异叙述者，即不参与故事，作为旁观者来进行讲述[1]。不同的表达视角有利于传递和表达出不同的信息和情绪。作为同叙述者，可以增加人物关系、内心情绪和互动；而作为异叙述者，则可以补充大量背景信息，且如同纪录片式的第三方讲述，能够更加完整、客观、理性地呈现故事。

---

[1] 胡亚敏. 叙事学 [M]. 武汉：华中师范大学出版社，2004.

在所有研究对象中，共有164个（24%）采用了同叙述者表达视角，共有518个（76%）采用了异叙述者表达视角（见图3-1）。

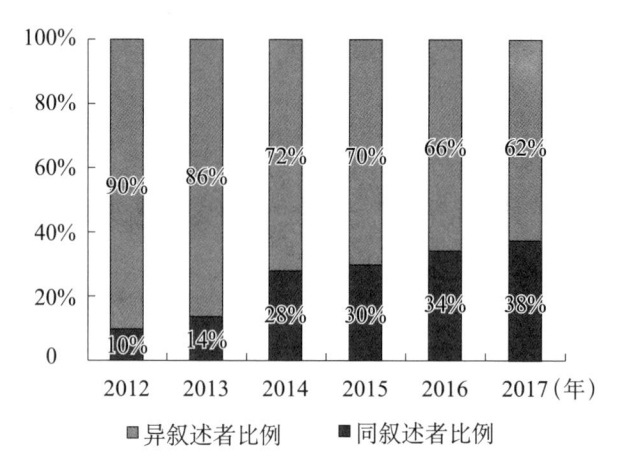

图3-1　2012—2017年同叙述者与异叙述者表达视角的比例变化

从时间序列变化可以看出，样本中采用同叙述者表达视角的比例不断上升，2012年有九成的项目采取了"上帝"视角的异叙述者表达方式，到了2017年，这个比例减少到六成左右，相较2012年减少了近三分之一。

（二）表达动机

对新浪微公益平台上的所有医疗救助类项目来说，其表达的直接原因是个体或家庭缺乏足够的经济能力来支持病人继续治疗，他们开展传播的直接目的就是争取到尽可能多的捐款和资源。虽然项目表达和动机是一致的，但不同的项目对于其动机和目的的表达却不尽相同。

在所有样本中，共有48.2%的标题中出现了求助人的具体病症：第一种情形是包含了病症全称，如"广东省南雄市重型地中海贫血患者廖佩欣紧急救助""尿毒症韩建文急需救命钱9万元恳请救助"等；第二种情形是只用病症简称，如"山东9个月复杂先心小杰紧急呼救，缺口5万"；第三种情形是通过手术来映射病症，如"O型宝宝爸妈配型不成功，生死关头，妈妈决定捐肝救子"。还有部分专门针对某一类疾病救助的基金会，甚至在发布项目时，会直接套用模板，仅改变项目标题中的姓名，并在标题中标注编号，例如北京新阳光慈善基金会发布的血液病患者求助的项目，便是以"救助血液病患者第××期（求助人姓名）"的模板进行一次性大批量发布的。

在所有样本中，共有 51.8% 的标题中并没有出现任何关于所患病症的信息。第一种情形是对病症的美化描述，如"爱心托起蝴蝶女孩的梦想"（求助人患有良性巨大色素痣，全身有大块黑斑，故称蝴蝶女孩）等；第二种情形是直接表达求助，如"与时间赛跑 紧急救助小王倩！"等；第三种情形是自我道德化叙述，如"飞飞想长大照顾妈妈""好心人，救救我！好了，我想回报社会"等。

从时间维度上可以看出，2012 年至今，直接出现病症的标题比例在逐渐减小（见图 3-2），特别是 2013—2014 年间，出现病症的标题比例减少了 20%。

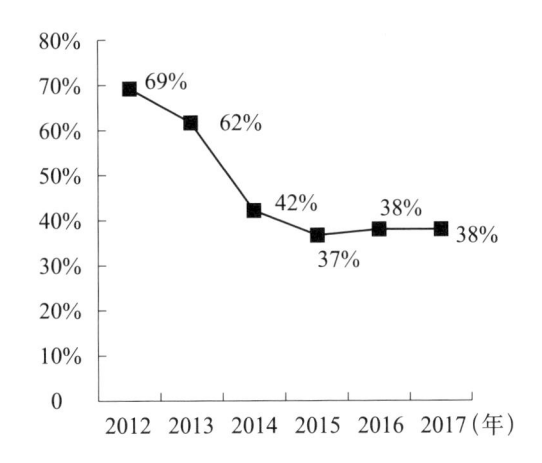

图 3-2 2012—2017 年出现病症的标题比例变化

作为一种有字数限制的表达载体，标题的信息承载力要求表达者用尽可能少的字符表达出最能够吸引潜在捐款人的信息，而对所患病症的简单直述一方面会占用标题珍贵的信息传达空间，另一方面病症若无法使求助人区别于其他患了同种病症的个体，那该项目对于潜在捐款人的注意力的吸引也会下降。

（三）表达策略：伦理关系构建是主要诉求策略

按照表达策略，可以将公益众筹项目的标题表达分为伦理关系构建、自我道德化以及自我标签化等三种基本表达策略。

1. 伦理关系构建

所谓伦理关系构建，是在表达中加入对家庭伦理亲情的讲述，将能够牵动每个人的亲情或者友情的关系互动融入故事内容，通过展现与其他个体间的关系，完成个体某种社会身份的构建。在本节中，标题中若出现了"爸爸""我的女儿""哥哥"等关系称谓，则被标记为使用了伦理关系构建表达策略。

从时间维度上看，在标题中呈现伦理关系的公益众筹项目比例在2012—2014年不断增长（见图3-3），2014年比2012年增长了超过1.5倍，且使用比例在近年呈现平稳状态。

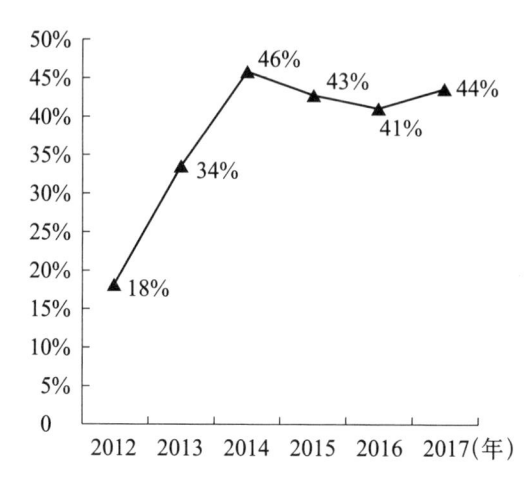

图3-3 2012—2017年伦理关系建构策略使用比例变化

这一现象可以从表达视角方面得到印证，样本中采用同叙述者表达视角的标题在逐年增多，在同叙述者中，由求助人的亲属或好友担任叙述者的例子占大部分。这种由亲密相关者担任叙述者的决定可能在一开始并非刻意的，但无疑在表达中传递了家庭亲子的伦理之情，能够更加顺畅地展现父母对儿女的坚守或儿女对父母的孝顺。

2. 自我道德化

自我道德化侧重于展现求助人个人的优秀品质，这种叙事方式传达出一种"我是一个值得帮助的人"的潜台词。在本节中，标题中若出现了正向的形容词或传递积极能量的动作，则被标记为使用了自我道德化表达策略。

在所有样本中，超过两成（22.3%）的标题使用了自我道德化表达策略（见表3-1），即将个人或者家庭经历中个人的优秀品质进行放大和突出，塑造出一个道德上的强者。

表 3-1 自我道德化表达策略文本举例

道德类别	频数	文本举例
无私奉献	84	义举，姑姑捐肝救侄女！ 爸爸当人肉沙包为我治病
坚持不懈	38	爸妈不放弃，一定要救你 地中海贫血，我和妈妈会一起打败你
感恩回报	20	妈妈，等我治好了病，我以后天天背您！ 好心人，救救我！好了，我想回报社会
志向远大	20	我才11岁我想跳舞我想上学我想活下去 救救一个正在跟白血病顽强抗争的"未来设计师"
善良	7	救助善良的"小爸爸"成军伟 好人张哥急需3万元

在具体的自我道德化表达的分类中，无私奉献、坚持不懈和感恩回报是求助人在进行自我道德化的过程中最常用的三种优秀品质。无私奉献和坚持不懈通常用来形容求助人的直系亲属，与伦理关系伴随出现并对伦理关系的深度进行加强。而感恩回报通常用来形容求助人本身，这种感恩回报既可以是对社会的，例如"好心人，救救我！好了，我想回报社会"，也可以是对家人的，例如"妈妈，等我治好了病，我以后天天背您！"。

3. 自我标签化

标签化通常指对某一个群体进行归类和定型。在公益众筹项目中，求助人通过一些特定的词语，完成自己的身份构建。这些词语既可以是简单的地域、民族和职业，也可以是诸如"大头宝宝""最美大学生""变形女孩""北漂单亲妈妈"等具有煽情性、能够引起注意并给人留下深刻印象的身份。这些标签可以大致总结为经济标签（含收入、职业）、文化标签（民族、宗教）、地域标签、个体标签（年龄）、家庭标签。在样本操作化处理中，标题中若出现了与以上标签类别相关的名词，则被标记为使用了自我标签化表达策略。

经典的标签理论认为，标签化现象是一种相对强势群体强加于困难群体的行为。但是近年我国的标签化现象开始呈现出不同的逻辑，强势群体和困难群体中都开始出现自我标签化的行为,其中困难群体的自我标签化行为更加突出[①]。

在公益众筹项目中,大多数的项目发起人可以被归类为社会中的困难群体。为了唤起公众的同情心、吸引公众关注,他们开始使用一些煽情性的词语和表达来对自己的身份进行重新塑造。在标题字数的限制下,为了以尽可能少的字符传递尽可能多的信息,他们倾向于使用那些已经在大众心中形成刻板印象的"弱势"词语,比如"单亲妈妈""农民""拉煤工""北漂"等等。并且这种自我标签化不一定针对受助者本人,还可以针对其亲人、朋友和爱人。在所有样本中,共有28.2%的样本使用了自我标签化的表达策略,即在标题中强调表达了身份信息,身份信息标签背后所传递的,是该身份留给大众的社会印象和属性。

不同的个体和家庭在进行表达时,会根据自我的社会认知和经验来选择其认为最能够打动潜在捐款人、与之在一定共同遭遇和情感上产生共鸣的经历和信息来进行自我标签(见表3-2)。

表3-2 自我标签化策略文本举例

标签类别	频数	文本举例
家庭标签	65	单亲妈妈独自支撑,移植排异坚持不懈 弃儿李天玉八载煎熬至今无依,生死关头何去何从
个体标签	55	90后独生女倾家荡产救治患癌母亲 请帮帮♯失去左脚的花季少女♯
经济标签	44	乡村支教及网络公益人赖明武身患尿毒症急需5万元 低保家庭7个月胆道闭锁宝宝肝移植手术费缺口8万
地域标签	37	玉树地震孤儿白玛措毛患病急需医疗费1.2万元 新疆大头女孩萨尔娜想要戴上美丽头纱
文化标签	13	美丽的纳西族姑娘身患淋巴癌,急需百万元手术费救命! 11月藏族宝宝旦增日桑求新生

对求助人的经济标签进行分析,会发现一个非常有趣的现象,在682个样本中总计出现了44次经济标签。其中,求助人的职业信息最显著的共同

---

① 程军,陈绍军.逆向泛标签化现象何以形成:基于弱势群体情感的视角[J].学术界,2015(12).

点并不是收入低下，而是其职业所具有的正向外部性和奉献性，如公益人、反恐一线警察、乡村支教教师、退伍老军人等社会身份，这些身份通常危险性高、付出大于回报且社会保障性较低。而这一现象的出现在某种程度上也是对前文自我道德化叙事的一种印证。

标题话语中还会对求助人所患病症进行一种标签化的处理，即通过对求助人病症的美化、夸大性的描述，将原本专业冗长的医学词语转变为惊悚、形象、有特点的文学性表达。例如，"'大头孤儿'小云飞""让'白血公主'继续唱歌""'断肠'青年曾文欢：不向命运低头"等等。

四、相关研究结论

从表达视角、表达动机和表达策略等三个方面可以看出，在近年来我国公益众筹项目的话语表达模式中，项目发起人开始意识到以话语形式与潜在捐款人进行互动和催发情感共鸣的必要性。无论是视角、动机还是策略，都不是相互独立的，而是相互支撑、融合和加强的，共同推动话语表达模式的改变。通过以上分析，可以得出公益众筹项目话语表达模式有以下三个方面的变化。

（一）关系互动的展现：从"旁观者"到"亲历者"

标题中表达视角的转变和伦理关系的建构使原本平面化的事实陈述加入了更多关系互动。从表达视角来看，相较于第三方基于外部视角认知的讲述，故事亲历者的自述中能够加入更多与故事中其他主体间关系和情感的互动，还能够加入大量内心剖析，让个体间以及个体内外的情感互动变得立体丰富。在中华传统文化中，家庭伦理关系和孝道亲情一直为人所称颂，传统文化的熏陶让中国人对家庭关系更加看重，而标题话语表达中所展现的这种家人间的羁绊和守护，则能够更加容易地唤起潜在捐款人的情感共鸣和价值认同。例如，"患癌奶奶弃疗为救白血病孙子""我的孩子，如果妈妈走了你怎么办？""先心小思俊寻求 4 万善款，早日和姐姐哥哥一起玩""爸爸站起来，我们不能没有你"等标题，描绘了不同层次和类别的关系互动，是一种带有浓厚人情味的表达。

（二）情绪感染的加强：从"记录者"到"演绎者"

表达动机的异化表达和求助人身份标签的多元化，使得原本浮于表面的记录变成了拥有更多角色和跌宕起伏情节的故事演绎。在动机表达上，以往的求助人扮演的更多是一种记录者的角色，在标题中直接告知病症，然后在正文中描述病症带来的痛苦和不易；但是求助人似乎逐渐意识到这种未经加工的记录并不总能吸引潜在捐款人的注意力，特别是在各种作秀式、极具煽情式的公益项目大行其道的当下，平庸似乎便意味着被淘汰。

标题中出现具体病症比例的减少，反映出的是在标题设计背后公益传播者心理诉求和传播观念的变化：其一，公益众筹的传播形式已经逐渐不满足于张贴式、模板化的信息传达，转而向定制化、独特演绎化转变。其二，传统的直接表达求助动机的"乞讨式"求助方式逐渐被情感动员式的求助模式取代，对家庭经济情况、病症的简单直叙相较于更深层次的情感共鸣来说，对潜在捐款人的吸引力正在下降。其三，自我道德化也有益于情绪感染的加强，因为在文本表达中，高尚的道德往往伴随着难以克服的绝境，这种跌宕起伏的戏剧性情节往往能够给潜在捐款人带去更深层次的情绪感染。

但是，在对这种公益传播理念表示肯定的同时，也应该意识到这种演绎式公益表达存在的问题，即演绎的适度性和真实性。所谓适度性，即对情节、人物和病症的描述应该适当，不能为了引起公众注意而进行无理夸大。例如，以对求助人所患病症进行标签化处理的做法为例，对于一些罕见病症的文学加工确实可以推动相关公益事业在大众中的普及速度，例如已经初见成效的成骨不全症——"瓷娃娃"以及自闭症——"来自星星的孩子"，这种对于罕见病症的口语化和美化表达，让相关公益项目在传播中拥有了更大的加工和扩展空间，加强了受众的接受意愿。但是，在表达和传播过程中，传播者应该对从专业术语到文学表达的跨越过程做好把关，防止为了吸引关注而导致的病症"污名化"现象出现。例如样本中出现的"紧急救助【瘦成骷髅的男孩】急需营养治疗""帮帮他！男孩得怪病脊椎病变像虫""14岁少女患卵巢癌为治病竟吃黑虫"等标题，便采用了极具猎奇性的描写手法，不仅是对求助人个人的不尊重，也不利于公益众筹项目传播的长期发展。

除了话语表达方面的过度演绎，项目的传播形式和吸引公众注意力的方法也逐渐脱离正常轨道。近年来，有关求助人的独特求助行为的报道不断出现，例如"母亲街头举牌卖吻救子""李奥移植后排异不减需救助""零下5度的寒风中，仅穿内裤的男人跪地'打股救子'""父亲为救子当人肉沙包10

元一拳""女孩当人肉靶子 10 元 1 箭 为给姐姐筹钱治白血病"。这种炒作大于实际收益的行为，不仅反映了社会困难阶层的无奈之选，也是对新媒体公益众筹模式完美光环下的破败一面的揭露。

（三）自我价值的突出：从"绝对弱者"到"道德强者"

具有正向外部性的职业标签和道德品质，将传统求助文本中属于社会绝对弱者的求助人变为在道德层面与潜在捐款人拥有同等甚至更高地位的主体，这是求助人出于维护自尊而对自我价值的强化，反映了社会救济观念的转变。

在中国传统文化中，人们对他人的救助总以一种自上而下的姿态出现，救济在本质上被当作一种施舍，中国人的慈善原则也往往是由近及远、由亲及疏。然而在现代社会中，空间区域的概念被逐渐瓦解，慈善社会救济的"风险共担"角色逐渐被更多人接受，于是动员方式也从原来的乞讨式逐渐转变为一种依靠共同价值观、信任资本和道德资本进行的社会互动。

另外，过去的乞讨式求助更多强调的是增加捐款人的被需要感和声誉，而当求助人强调和突出自己的优秀品质时，则更多的是想要去迎合和满足捐款人的心理预期和对求助人的道德期待，并加大捐款人在进行成本收益比较中的预期社会收益。奉献、感恩、有志向……这些都是具有正向外部性的道德品质，是求助人在众多优秀品质中加以选择后的呈现结果。当捐款人为了整个社会的稳定和谐而进行捐款时，帮助一个品德高尚的个体带来的社会效益往往会高于帮助一个在品德上表现平平的人。

在公益炒作化趋势愈渐明显的当下，众筹平台作为公益众筹项目传播的出口，应该对项目的真实性和表达方式做好把关，防止过度煽情和偏离真实性的描述出现，否则，众筹项目会影响公益项目在公众心中的整体形象，不利于互联网公益事业的长期发展。众筹平台可以尝试对相同性质的项目进行整合并开展跨平台的联动传播，在传播时进行项目间协同传播和设置优先级并通过分析潜在捐款人的阅读偏好和捐款历史，来准确投递相关项目，并借助网络直播、微博微信等平台开展更多线上互动，以实现公益理念和医疗知识的传播。作秀式、炒作式、夸张式的话语表达方式并不像它所展现的那样高效和伟大。另外，得到最多资源和帮助的人往往是一个故事讲得好的人,而不是一个最需要帮助的人,公益资源分配在实际操作过程中并不均衡匹配,这些都需要警惕和防范。

第五节 网络议题的微观修辞策略与表征

目前关于"话语修辞"的研究可以分为三类:一是文学领域的修辞研究,着眼于文学作品,如研究者从话语修辞的角度研究了张爱玲的语言风格在其35年的创作过程中的演变[1];二是对于演讲、报道等文本的修辞分析,重点在于研究某一文本如何通过语言达到相应的传播目的,如分析希拉里的演讲内容是如何进行女性形象建构的等[2];三是关于话语修辞的效果研究,有学者认为话语效果主要与三个要素有关,即语境、信息、话语组合,话语效果完全取决于三个要素的协调关系,这种关系再进一步抽象,可以用"适切性"来表述[3]。

针对社会事件,有研究者开始关注情绪化信息在社会事件中的地位和作用。有学者认为,网络舆情是民众生产的信息,主要表达自身的观点和认识,情绪化是网络舆情信息表达的显著特征之一[4]。因此,当对微信公众号爆款文章在社会事件中的话语修辞特征进行研究时,就无法避免对其中的情绪化信息的分析。有学者对网络空间中的内容表达特征进行分析,认为当前的新媒体环境中的信息传播方式不同于以往传统的信息传播方式:信息守门人的缺失,以及新媒体环境中传播的匿名性,导致了网络空间的信息内容表达更加主观化,情绪色彩也更加明显[5]。还有学者对社会事件中网民的情绪分类进行了研究,指出网络社会事件常激发网民的愤怒、失望、悲哀等

---

[1] 布小继. 从话语修辞看张爱玲的语言风格演变[J]. 楚雄师范学院学报,2015,30(2).
[2] 陈玉莲,张映先. 女性演讲者元话语使用特征及修辞功能分析:以希拉里·克林顿竞选演讲为例[J]. 山西大同大学学报(社会科学版),2017,31(3).
[3] 时煜华,郝劼. 论话语修辞效果评定的科学性:兼谈评定方法的构想[J]. 云梦学刊,1992(2).
[4] 赖胜强,唐雪梅. 信息情绪性对网络谣言传播的影响研究[J]. 情报杂志,2016,35(1).
[5] 张志安,晏齐宏. 个体情绪 社会情感 集体意志:网络舆论的非理性及其因素研究[J]. 新闻记者,2016(11).

情绪①。

总的来看，目前较少有针对新媒体文本的话语修辞研究，并且研究方法多为经验总结。另外，已有一些学者关注情绪化信息对舆情引导的作用，但是着眼点较为宏观，较少有研究从文本话语修辞的角度分析自媒体的情绪感染机制。

一、研究对象

本节以社会事件中微信公众号爆款文章的话语文本为研究对象。在社会事件的选取上，选取时间范围为 2015 年 1 月 1 日至 2018 年 12 月 31 日，共选取 30 个事件（分别为《穹顶之下》事件、天津爆炸案、青岛天价大虾事件、哈尔滨"天价鱼"事件、山东疫苗案、王宝强离婚事件、魏则西事件、和颐酒店女子遇袭事件、聂树斌案、赵薇戴立忍事件、徐玉玉电信诈骗案、罗尔事件、山东辱母案、陕西榆林产妇跳楼事件、泸县太伏中学学生死亡事件、杭州保姆纵火案、豫章书院事件、红黄蓝幼儿园虐童事件、北京大兴"11·18"火灾、江歌案、"寻找汤兰兰"事件、平昌冬奥会中国队遭争议性判罚事件、北大学子吴谢宇弑母案、张扣扣杀人案、男子高铁吃泡面被怒怼事件、鸿茅药酒事件、郑州空姐搭滴滴顺风车遇害案、崔永元曝光娱乐圈阴阳合同事件、乐清女孩搭滴滴顺风车遇害案、重庆公交车坠江事件），事件涉及生产安全事故、公权力、公共安全、公共卫生等领域，具有一定的代表性。之所以选取 2015 年为起点，一是因为微信公众号开始介入社会事件的评论与讨论（之前都集中在商业推广和公关维护），二是因为 2015 年是"10万＋"微信公众号爆款文章出现的年份。

在选定社会事件后，本节针对每起事件各选取 5 篇具有代表性微信公众号爆款文章，选取标准如下：一是文章阅读量为 10 万＋、点赞数为 1 000＋，如果满足标准的文章数量超过五篇，则选取阅读量最高的前五篇文章（同时考量点赞数以及用户评论）；二是发布主体是自媒体账号，不包括主流媒体；三是只分析文字，不包括图片、视频、音频、表情包等元素。最后，总计选

---

① 叶勇豪，许燕，朱一杰，等．网民对"人祸"事件的道德情绪特点：基于微博大数据研究[J]．心理学报，2016，48（3）．

取150篇微信公众号爆款文章作为分析对象。

二、研究方法

本节采用混合方法（mixed methods）进行研究。该方法既不同于定量研究，也不同于定性研究，是研究者在同一研究中综合调配或混合定量和定性研究的方法。它在一定程度上超越了传统的定量与定性方法范式之间关于归纳和演绎、主观和客观、价值介入和价值中立、实在论和相对论非此即彼的争论。

具体操作如下：一是使用Python中jieba包的中文分词工具（https：//pypi.org/project/jieba/）对150篇文章的标题和正文分别进行分词，并计算词频和标注出相关词性，得出基本分析语料库；二是对关键词进行筛选构建词云图；三是提取文本与话语的核心意涵，对话语信息和话语组合进行定性的话语分析。

三、标题文本的话语特点

《中国新媒体趋势报告2017》指出："标题在这个时代得到升华，与内容结合的标题创意，被越来越多用户接受，标题在未来信息消费中将起到决定性的作用，甚至成为内容消费的主体。"[1] 不同于传统纸质媒介，微信公众号的标题与内容是分开的——在主界面只会呈现标题，内容是看不到的，微信公众号文章的标题已经成为用户识别内容、判断内容价值的第一且唯一的标识物。因此，在读屏时代，标题的好坏，标题是否吸引人，是影响内容打开率的重要因素。业内的一种说法是微信公众号目前的打开率已下降至5%左右。[2] 因此，研究社会事件中微信公众号爆款文章的标题及其修辞特征具有重要的指向价值。

（一）长标题限定意义和固化情绪

智能手机已成为大多数民众阅读微信公众号文章的最主要介质物，而微

---

[1] 凤凰科技. 腾讯发布：中国新媒体趋势报告2017［EB/OL］.（2017-11-17）［2023-02-02］. http：//tech.ifeng.com/a/20171117/44766187_0.shtml.

[2] 同①.

信公众号文章主界面只显示一行文字①，这行文字所能容纳的字符数大约是 17 个，多余的字符不会在主界面呈现。因此，自媒体账号会选择尽量在 17 个字符以内将关键核心内容呈现给受众。在本节研究的 150 篇爆款文章中，标题最长的是 40 个字符——《一年 20 000 元的国际幼儿园竟然也虐童？携程亲子园之后，爸妈们花钱也买不到安全？》，最短的仅 7 个字符——《赵薇，脸疼吗？》，标题平均长度为 18.1 个字符，其中 75% 的标题在 14 个字符以上，超过 17 个字符的标题占比 55%。

据新榜对微信公众号 2015—2017 年 10 万＋爆款文章标题长度的对比，标题平均长度从 2015 年的 18.02 个字符、2016 年的 19.29 个字符增长到 2017 年的 21.66 个字符，最长标题也从 2015 年的 49 个字符增长到 2017 年的 61 个字符②。在读屏时代，传播主体为了在最短时间内吸引受众的眼球，越来越努力将新闻内容通过标题强行"塞到"受众大脑中，根据微信公众号平台的要求，64 个字符是微信公众号标题长度的上限③，给了自媒体更多的意义空间进行表达，标题的形式与内容长短的自由发挥空间更大，自媒体可以更好地"驯化"标题，进行价值植入和社会劝服，从而实现表达诉求。但从用户的角度来看，标题的事无巨细与强烈的情感植入会在一定程度上框定甚至限制受众的意义再生产想象，因为标题已成为"刻意"加工和重新编码的"意义产品"。虽然标题更长，表意空间更宽泛，但一旦意义产品生产出来，社会意义反而是固定且明确的，在这样一个完全固定和窄化的意义空间内解读很容易造成群体的高度认同和群体情绪极化，进而形成群体共识和群体极化，在群体无意识的支配下产生"乌合之众"。

（二）简单直接的情感倾向

样本语料标题中大量使用了带有直接情感倾向的词语，如"恩怨""泪奔""解气""丑""怒了""惊现""毛骨悚然""绝不能"等。经统计，样本语料标题中带有明显情绪的词语共 129 个，相关词云图如图 3-4 所示。

---

① 杨建辉. 媒体微信公众号新闻标题语言特点分析［J］. 中国报业，2019（2）.
② 数据分析学院. 我们分析了 2 000 多篇 10w＋，发现爆文标题里藏着这些秘密［EB/OL］. ［2023-02-02］. https:// www.shujike.com/ blog/68297.
③ 新榜. 点赞 10 万＋！总有一种内容让你泪流满面［EB/OL］. ［2023-02-02］. http:// www.00ke.net/v/view.php? vid＝98jg9SGKbjdzyl8S5u2e.

图 3-4　样本语料标题情绪词词云

从图 3-4 的词云图可以看出，负面情绪词占绝大多数（83.4%），可见微信公众号爆款文章标题更偏爱带有批判色彩，甚至是具有人身攻击性的词语，如"吊打""打烂""王八蛋"等。部分标题中尽管没有明显的情绪词出现，但仍表现出明显的立场和态度，如《罗尔，你给我站住！把我的爱心还给我！》《对"天价鱼"的公关，我给 100 分》等。这些简单直接的情绪词可以直接吸引受众的眼球，激活群体意识和情感，简单有效。"群众没有多大的耐心听道理，他们最能接受简洁明了、通俗易懂的观念……而说服群众的手段绝对不会是说理，而是简单粗暴的断言、重复和传染。"① 微信公众号爆款文章显然深谙此道，它们依靠这种简单、直接和粗暴的情感倾向表达，如病毒传染般迅速刷屏，成为爆款文章。

（三）标点成为情感演绎的重要工具

在 150 个样本标题中，问号在 40 个（26.7%）标题中出现，感叹号在 45 个（30%）标题中出现，省略号在 7 个（4.7%）标题中出现（4.7%）。问号有质疑、反问、设置悬念的作用，形成疑问或者设问，进而引起阅读兴趣，如《调查｜到底是宰客还是赖账？哈尔滨"天价鱼"的真相是什么？》；而感叹号能够加深情绪，凸显标题植入的情绪，如《平昌冬奥会被指太坑？

---

① 勒庞.乌合之众：大众心理研究［M］.2 版.北京：新世界出版社，2011：19.

原来他们对自己国家的队员也心狠手辣!!!》；省略号则给人一种意犹未尽之感，让受众建构起想象空间，如《突发!!泸县一乡镇中学宿舍楼下惊现男尸，疑似学生跳楼身亡……》。标点的使用大大增强了标题情感的表达和强化，已成为微信公众号爆款文章获取刷屏动力的主要工具。

（四）用"你-我"对话叙事来弥合社会距离

在当前的媒介环境中，标题发挥的功能不仅仅是"告知"，更是实现沟通和对话。样本标题中"你""我""他（她）"等人称代词，以及具有明显指向的人称大量出现，共同48个（32%）标题中直接包含人称代词，其中第一人称（"我""我们"）和第二人称（"你""你们"）总计出现38次（25.3%），第三人称〔"他（她）""他（她）们"〕出现10次（6.7%）。自媒体账号借助人称代词和疑问句等多重修辞格试图与受众形成面对面的人际对话，如《携程亲子园虐待儿童：我们除了愤怒和哭泣，还能做些什么?》《江歌遇害一周年：刘鑫，你能不能说句实话!?》等。采用第一、第二人称的叙事视角，有助于实现"你-我"对话的话语策略，以"面对面"的第一视角来告知受众自己的观点和情感倾向等。而为达到这种效果，标题多使用口语化表达和祈使语气，通过使用"你""你们""我""我们"等人称代词，将市井话语作为一种公共话语来使用，从而让受众感受到这个事件与自己息息相关，必须参与进来。

四、网络议题文本的话语特征

（一）文本结构呈现多层级化

在150篇样本中，有52篇（34.7%）文本字数在2 500字以上，有62篇（41.3%）文本字数为1 500～2 500字，仅有36篇（24%）文本字数在1 500字以内，全部样本平均文本字数为2 442字，按一般人的阅读速度平均为每分钟300～500字计算的话，平均阅读时间在6分钟左右，属于长文本，因此其中的故事性描述较多，个别文本具有"微叙事"与非虚构写作的双重文本表达特征。从语篇结构上看，短段落、多层级是文本结构的主要特征，平均每篇的段落数是42.1段，每段的平均字数是82.4个字。在150篇样本中，有67篇（44.7%）采取了章节式的文本结构，其标志在于使用分隔符将文章切分为不同的板块，板块之间在结构上并行，各板块之间多夹杂着故事性案例。段落最多的一篇文本是《16岁少女被学校虐待4个月，回家勒死母亲后自首：不是每个人都配做父母》，共有315段，每段平均仅有12.2个字。短段落、多层级的文本结构利于诉求明确、语气祈使，更容易使受众被其情绪感染，达到情感动员和传播的效果。

（二）善用"细节＋场景＋情感"三要素建构"真相"

年轻微信用户更倾向于"讲故事"式的信息传播。在150篇样本中，有53篇（35.3%）使用了2个以上的故事情节描写，故事情节一般源于个人经历、朋友经历、网友经历、历史记载和电影电视书籍等。其中20篇（13.3%）采用了作者个人、朋友的经历，如在《产妇跳楼，也许是她唯一的表达方式》一文中，作者有如下描述："作为一个人带俩娃的二宝妈……犹记得我家二宝不到百天的时候，短短2个月，我患了4次乳腺炎。当我发着高烧，筛子一样蜷缩着发抖，还一边坚持奶孩子的时候，我老公在旁边来了一句：乳腺炎是种挺常见的毛病，是可以预防的，就是你平时自己没注意。我当时一听，脑袋就炸了……我冲上去对着老公又打又踢，都不知道那会儿我哪里来的力气。抱怨、委屈的话倾泻而出。"虽然这些经历是作者个人、朋友的，信源具有模糊性，但在受众那里，故事的真实性已不重要，重要的是其中所传达的情感、观念是否符合自己既有的认知框架，因为自媒体的真实来源于讲述者的"真诚"，主要反映为读者阅读文章时的真实感受①。关于社会事件的微信公众号爆款文章更多依靠这种细节描写、故事情节渲染和悲惨场景的塑造来完成建构"事实真相"，营造画面感和代入感，引发自身与受众之间的共情，构建起另一种虚拟真实。这种"真实"与本体意义上的"真实"已相去甚远了。

（三）口语化表达降低阅读门槛

关于社会事件的微信公众号爆款文章中的话语表达呈现出以下新的变化趋势：一是口语化表达，如文中经常出现"太气人了""气炸了"等生活化表达；二是低俗化语言，如一些脏话被频繁使用；三是大量使用网络流行语，如"你造吗"。微信公众号爆款文章的话语表达特征使得传统媒体所塑造的阅读门槛悄然消解，"下里巴人"式的话语"堂而皇之"地成为读屏时

---

① 张志安，陈子亮. 自媒体的叙事特征、社会功能及公共价值［J］. 新闻与写作，2018（9）.

代的主流话语表达方式。微信公众号爆款文章多段落的篇章结构，使得段与段之间的逻辑性大大减弱，文本的表达更加零碎和随意化，这些都不断消解着传统媒体的专业主义话语表达体系。因此，微信公众号爆款文章的口语化表达主要表现为：句式简短、逻辑简单；话语与符号交织，如微信表情的使用；使用网络语言、俗语等非书面语；通过评论、回复等进行口语化对话。这种表达趋势不仅仅是从口语体中引入词语和句子单位，造就语体间简单的混杂，增强言语的表现力，更重要的是营造亲切的口语交谈的氛围，亲近受话人，用受话人的语言同其交谈，造就不被时空阻隔的面对面直接交流的效果[①]。

（四）善用模糊表达引发情感共鸣

引语是借助他人话语描述事实或发表看法，以增强话语表达的客观性。在所有样本中，总计 94 篇（62.7%）使用了引语，引语来源有采访对象、网民评论和朋友叙述等。但在对引语的来源进行描述时则多使用模糊语，如源于"一位朋友""网友""有人"，有 47 篇（31.3%）微信公众号爆款文章中存在使用模糊来源的引语的情况，这些来源不清的引语往往带有明显的情感色彩。如《杭州保姆纵火案再度开庭：活下来的那个人，才是真正死了……》一文中的"就像网友们所说的，别说对不起，你根本没有错，错的是那些丧尽天良的灵魂"，这儿的"网友们"到底是谁并不重要，作者只是借别人之口，表达和传递自身的情感、态度、观点而已。使用引语表面上看能在一定程度上增强文本的客观性，把文本"装饰"得无比客观公正，但来源不清的模糊引语因无法证实其真实性，更能够自由地引入情绪，情绪的倾向性往往是经过作者挑选的。如在张扣扣杀人案中，自媒体账号引入的模糊引语多包含着对张扣扣的同情，这在一定程度上是自媒体账号进行民意揣测的结果，试图让自己的话语文本更加符合主流舆论倾向，从而拉近与受众之间的情感距离，进而实现情感共鸣，带动话语文本的传播力和辐射力。

（五）简化叙事，突出事件主体的对立和仇恨

在所有的文本语料中，有 40 篇（26.7%）塑造了明显的对立形象，有 62 篇（41.3%）含有对明确对象的批判。如在陕西榆林产妇跳楼事件中，众

[①] 赵洁. 口语化：当代俄罗斯大众传媒语言的修辞策略[J]. 外语学刊, 2011 (4).

多自媒体将医院与家属之间的争议略去，只保留了医院一方的说法。如在《难产孕妇跳楼身亡：不到怀孕生孩子，都不知道自己嫁的是人还是狗》一文中，有如下话语文本："下午5点，产妇由于疼痛，两次走出分娩中心和家里说疼得不行，想剖宫产，但家属一直不愿意，坚持顺产。随后，医护人员对病人进行安抚，再次建议家属剖宫产，家属仍！然！坚！持！顺！产！"试图构建出产妇与婆家鲜明的二元对立，婆家被塑造成"不顾产妇""冷漠"的形象。在这些文本中，事实让位于观点和情绪，情绪使网民抛弃了对事实和真相的追求，鲜明的二元对立让网民的情绪得到宣泄。无论是在哪种类型的社会事件中，对某一明确对象进行批判的文本总能大行其道，甚至占据舆论场的主导地位。"解气"比"解惑"更重要，网民在共同宣泄中能够找到自己的圈群和归属，圈群又为网民的观点和情绪提供支持。正如埃里克·霍弗在《狂热分子》一书中所说的："在所有团结的催化剂中，最容易运用和理解的一项，就是仇恨。"①

---

① 霍弗. 狂热分子［M］. 桂林：广西师范大学出版社，2011：217.

第四章 关系网范式下的舆论话语空间生产

第一节 社群传播成为社交网络时代舆情传播的基本单位

加拿大著名传播学者麦克卢汉在《理解媒介：论人的延伸》一书中提出了影响广泛的媒介观，即媒介即讯息。他认为："所谓媒介即讯息只不过是说：任何媒介（即人的任何延伸）对个人和社会的任何影响，都是由于新的尺度产生的；我们的任何一种延伸（或任何一种新的技术），都要在我们的事务中引进一种新的尺度。"该观点强调的是，媒介形式的变革会导致我们感知世界的方式和行为，乃至社会结构发生变革。每一种新的媒介都会改变我们过去的思维和行为习惯，"加速并扩大人们的功能"，即新的媒介导致我们在感知、思考与行为上引入新的"尺度"、新的"速度"和新的"模式"，新技术除了对我们的思维和行为习惯具有重要影响，对我们的人际关系网络也具有重要的重塑价值。人类社会早期即以部落化的形式而存在，社会传播的主要方式是人际传播与群体传播，而随着工业革命的兴起，现代生产模式所建构的社会模式割裂了本应朴实而亲密的人际交往，人们基于血缘、地缘等的社会关系网被打破，人们以原子化的个体形式而存在，失去了面对面交流的生活，往往让人感觉生活缺少热情、失去生机。人际关系网则为基于学缘、业缘等的社会关系所重构，社会传播的方式主要为一对多的大众传播所主导。人们对人际交流和情感慰藉的需求越来越深刻，再加上以博客、微博、微信等为代表的自媒体传播技术的出现，这种需求促成的强大驱动力，把人越来越推向虚拟空间，使得人类社会得以重归"部落化"。尤其是微信群技术，使得主要基于血缘、地缘、学缘、业缘与趣缘的关系网得以在虚拟平台上并行不悖地存在，人际传播与群体传播方式得以回归，虚拟社群成为社会交往的最主要的平台之一，社群传播成为超越大众传播的最主要的传播形式。

正如当年西尔弗斯通研究的电视进入人们的生活后获得日常性一样，2011年以来风行的微信已然成为社会个体微观叙事和表达的重要方式，成为社会聚集的主要方式。人人都有理由建立一个微信群，并害怕在群交流中缺席。微信群用一种半封闭、半公开的形式认证人际交往中的各种瞬间、各种关系。微信为情感表达提供了天然平台，使得社会个体在现实社会空间形成的情感纽带可以在虚拟社群得到延续。在虚拟网络空间中，有共同兴趣、爱好或在日常生活中有交集的社会个体聚合在一起，通过一系列的互动活动，使自己的社会交往需求得到满足，并在长期互动中使虚拟社群变得富有人情味和人格化，进而加深了对虚拟社群的价值认同与文化认同。

社区并不是网络时代的特有概念。从滕尼斯提出社区的概念以来，有关社区的概念和定义也很多，但基本上可以概括为：社区是基于血缘、地缘、学缘、业缘、趣缘或共同的历史文化背景和信仰、经历等而自愿或天然地聚集、连接在一起的人们所组成的团体。而随着网络时代来临，人们社会交往的方式越来越虚拟化，社区的地理属性开始消弭，社群的概念开始取代社区的概念在网络研究中被提及，如早期的BBS、人人网、微博、微信、百度贴吧、豆瓣、天涯社区、知乎等。虚拟社群的显著特点包括：一是虚拟社群必须具备一定的连接点，它既可以是某种爱好、兴趣、过往历史或产品，也可以是某种行为；二是虚拟社群内部具有被认可的规则，规则是虚拟社群共性得以维持的基础，缺乏良好规则的支持，社群共性会因新进者的加入而被稀释；三是虚拟社群具有一定边界，但同时又具备一定的复杂性和开放性，社群本身可消费元素的复杂性决定了社群的寿命，而可消费元素的复杂性需要一定的开放性做保证；四是虚拟社群拥有特有的文化、情感和心理的认同感，概括来说，虚拟社群与一般网络社区最大的区别在于关系、情感和人格化。因此，不能说一群相同的人聚集在一起就是社群，还需要持续的传播活动才能把他们连接在一起，从而构成虚拟社群。虚拟社群的真正价值是帮助人们在虚拟空间重构自我身份认同，因为人无法通过自我本身建立身份认同，只有通过关系连接起来的虚拟社群才可以提供身份认同和归属感。这也是当下人们对虚拟社群最本质的需求。

1966年布尔迪厄在《论知识分子场及其创造性规划》中最早使用了场域的概念。场域可以被界定为在各种位置之间存在客观关系的网络（network）或架构（configuration），"正是在这些位置的存在和他们强加于占据特定位置的行动者或机构之上的决定性因素之中，这些位置得到了客观的界定，其根据是这些位置在不同类型的权力或资本（占有这些权力就意味着把持了在这一场域中利害攸关的专门利润的得益权）的分配结构中实际的和潜在的处境，以及它们与其他位置之间的客观关系（支配关系、屈从关系、结构上的同源关系等）"[1]。将虚拟社群置于场域视角之下的相关研究较多。张瑜以水木社区为例，认为公社社会类型、科层社会类型和广场社会类型这三种类型的交往场域在BBS网络空间中同时存在，三者在规模、密度、互动频次、社群网络中心势等方面具有场域的不同特点[2]。任娟娟以中国穆斯林网站BBS社群作为研究个案，分析了虚拟社群中的社会关系和社会网络，认为网络虚拟空间是一个特殊的场域，是以"身体不在场"为特征的虚拟人际关系网络，是成员间以弱联系为主的社会网络，并认为讨论网规模最大，信息网和情感网次之，帮助网规模最小，还认为虚拟社群具有较低的密度和较弱的凝聚性特征，仍呈现出一种以陌生人为主的聚合程度较低的联结形式[3]。汤景泰则以脸书"表情包大战"事件作为分析主体，认为场域内视觉模态的话语是此次事件中网民制造舆论的主要方式，网民通过前所未有的社群集聚能力和议题设置能力，形塑了新的社会抗争场域与抗争形态[4]。包咏菲则以知乎社区为例，分析了虚拟社区成员的知识共享行为，认为虚拟社群不但是交换信息和资源的场域，而且是个体建构"他-我"的舞台，信息分享行为本身就是在有意识地建构自我形象和寻求网络中的自我认同，并认为知识生产场域的满足不再仅是汲取内容而得到的满足，还包括使用媒介本身所获得的满

---

[1] 布迪厄,等.实践与反思:反思社会学导引[M].北京:中央编译出版社,2004:137-138.

[2] 张瑜.BBS网络空间的社会交往领域:以水木社区的实证分析为例[J].青年研究,2007(8).

[3] 任娟娟.网络穆斯林社群的历史记忆与族群认同:对中国穆斯林网站BBS社群的个案研究[J].青海民族研究,2008(2).

[4] 汤景泰.网络社群的政治参与与集体行动:以FB"表情包大战"为例[J].新闻大学,2016(3).

足以及在社会交往中所获得的情感满足①。

以上研究均将 BBS、贴吧、脸书和知乎社区等作为虚拟社群,在场域视角下借助某个具体个案进行深入剖析,对了解虚拟社群在不同的技术平台中的虚拟空间传播机制和内部关系具有一定的价值,但对其内部的传播场域及对话机制的探讨还相对薄弱,对近些年刚刚崛起的新型虚拟社群——微信群的研究也欠缺。微信群与传统相对开放的虚拟社群之间存在诸多差异。

关于虚拟社群中社会资本的相关研究不多。布尔迪厄曾指出,个人拥有社会资本的多少取决于两个因素:一是"行动者可以有效地加以运用的联系网络的规模的大小",二是网络中每个成员"以自己的权力所占有的资本的多少"②。随着社会网络分析的崛起,对社会网络中的社会资本的测量显得相对简单起来,主要有两个指标:一是中心位置(central positions),中心位置所传递的或是正式的权力,或是非正式的社会影响③,中心位置带来的资源会创造出更好地控制外部环境并减少不确定性的机会,因此处于中心位置的人是更值得信赖的;二是居间位置(go-between positions),咨询或建议关系一般包含了信息的流动和知识的传播,因此在建议网中处于居间位置的个人可以及时地获取重要的信息和知识④。不可否认的是,虚拟社会网络中也存在社会资本,并且这种虚拟资本会促进网络成员间的信息共享。陈霖研究了虚拟品牌社群的社会资本、知识共享对品牌依恋的影响,认为关系资本中的信任、社区认可及结构资本中的社会互动正向影响社群成员的知识共享,而关系资本中的互惠只对目的性知识共享有显著影响,对娱乐性、联系性知识共享的作用效果不显著⑤。张馨忆以"黎贝卡的异想世界"粉丝社群为例,研究了时尚类粉丝社群成员的情感资本投入,认为影响粉丝型虚拟社群经济的关键因素是情感资本,而且情感资本由信任维系、忠诚度和情感体

---

① 包咏菲. 虚拟社区成员知识共享行为研究[D]. 南京:南京大学,2015.
② BOURDIEU P. The forms of capital[M]//RICHARDSON J G. Handbook of theory and research for the sociology of education. New York:Greenwood Press,1986:241-258.
③ BRASS D,BURKHART M. Centrality and power in organizations[M]//NOHRIA N,ECCLES R G. Networks and organizations. Boston:Harvard Business School Press,1992:75-81.
④ LUO J D,CHI Sh C,LIN D. Who is trustworthy a comparison of social relations across the Taiwan strait[C]. North American Chinese sociologists association,2002.
⑤ 陈霖. 虚拟品牌社群的社会资本、知识共享对品牌依恋的影响研究[D]. 福州:福州大学,2014.

验三个因素组成①。以上研究对社群中的社会资本研究强调的是社会资本作为一个关键因素对其社群内部的影响，而对虚拟社群内部的社会资本的多寡、社会资本与话语表达方式的影响的研究还有待加强。

虚拟网络空间是否存在公共领域也是学界比较关注的问题。不同的研究者得出的结论不尽相同，争议相对较大。在国外的研究中，马克·波斯特认为："把虚拟的网络论坛看作正在演进中的公共领域是一种误解。这样的理解忽略了网络'咖啡屋'与传统公共领域的巨大差异。"②道格拉斯·凯尔纳则相对乐观，他重点分析技术的演进与公共领域的关系，认为起初的无线电广播、电视广播媒介以及现在的计算机，为信息、辩论创造了新的公共领域和空间③。国内的研究则主要集中于以下几方面：一是网络媒介技术对公共领域的重构。如孙海燕以"物价上涨"事件为个案，选取强国论坛及猫扑论坛上的文本内容，认为BBS论坛扩大了公民的"表达自由"，发挥了公共领域的功能④。二是在虚拟网络空间存在公共领域的前提下，这种虚拟公共空间存在的问题。如张小丽以"艳照"事件为研究个案，分析了网络公共领域公共性缺失的原因包括传统的"公私不分"、消费文化下大众的"窥隐心理"和"商业逻辑"以及网络媒体本身的错误定位等⑤。汪振军等以范玮琪阅兵晒娃事件为例，探讨了网络公共领域的道德绑架与交往理性问题，认为网络空间的公私领域虽有融合，但必须有相应的界线，而且个人与群体之间不应有强硬的道德绑架⑥。三是探讨网络公共领域与政治之间的关系，认为网络虚拟空间中的公开讨论有利于促进政治民主发展。如马军认为，网民通过在网上发表言论和监督公共权力这样两种方式进行网络政治参与，进而建构其

---

① 张馨忆. 时尚类粉丝社群成员情感资本投入研究 [D]. 广州：暨南大学，2016.
② POSTER M. The net as a public sphere? [EB/OL]. [2023-02-02]. http://www.wired.com/wired/archive/3.11/poster.if_pr.html.
③ 道格拉斯·凯尔纳：技术政治、新技术与公共领域 [EB/OL]. (2007-11-02)[2023-02-02]. http://ptext.nju.edu.cn/b7/d3/c/13405a243667/page.htm.
④ 孙海燕. 网络传播与当代中国公共领域建构 [D]. 上海：同济大学，2008.
⑤ 张小丽. 对网络公共领域危机的思考：从"艳照"事件看网络公共领域公共性的缺失 [J]. 理论界，2012 (4).
⑥ 汪振军，韩旭. 网络公共领域的道德绑架与交往理性：以范玮琪阅兵晒娃事件为例 [J]. 郑州大学学报（哲学社会科学版），2016，49 (5).

网络公共领域①，然而，网民言论的自由泛滥倾向易产生负面影响，从而不利于网民有效地进行政治参与。四是对具体领域中的公共场域的研究。如王昀对线上游戏社区进行了研究，认为"游戏"提供了公共化的传播结构与用户自主的社区建构方式，公共领域的动力包括保护私人领域存在，维系社区知识生产机制，以及塑造用户在线上、线下空间的社会地位，线上游戏社区的传播内容存在一种包含了游戏世界、日常世界与政治世界的公共舆论气候，政治意志与资本力量在此之中影响着用户的行动秩序，与用户形成了相互依赖的权力关系②；李艳红则选取新媒体中关注劳工议题的自媒体网站及其微信公众号作为深描样本，将其视为于主流公共领域之外建立另类公共领域的努力，认为这一个案确实构成了持续产出劳工阶层本位的社会正义话语的场所，致力于反抗资方和主流媒体话语威权，进行利益与身份政治的抗争，但其在培育能动的"抗争性公众"方面则受到限制，且缺乏稳定的结构性保障，建议建立培育劳工立场的在线"抗争性公共领域"③。综上可以看出，大多数学者对虚拟网络空间的公共领域建构持审慎态度，并且对微信群等新型虚拟社群中的公共领域以及公共领域内部讨论的公共理性的审视还相对较少。

第二节　虚拟社群内部的传播机制

不同的社群是基于不同属性的社会关系而建构起来的，如基于家庭关系（血缘）、老乡关系（地缘）、同学关系（学缘）、职业关系（业缘）以及最为虚拟的关系——兴趣爱好（趣缘）等。本节主要对以上几种以不同属性的社会关系为基础建构起来的社群进行比较分析，在此基础上构建社群内部信息传播机制。不可否认的是，社群的联系会基于信息的不断变化而进行动态演进，本节主要从日常社群的社会交往和发生公共危机事件时社群交往的异常变化两个方面来分析社群内部复杂的传播结构及网络特征。

---

① 马军. 中国网络公共领域构建初探[J]. 前沿，2015（4）.
② 王昀. 另类公共领域？：线上游戏社区之检视[J]. 国际新闻界，2015，37（8）.
③ 李艳红. 培育劳工立场的在线"抗争性公共领域"：对一个关注劳工议题之新媒体的个案研究[J]. 武汉大学学报（人文科学版），2016，69（6）.

一、基于不同关系属性的社群内部关系网比较

(一) 地缘社群的内部传播结构

1. 分析对象

本部分所选取的微信群由某地级市中学考入 985 大学的在读学生和毕业校友组成，属于老乡群，总成员数为 436 人。该群的主要特征包括：有一定的现实社会关系作为支撑，群成员有较为接近的教育背景，话题讨论参与度较高；群成员年龄跨度大，讨论内容常常体现价值观冲突。

2. 数据处理过程

(1) 抽样及时段

本部分采取立意抽样，选取群内集中进行话题讨论的时间段。在该时段，群中有效互动较多，便于数据处理。数据收集的时间区域为 2017 年 4 月 5—27 日，共 23 天。微信群的数据储存于手机的内置和外置存储卡内，微信本身提供数据导出服务，每名用户均有此权限。数据字段包括时间、节点账号名称、数量统计、状态（是否接受）、类型（系统消息、文本、视频、动画表情、图片和小视频等）、系统消息和文本内容。

(2) 编码说明

将所截取的聊天记录中有明确接收对象的内容记为一次有效交流，包括文字内容出现"@"的，以及从交流语境中判断出有明确接收对象的文字信息。在一段交流中，若一句话分作多条消息发送，则记作一次交流。表情包、图片等不算在编码范围内，交流有方向，属于有向度网。

3. 社会网络分析

本部分依据群中单个节点通过@功能或其他暗示与其他节点形成互动的两两关系构建节点之间的共现矩阵，输入 Gephi 0.8.2 软件绘制该群的社会网络分析图（见图 4-1）。图中线的粗细表示信息流动的频度，线条越粗表示信息流动的频度越高，反之越低。球的大小也反映了信息流动的频度，球越大表示信息交往越频繁，因此球越大表明在网络中越活跃。

从图 4-1 可以看出，微信昵称为"彭礼堂"的用户处于网络中最为活跃的位置，他是该群的群主，也是该群的发起者，为华中科技大学的教授。

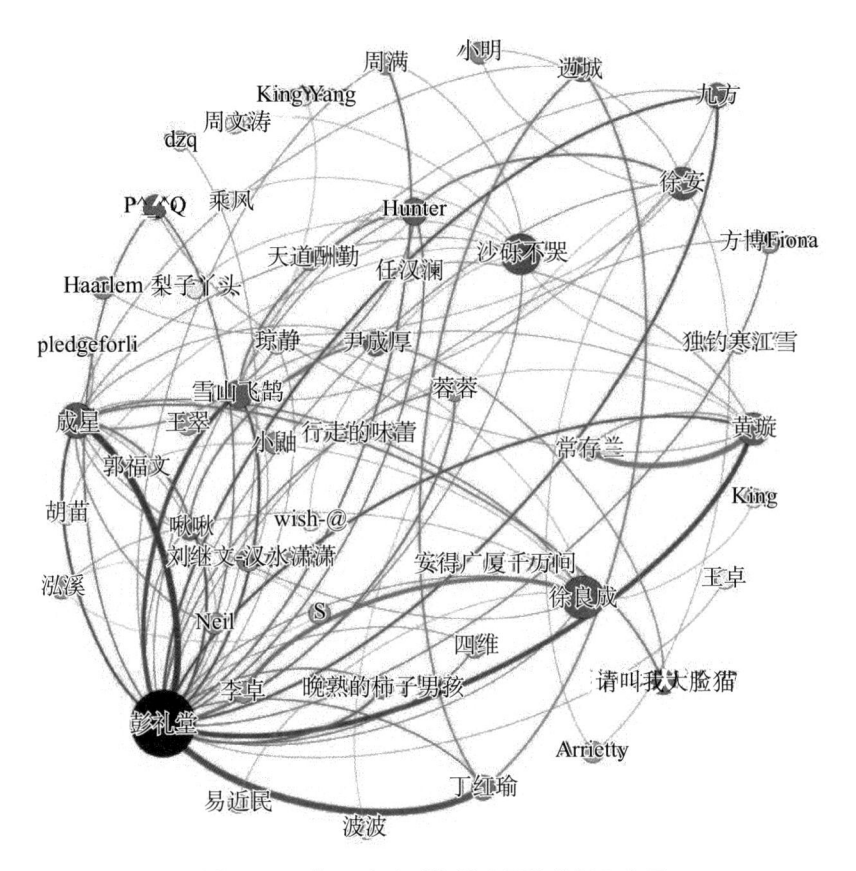

图 4-1 "985 老乡群"社会网络分析示意图

参与互动的大多数人与"彭礼堂"之间有连线，整个微信群可以被视作一个以"彭礼堂"为中心的圈群。

4. 地缘社群的基本结构特征

（1）选取时段的微信群交流形式

在所选取时段内，该群中的前四位沟通符号是文本、照片壁纸、动画表情和网页链接（见表4-1）。其中，照片壁纸和网页链接分享通常作为话题的引子出现，体现了微信群信息分享扩散的功能；照片壁纸是该微信群中重要的视觉符号；动画表情是微信群中重要的交流符号，发挥了表达情绪、抒发情感、活跃气氛的作用。较年轻化的成员构成可以解释较高的表情包使用频率。

表4-1 "985老乡群"交流形式及其占比

交流形式	百分比（%）
文本	76.21
照片壁纸	9.55
动画表情	7.47
网页链接	5.74
视频	0.49
语音	0.28
名片	0.19
地理位置	0.11

（2）社会网络分析结果

选取时段微信群的社交网络密度值为0.036，密度值较小。这一时段群中分散交流多，单个节点与其他节点的交流有限，主要的交流由中心性比较高的人控制。在群中，可以看出"彭礼堂"主导了大量讨论。值得注意的是，几个交流最多的节点用户（"彭礼堂""徐良成""雪山飞鹄"等）均为中老年人，且均为大学教授。

考虑到所选取时段发言人数占群成员总数比例较低，而且该时段是经立意抽样选取的，对该群而言属于群讨论较为活跃、交流较为频繁的时段，可以推断出整个群在其他时段也处于较不活跃的状态，交流整体分散。

（3）基本结论

综合以上分析结果，可以得出以下结论：

一是在人数众多的、以地缘为主要现实关系基础的微信群中，微信作为用户发布讯息、与社群沟通的平台出现，而群中用户点对点的沟通不明显。

二是基于地缘的现实关系使微信群成员具有一定程度的共同认同，维持了微信群人数的稳定，保证了一定的交流频率。但由于群成员数量多、年龄跨度大、职业身份差异大，单一的地缘关系不足以支撑更深入、频繁的交流。每一个群成员的参与度不能被很好地调动起来。

三是在基于地缘的微信群中，虽然群成员是老乡，但多是想象的共同体，线下联系基本上是断绝的，绝大多数的讨论量由少部分参与者贡献。这体现了微信群交流的不平衡性。

四是沟通最多的节点往往发挥了话题设置、意见引领的作用，在现实中有一定的影响力。在地缘社群中，"资历"是重要的影响力指标。

（二）学缘社群的内部传播结构

1. 分析对象

本部分选择某高校某专业2015年级群作为分析对象，该群主要基于学缘而产生社会关系网。

2. 数据处理过程

（1）抽样及时段

在选取聊天记录时，根据选取参与人数较多、交流频繁的时段的原则，选取了2017年6月22日12：00到2017年7月1日12：00这一时段进行统计，最后得到有效交流172次。

（2）编码说明

发送的网页消息、系统信息不计入统计；有明确对话对象的表情包和图片计入统计，没有明确对话对象的表情包和图片不计入统计；@所有人和推送给全群人的内容不计入统计；发出三分钟后没有回应的信息不计入统计；只出现过一次的谈话者且没有和他人形成互动的内容不计入统计。

3. 社会网络分析

从图4-2可以看出，"王小熊在sweethome"与"李蕙桐"、"王小熊在sweethome"与"陈潼"、"陈潼"与"淮"，以及"谢天"与"于曦彤"之间的四条线段较粗，表示他们之间的有效对话较多，有较高的连接度。群聊中"李蕙桐""陈潼""王景隆""谢天"是中心节点，以自身为中心向外进行发散状的放射型连接，与周围节点连接度较高，分别组成了一个个连接度高的小群体（根据参与话题与小群体的不同，同一人名在图中可能出现不止一次）。"王景隆""谢天"周围的节点较为集中，而"李蕙桐""陈潼"周围的节点则更为分散一些。"李蕙桐""王景隆""谢天""陈潼"都是较大的节点，与其他节点连接数较多，他们都既是信息发出者，又是信息接收者。

4. 学缘社群的基本结构特征

此学缘社群中一共有230人，但是本次截取时段中的参与人数为38人，并没有达到群聊人数和入群人数相匹配的效果。截取时段在高考分数揭晓之后，也就是在本群原本的创建目的达成之后，可能是受到这个原因的影响，

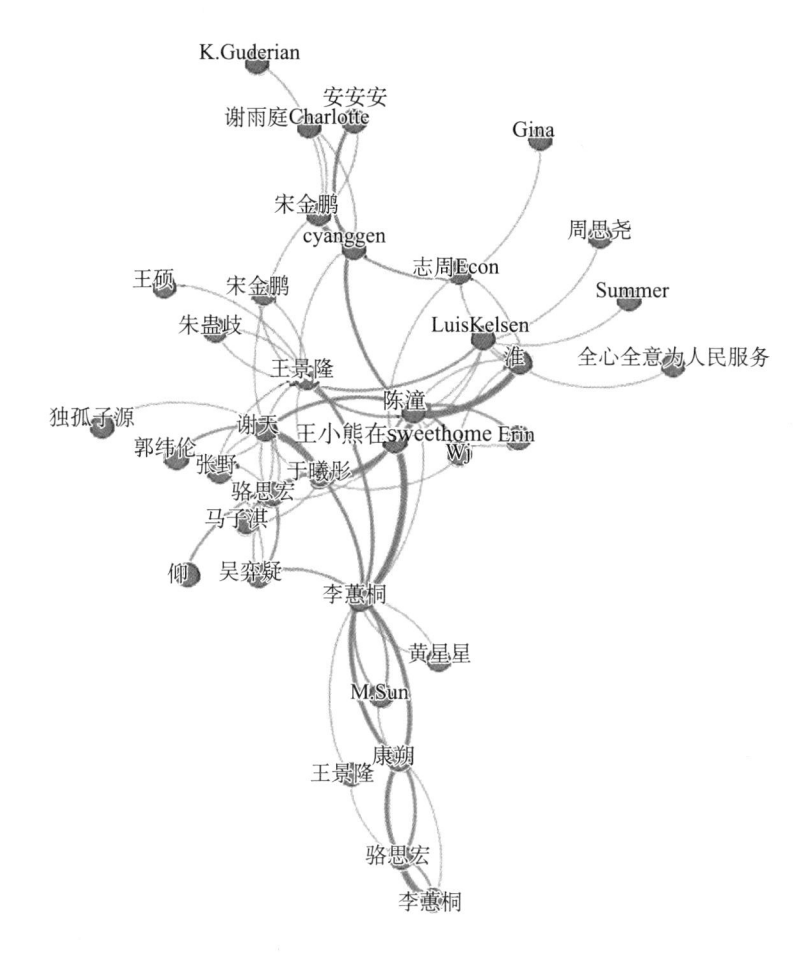

图 4-2　某高校某专业 2015 年级群社会网络分析示意图

参与群聊人数下降，群成员之间的有效交流和各自的活跃程度都不高。这说明一个微信群在达到原本的创建目的之后，可能会逐渐失去原有的活跃程度。

另外，抽样时段恰好在许多大学的考试周期间，也就是说，本群的群成员有相当的一部分处于复习备考阶段，也有可能是这一因素的影响，导致参与群聊人数远低于入群总人数。这说明，群活跃程度也会受到群成员的可参与时间的影响。

群成员的聊天内容多与高考分数以及录取院校有关。比如"王小熊在sweethome"与"陈潼"之间较粗的连接线，是在讨论一位名叫"默涵"的同学的高考分数与志愿。除此以外，"康朔"和其周边连接程度较高的节点（"李蕙桐""骆思宏"）组成的小群体，是在交流"康朔"参加的剧组发生的关于冰激凌的小事,这一话题几乎和高考没有任何关系,由此可以推断出群中除了交流与高考相关的内容,还会交流其他内容,说明在完成群聊本身的任务之后,群聊的内容更加多样化。

"康朔"和其周边连接程度较高的节点("李蕙桐""骆思宏")组成的小群体,以及"王小熊在sweethome"和"陈潼"等的连接线说明在同一个群内,由于交流的偏向性和个人喜好,有共同话题或者是本就较为熟悉的人,在群聊中容易形成一定的小群体,小群体内部的交流频率往往会高于与小群体之外的群成员的交流频率。

"李蕙桐"以自身为中心向外发散与其他节点相联系,连接数最多,但她并不是在搜集资料或者担任群聊组织者、联系人,这说明群聊中活跃的群成员大部分是本身热衷于聊天的用户,尤其是在群聊完成本身的使命之后,大家聊天的内容都是根据自身的兴趣展开的,围绕本身热衷于聊天的用户会形成一定的小群体。

(三)业缘社群的内部传播结构

1. 分析对象

本部分选取"【星火】17夏人大代表"(成员500人)微信群为社会网络分析对象,这是一个兼职群。

2. 数据处理过程

(1)抽样及时段

本部分抽取5月5日至5月9日20:00之间的微信记录共556条作为总样本。其间的群聊基本呈现出了该群较为常见的群聊状态。

(2)编码说明

A@B,或A虽没有@B,但明显是对B说话,则视为A对B有一次互动;A既没有@B,也没有明显对B说话,只是延续B所说的话题发表言论,则不视为互动;A针对其他人的讨论发表无目标导向的评价,如"哈哈"、表情包等,不视为互动。

不论语义是否表达完整,都只看回复数量,一条回复视为一次互动;如果@本身构成一条回复,而没有实际内容,则不视为一次互动。

3. 社会网络分析

从图4-3可以看出,社会网络规模较小,网络中存在少数中心节点,如"孙自慧""余泽轮"等,他们是兼职群里的核心人物,对社群网络的建构与维持起到关键作用。

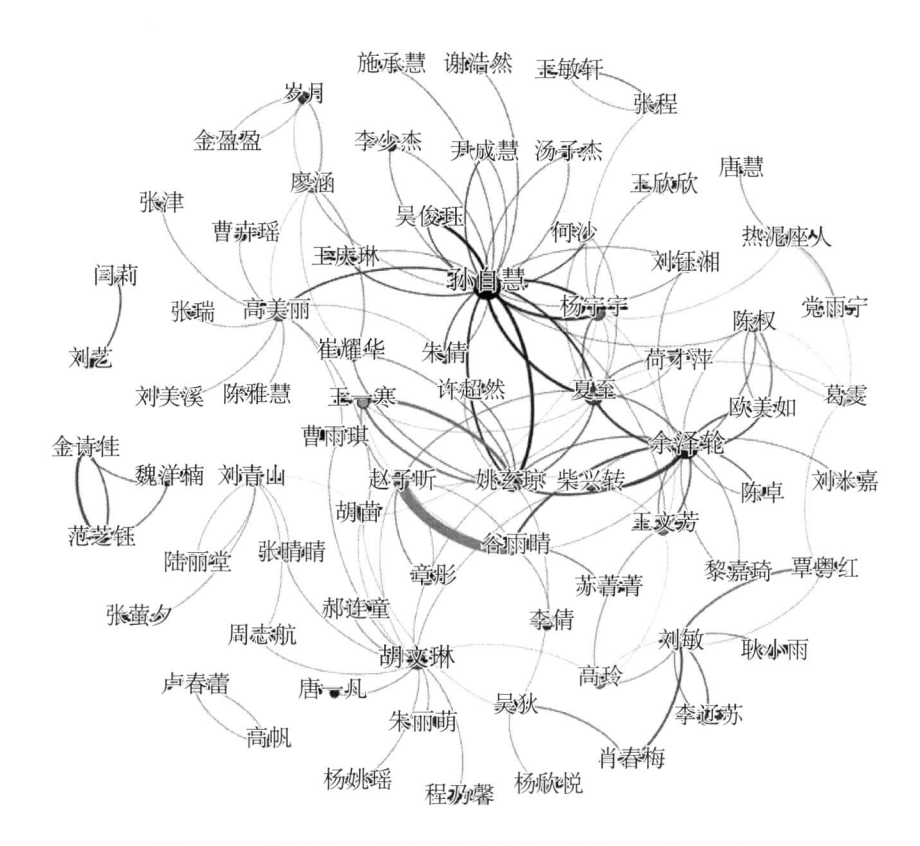

图 4-3 【星火】17 夏人大代表微信群社会网络分析示意图

该社群网络的密度值比较小,仅为 0.026,是比较稀疏的网络。兼职群中成员身份背景的异质性,导致彼此间交流的次数并不多。平均度是指兼职群中每位成员平均与他人发生互动的次数。互惠性是指成员之间发生双向互动的比例。该社群网络的平均度为 1.907,互惠性为 0.402,即有 40.2% 的群成员发生了双向互动关系,说明有近一半的成员之间常常互动交流。

平均距离是指两个群成员要通过多少个其他成员才能产生联系。该社群网络的平均距离为 3.287,网络直径是平均距离的 2 倍多,说明从整体上看,群成员之间交叉联系较少,两个群成员要通过多个其他成员才能产生联系,成员在群里说话只能得到少数联系紧密的成员的回复,影响范围较小。聚类系数即簇系数,该系数越大,表明相邻网络节点之间的连接紧密程度越高。

在实际网络中，每个节点都会通过其相邻节点认识更多的节点，因此实际网络并不是完全随机的。该社群网络的聚类系数为 0.081，说明该社群网络具有疏散的网络模块，连接并不紧密。

4. 业缘社群的基本结构特征

(1) 以兼职项目管理者和资深骨干为中心，大多数人"潜水"

"【星火】17 夏人大代表"是某旅游公司 2017 年夏季接待期在中国人民大学招募夏令营辅导员（兼职）的招新群。该群的主要功能是发布招新信息，如通知面试、培训、考核时间地点等等，以及与驻群老辅导员交流工作经验。这一定位决定了本群成员以兼职项目管理者和资深骨干为中心，他们扮演信息发布者的角色，回答新人提问，而大多数新人则处于"潜水"状态。社会网络分析示意图也反映了这一特点，图中显示互动频繁的"孙自慧""余泽轮"是中国人民大学的两位队长，"夏至"和"姚玄琼"则是骨干。

(2) 存在诸多小团体，且小团体互动频繁

人际传播是兼职招新时重要的宣传手段之一，在很多情况下是以某一人为中心向其社交圈发展新成员，也有很多同学结伴报名，因此大群中虽然绝大多数人彼此陌生，但存在诸多小团体。小团体内部互动频繁，有时可见群中讨论非常热烈，但实际上只有三五个人参与。社会网络分析示意图在一定程度上反映了该特点，图中边缘处可见少许独立闭环社会网络。

(3) 群聊话题多样，不仅限于兼职交流，与校园生活有关的话题都包括

"【星火】17 夏人大代表"虽然属于业缘群，但由于以学缘为基础，故而群聊话题不仅限于招新兼职相关，任何与校园生活有关的话题都可能在这里见到。如每逢选课时期该群会演变为选课交流群，群中也经常可见大家对食堂新出菜品的讨论，或者对校园生活小攻略的探讨分享。

(4) 因人数众多而升级为传播平台，延伸出了寻人、求助、宣传等功能

"【星火】17 夏人大代表"群中有成员 500 人，遍布全校各年级、各学院，因此该群天然地成了一个颇具影响力的传播平台。几乎每天都会有成员在群中转发推送求点击，转发校园活动信息号召大家参加，发红包求帮填问卷、投票。还有成员在群中发布求助信息、失物招领信息等等。

社会网络分析示意图中显示的节点连接数较多的"高美丽""胡文琳"

"杨宁宁"等，就是问卷调查或投票的转发者。此类信息最容易调动大量"潜水"成员参与互动，如回复"填啦"等。

（5）假期热度不减，话题回归兼职

很多以学缘为基础的微信群，一旦放假就会归于沉寂。但是"【星火】17夏人大代表"不同，假期群聊热度依然不减。该群本身就是夏令营辅导员的招新群，假期才是兼职工作的时间，因此假期中群聊话题会在很大程度上回归兼职。群成员会就实际工作中遇到的诸多问题和困惑进行交流，并分享各自有趣的经历。

（四）趣缘社群的内部传播结构

1. 分析对象

本部分选择百度的用户社群"百度 UE 设计交流群"进行观察与分析。该微信群于 2016 年 11 月建立，由一名百度 UE 讲堂设计师担任群主，不定期发布一些有关设计的小知识与小技巧，另由一名校园大使（在校大学生）承担关系维护的角色（主要负责拉人进群和回答简单提问），并定期在群中发布自制的互联网报。该群属于官方成立的用户社群，由群主建群，再由人大校园大使将对设计感兴趣的人大在校生拉进微信群，目的在于集结人大的设计爱好者，希望他们通过该微信群彼此交流有关设计的知识与心得，所以该群具有一定的地缘性（仅人大学生）与趣缘性（设计爱好者）。

2. 数据处理过程

（1）抽样及时段

由于需要研究微信群内的互动，所以必然要选择较为完整的时段以构成"对话"，同时考虑到该群在建群之初总体较为活跃，最终我们直接选取该群 2017 年 11 月 28 日至 2017 年 12 月 12 日共计 15 天的聊天记录，超过 600 条信息，作为我们所要分析的数据。

（2）编码说明

在对聊天记录进行编码时，仅过滤掉了"名片"，保留"文本""照片""动画表情"与"网页"，并按照以下原则绘制矩阵：

a. 当用户使用"文本""照片""动画表情"与"网页"时，均视为"发出消息"；

b. 当同一用户连续发出消息，且消息的内容具有连贯性时，则认为该用户发出一次消息；

c. 当用户 A 发出一条消息，用户 B 对该消息进行回复，用户 A 没有再次发言，且用户 C 一直没有发言时，认为用户 A 对 B 产生一次有效对话，用户 A 对 C、B 对 C、B 对 A、C 对 A 均没有产生有效对话；

d. 当用户 A 发出一条消息，用户 B 对该消息进行回复，用户 A 对 B 再次进行回复时，认为用户 A 对 B、B 对 A 均产生一次有效对话；

e. 当用户 A 发出一条消息，用户 B 与 C 均针对 A 发起的话题进行回复，且 B 先于 C 时，认为用户 A 对 B、A 对 C 和 B 对 C 均产生一次有效对话；

f. 当用户 A 发出一条消息，用户 B 也发出一条消息，但两者内容不相关时，则认为用户 A 与 B 没有产生有效对话。

3. 社会网络分析

对所选取的数据进行编码后，共产生 258 次有效对话。将 CSV 文件导入 Gephi 中，经过简单的调整与美化后，得到了社会网络分析图（见图 4-4）。

其中，G 与 E 分别代表校园大使与 UE 讲堂设计师。每个圆点代表一名参与群内互动的用户，根据用户活跃度由高到低，圆点的尺寸也由大到小变化。

4. 趣缘社群的基本结构特征

（1）成员之间总体关系生疏，可达性弱，信息流量较为集中

在分析的样本中，网络密度为 0.045。在社会网络分析方法中，密度指标被用来测量网络中各个行动者之间连接的紧密程度。密度值一般为 0~1，值越接近 1，代表彼此间关系越紧密；值越接近 0，则代表彼此间关系越不紧密。由于仅仅是抽取样本进行分析，而并未有前后的数据作为对比，因此无法判断该群在抽样时段内的联系紧密程度是否变化或者怎样变化。但是根据密度的判断标准，我们可以发现，在我们的抽样时段内，该群成员之间的联系并不十分紧密，相互之间的关系较为生疏。

接下来考察该群的可达性，即网络中各个节点的互联能力。测量可达性的指标是直径。直径表示图中任意可连通的两节点之间的最大距离。直径短，表示可以通过很少的步骤访问完整个网络。经过计算，整个网络的直径

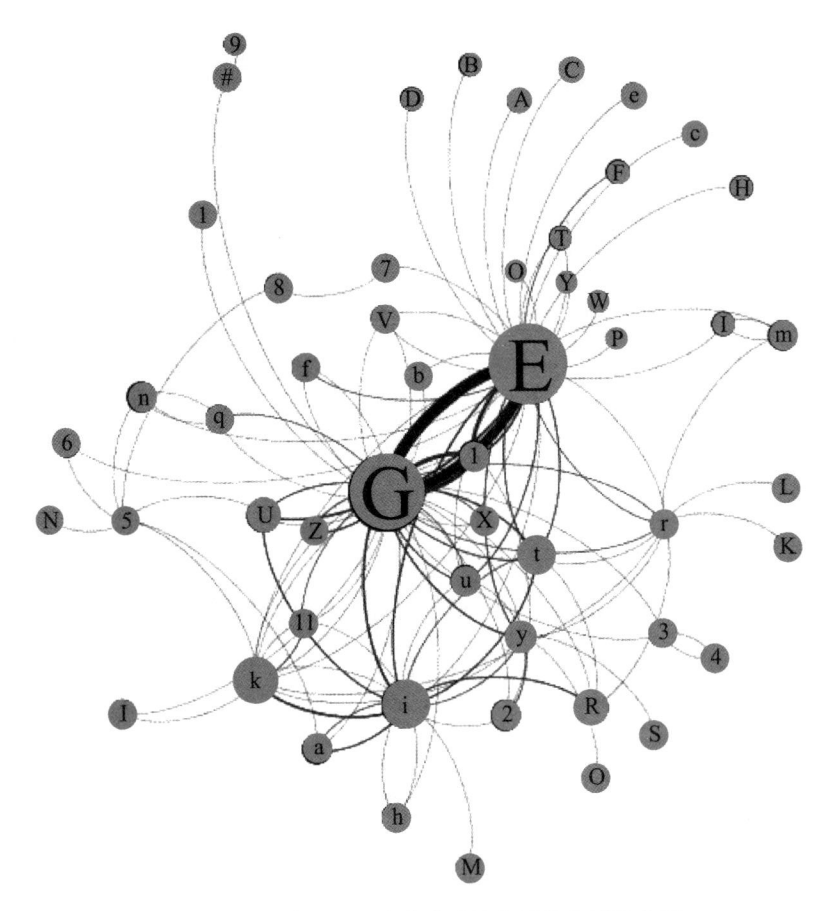

图 4-4　百度 UE 设计交流群社会网络分析示意图

为 6。这意味着最大关联图规模较小，只有一小部分节点实现了关联。另外，从图 4-4 中也可以很直观地看出该网络的可达性较微弱。

在社会网络分析图中，线条的粗细表示信息的流动额度，线条越粗表示信息的流动额度越大，反之越小。而在分析的样本中，可以看到，G 与 E 之间的线条最粗，而其他节点，除了 k、i 和 U 之间的线条之外，其他线条均很细。可以看出，该群中绝大多数成员之间信息的流动额度很小，仅仅是 G、E、k、U 和 i 这几者之间信息的流动额度较大。

(2) 成员活跃度呈两极分化，核心成员地位突出

该群自 2016 年 11 月 28 日建立以来，成员人数一直保持在 200 人左右，但在所选取的 15 天中，仅有 53 名成员参与互动，接近 75% 的成员属于"僵

尸成员"，活跃度为0。同时，从社会网络分析示意图可以看出，在参与互动的成员中，G和E是核心连接点，其他所有的联系均围绕这两个人展开。由此可见，在所抽样的聊天记录中，G和E是该群的核心成员，属于该群的"意见领袖"，活跃度远远超过其他成员，甚至在个别时段出现G与E长时间的单独对话，整个群的社会网络分析示意图以他们为中心展开。结合现实的情况考虑，出现这种现象的原因可能为：由于该群为百度官方建立，两名核心成员在该群建立之前便已经认识，容易形成互动；而其他成员多为被同学拉入群中，彼此属于陌生人，故而发言意愿较低，特别是当群中的核心成员表现得过于熟稔时。

（3）核心与次核心成员双向互动较多，边缘成员往往得不到回应

根据相关性数据，图4-4中的强相关节点数为29，它们围绕着核心成员G和E分别形成了两个十分明显的互动圈子。但是，这两个圈子之间并不是相互封闭的，它们的某些成员之间也有交流，以k、i为代表的次核心成员与两名核心成员互动频繁且多为双向互动，其他成员跨圈互动相对较少。

通过观察相关性较弱的节点，可以发现：位于边缘的成员之间存在少量的双向互动；但他们与核心及次核心成员之间的互动多为单向互动，即他们回应了核心成员的话，但得不到核心成员的回应，以E附近最为明显。由此可以认为，多数成员之间的互动十分微弱，关系也较为生疏，边缘成员持续处于被忽视的状态。当重新查看原始数据后发现，节点E代表的是百度官方的UE讲堂设计师。图4-4反映出，他对边缘成员的"漠视"较为严重，多数曾尝试加入讨论的成员在得不到他的回应之后，往往选择成为"僵尸成员"。相反，节点G所代表的校园大使在处理互动时表现较好，常常同时与多名成员进行话题探讨，也更容易得到其他成员的回应，形成的圈子比E略大，且有多名次核心成员与他进行高频次的互动。由此我们推测，"被忽视感"是部分社群成员活跃度低的原因之一，而"得到核心成员的回应"可以激励社群成员积极地加入讨论。

（4）该类型社群的成员多以"接收信息"为动机，社群可持续发展性较差

通过观察该微信群建立以来的表现，可以发现该群在初期阶段活跃度最

高，随时间流逝呈现出活跃度递减的现象。通过与群内成员交流可知，多数成员加入的目的是"学习一些实用的设计知识与技巧"，故而在群内"窥屏"多过直接参与讨论。然而，这一目的在微信群建立初期得到了较好实现，却没有能够长期维持，随着百度官方的 UE 讲堂设计师在群中发布的"干货"越来越少，越来越多的成员对此失去了兴趣，甚至部分成员选择了退群。

同时，校园大使为人大学生，在微信群建立之初积极回应群内成员的消息，对维持该群的活跃程度起到了非常大的作用。但是，随着校园大使自身学业压力的增加，又没有多个大使可以轮流负责活跃气氛，该微信群的活跃度不断降低，在不到一年的时间里已几乎沦为"死群"。

（五）有管理员的趣缘社群的内部传播结构

1. 分析对象

本部分选取数洞"有脑"Club1 群（总计有 428 名群成员），这是一个读书分享交流群，会定期组织相关的话题讨论。

2. 数据处理过程

（1）抽样及时段

由于该群是话题性的组织群，每晚会抛出一个话题供成员参与讨论，因此本部分选取 2017 年 4 月 23 日 20：53—22：53 总计 120 分钟的话题讨论，当晚的话题是"有人说，互联网时代是'情'（情绪、情怀、情结）的时代而不是'理'（理性、逻辑、程序正义）的时代，你怎么看？"，该话题由"秋心（管理员）"发起，最后一位发言者是"老赵家的大公主"，共有 23 名用户在此时间段依次发言，聊天记录为 269 条。

（2）编码说明

从抽样标准上看，主要区分了两种信息属性：一种是观点态度信息，另一种是人与人之间的互动信息。将"用户 A 发表观点"算作观点态度信息，代表他对所有人的一次互动。把用户 A、B 之间的追问、回复、讨论算作人与人之间的一次互动。

但是这里要注意一点，用户 A 给 B 发一条消息，被记为一次互动，但是如果 B 没有回复，那么这次互动实际上是失败和无效的，所以这种统计方法可能不准确。

具体来说，把讨论初始时管理员的预热算作对"除他之外群内所有人"

的互动；根据话题内容，他对某位用户问题的解答和追问算作人与人之间的一次互动。有的用户在一开始发表了自己的观点，算作他对所有人的一次互动，但是后来某些用户向他提出疑问，他再做的解答就是人与人之间的一次互动。

有的用户为了阐释自己的观点发了图片或链接，算作一次观点态度信息。管理员在群里发了红包，算作其对所有人的一次互动。

在整个抽样过程中，研究者选择图片、链接、文字内容作为聊天信息，因为整个讨论中没有发表情包和视频的用户，所以这两类信息不算在内。

3. 社会网络分析

数洞"有脑"Club1 群是一个公众号的社群，平时会列出读书任务，制造讨论话题，让群友们探讨和分享观点内容。使用 NetDraw 绘图工具，绘制研究对象的社会网络分析示意图（见图 4-5）。线条粗细表示信息流动的频度，线条越粗表示信息流动的频度越高，反之越低。

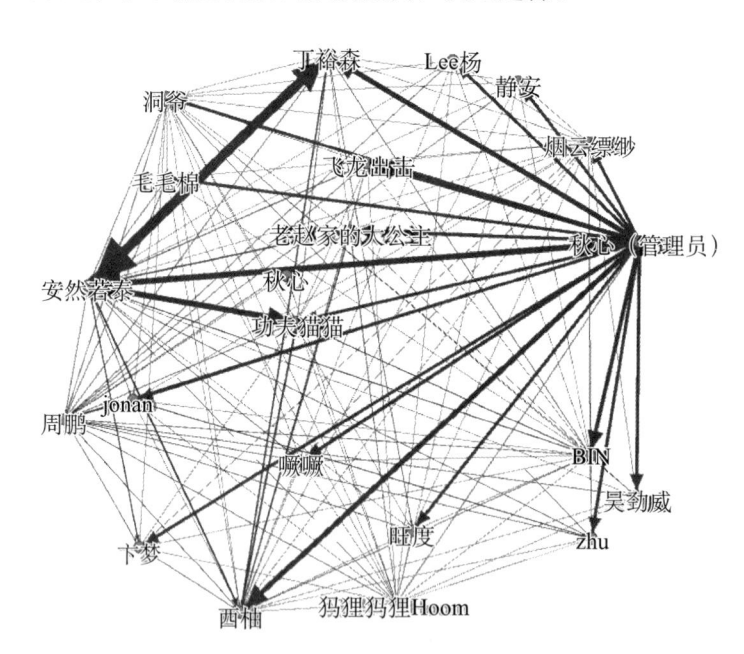

图 4-5　数洞"有脑"Club1 群社会网络分析示意图

从位置和角色分析来看，围绕本次讨论话题，"秋心（管理员）"的连入度和连出度是最高的，处于本群中心位置。他实际上扮演了多重关键角色，如制造聊天话题、话题预热、维护氛围、积极与群友互动等。"丁裕森"与

"安然若泰"之间的线条是最粗的,他俩的互动频率最高,因为他俩一直在围绕"互联网是否应该实名制"这个问题进行各种辩驳。

"洞爷"是在后半段时间才出现的,是这个群的群主。他是本群的话语权威,最后稍做总结,发了红包,之后群友与他的互动基本上围绕为什么抢红包的贫富差距大、谁抢得多谁抢得少这类话题。

4. 有管理员的趣缘社群的基本结构特征

对此类读书知识分享的趣缘群体来说,共同的读书兴趣是其纽带,其本质上更倾向于弱关系社区,人与人之间的关系并不紧密,社会化属性更强,属于价值观输出社区。群友的实际空间距离较远,只有线上观点的交流碰撞。每个人的身份都不需实名认证,身份差异大,但据研究者观察,群友都是大学生或者年轻的知识爱好者。

"潜水"用户占多数,用户发言情况依据对话题的兴趣度有所变化。此群人数虽然很多,达到 428 人,但真正经常发言的人也就 30 个人左右,其他人都在"潜水"或者当"吃瓜群众"。但是一旦有人发红包,"潜水"的人就会出来"拼手速",这种情况时常让发言的人感到很尴尬。

从对群动态的观察来看,除了粗线连接的活跃用户之外,还有部分用户依据对话题的兴趣度参与话题的讨论。在我们这次选取的话题中,有一些没有参与讨论的用户,在另一些也许他们感兴趣的话题中,参与度较高。

管理员在整个群聊中承载信息源和信息桥的双重作用。由于此群是知识分享群,群友们形成了很大的默契,不会往群里发广告。群里的规矩一般需要管理员制定,管理员要负起责任,营造融洽的氛围,在讨论时引导群友思考,表扬和激励那些观点有价值的群友。

(六) 五类主要关系属性构成的社群结构比较

由于基于血缘构成的社群成员比较少,一个近亲家族也没多少人,再加上具有一定的隐私性,很难抓取,因此本节只分析了地缘、学缘、业缘和趣缘四类主要的社会关系社群。由于趣缘社群具有一定的特殊性,随着所谓的"社群营销""社群运营"的崛起,一些趣缘社群中出现了"管理员"角色,对整个社群的黏合和维持具有很重要的作用,因此本节将这类社群也单独拎出来进行了分析,五类主要关系属性构成的社群关系网的属性数据如表 4-2 所示。

表 4-2　五类主要关系属性构成的社群属性比较表

	地缘社群	学缘社群	业缘社群	趣缘社群	有管理员的趣缘社群
群成员数	436	230	500	210	428
节点数	50	38	75	53	23
活跃系数	0.115	0.165	0.150	0.252	0.054
连接数	88	83	143	124	185
密度	0.036	0.056	0.026	0.045	0.366
聚类系数	0.140	0.203	0.081	0.211	0.588
平均距离	2.706	2.128	3.287	2.424	1.797
网络直径	5	7	8	6	4
传递性	0.259	0.101	0.176	0.263	0.389
互惠性	0.397	0.180	0.402	0.410	0.342

从表4-2可以看出，将参与日常讨论的人数除以群成员总数，可以得到每个社群的活跃系数，活跃系数越高表明参与的人越多，这说明社群结构是扁平化的。从表4-2可以看出，没有管理员的趣缘社群活跃系数最高，有管理员的趣缘社群活跃系数最低，只有很少的人（其实主要是群主、管理员）在说话，有自嗨之嫌。

接下来看社会网的密度，密度越高表明社群内部的互动频度越高。通过对五类社群进行比较，可以发现一个很有意思的现象：密度最高的居然是有管理员的趣缘社群。但结合活跃系数来看，虽然有管理员的趣缘社群社会网的密度高，但连接是不均衡的，主要是那23个成员在互动，其余人是沉默的大多数。密度最低的是业缘社群，作为一个兼职群，群中多数人是不认识的，大家因为职业（兼职）而聚在一起，因此互动主要是以目的（找兼职）为导向的，激不起大家热烈讨论的兴趣。

聚类系数反映的是社群内部同质性的可能性，聚类系数越高说明社群内的小群体存在的概率越高。从表4-2可以看出，有管理员的趣缘社群的聚类系数是最高的，其次是无管理员的趣缘社群，聚类系数最低的是业缘社群，由于兼职工作的多元性，很难就工种和行业进行很好的聚类。

通过以上分析，可以看出由于社群底层的关系基础不同，即所谓的"座架"的差异，上层所表现出来的社群运行机制和关系网络完全不同，内部的社会权力结构和社会资本分布也不尽相同。因此，虚拟社群虽然看上去是一个所谓"话语平权"的地方，每个人都有麦克风，但其实只是线下社会的一种镜鉴而已，只是在这里，有些权力结构得到了重构，而有些则是线下的完全翻版，话语平权依然是镜中花、水中月。从某种意义上讲，社群媒体的最大优势是赋予了每个受众成为信息"传递者"，也就是最广义的意见领袖的可能，而受众也通常在有意识或者无意识中充分验证这种可能。

二、社群内部信息分享行为模式及动机

塔利亚将社群内部的信息分享比喻为一把大伞，因为其包覆了广泛的合作性行为，包括分享偶遇的信息、共同阐述问题和检索等，这些都是社群信息分享的一种①。近年来，许多日常生活信息寻求的研究指出，信息的获取与过滤存在于许多个体当中，个体有目的地进行规划、彼此共同合作，这样的行为被称为合作性信息行为（collaborative information behavior）。整个合作性信息行为的过程包括问题定义、需求分析、查询制订、检索互动、评估、结果展示以及利用结果解决问题。

舍夫韦格认为，信息分享发生在群体之中，包括提供信息，并确认被接收的信息是彼此都能理解的，信息分享的目的就是根据其他人的需求提供信息，这些信息对其他人是有所影响的，尤其对群体活动来说，信息分享是不可或缺的，群体合作必须借助不断地分享并互相理解和使用信息，若缺少了信息分享，群体工作必将失败②。因此，信息分享行为通常发生在网络之中，是一个群体的行为，在这个网络中，成员间因为频繁的互动，将自己所拥有的信息分享给网络中的其他成员，并通过这样的互动过程获取自己所需的信息。古必鹏则认为信息分享行为有以下几个重点：一是信息分享行为是由他人的信息需求所触发的行为；二是信息分享行为发生于特定的群体之中；三是信息分享行为是解决问题的一种过程；四是信息分享是具有策略性的分

---

① TALJA S. Information sharing in academic communities: types and levels of collaboration in information seeking and use [J]. The new review of information behavior research, 2002 (3).
② SONNENWALD D H. Challenges in sharing information effectively: examples from command and control [J]. Information research: an international electronic journal, 2006, 11 (4).

享，可能具有某些目的存在，而且信息分享可以让成员间的关系更为紧密①。

（一）社群内部信息分享行为类型

社群内部信息分享行为以共同合作行为、互惠性行为和以关系为基础的行为为主。

1. 共同合作行为（collaborative/collective behavior）

合作意味着信息分享并非一种个别性的行为，而是发生在社会网络中的合作行为。其意义有两点：一是不同的社群成员存在于同一个活动之中；二是社群成员拥有共同的目标。所以，信息分享的过程包括信息提供者和信息接收者，其目的便是达到信息的转换。不过在信息分享的过程中，双方都有可能同时是信息提供者和信息接收者，彼此进行双向的信息转换。

2. 互惠性行为（mutual-benefit behavior）

信息提供者的分享动机是相当重要的，因为若信息提供者没有分享动机，信息分享行为便不会发生。信息提供者的分享动机不同，如追求经济利益或寻求心理和社会利益等。所以，在互惠性的观点中，社群信息分享行为可以被定义为社群中的个人和其他人在共同的兴趣或利益驱使下而进行的活动，信息分享行为的参与者基于共同的兴趣或目标，都能受惠于信息分享的过程。

3. 以关系为基础的行为（relationship-based behavior）

信息分享行为并非个别的行为，而是发生在社群内部的关系网络中共同合作努力的一种行为。信息分享是由信息提供者和接收者所促发的活动。此外，信息提供者与接收者之间的关系也会影响信息分享行为，例如在同事构建的社群中的信息分享，不需要一个正式的机制便能进行，或当社群的信息分享要达到有效管理时，社群内部便需要建立一个长期的信息分享机制，进而促进知识分享。参与者之间关系强度不同，便会产生不一样的信息分享行为。所以，信息分享是一种以关系为基础的行为。

因此，信息分享行为是重要的社会行为，因为所有的信息分享行为都发生在网络之中。此外，信息分享行为也是一种助人行为，借由生活可能的偶

---

① GU B P. Information sharing behavior of online virtual community: a case study of GOGOBOX [J]. American society for information science and technology, 2008.

遇或经验，并得知其他人可能有所需求，将信息分享给有所需求的人。根据以上定义，可以归纳出信息分享行为发生在社会网络之中，不是个人所能独立完成的行为，个人与其他人通过某种合作关系交换和分享信息，以便满足个人或彼此共同的兴趣。此外，有时个人意外获取的信息不一定是自己所需的信息，而是对他人有用的信息，因而个人将信息传递给他人。因此，信息分享行为既是一种合作性的行为，也是一种有利于他人或彼此互惠的行为。

从信息分享的相关文献和定义中可以发现，信息分享行为相关理论还包括里乌所提出的信息获取与分享理论[①]和厄德勒兹所提出的信息偶遇的概念[②]。

信息获取与分享（information acquisition-and-sharing）理论意指信息的获取与分享是相关的，并且结合了个人复杂的行为与过程。此概念包含以下四个部分：一是有意识地储存他人所提出的信息需求；二是在不同的情境下获取信息时，会回想起他人所提出的信息需求；三是将自己所获取的信息与预期可能会需要此信息的人建立关联；四是通过渠道分享这些信息。信息获取与分享理论主要是通过观察个人与家人、朋友、同事之间不同形式的沟通和社会互动而提出的。通过其所提出的过程及其理念可以了解到，个人对于其他人所提及的信息需求会进行储存，并在获取信息时回忆他人的需求。因此，信息获取与分享理论是存在于各种信息传播与互动之中的。在日常生活中，人们认知上的表现经常是不自觉地发生的，个人在与他人交谈和互动的过程中，会下意识地将他人提到的任何事物储存进个人的潜在记忆中，当个人获取信息时，就会与潜在的记忆做联结，回想起他人曾经提出的需求，这个过程便促使信息分享行为的发生。信息获取与分享理论框架从早先其他网络上的信息分享的相关研究便可看出端倪：个人在网络上进行浏览时发现信息，意识到这些信息对他人而言可能是有趣的，随后利用一些方式分享这些信息。这些研究都证实了，在网络上，个人将获取的信息分享给有需求的

---

① RIOUX K S. Information acquiring-and-sharing theory [M] //FISHER K E, ERDELEZ S, MCKECHNIE L. Theories of information behavior. Asist, NJ: Information Today Press, 2005.

② ERDELEZ S. Information encountering: a conceptual framework for accidental information encountering discovery [M]. London: Taylor Graham, 1997.

人，个人在网络上不一定是具有目的性地寻求和浏览，所分享的信息往往是意外获取的，进而分享给他人，所以信息分享这一连串的行为是一项自然且令人感到愉悦的高度社会性的信息行为，也因此信息获取与分享的研究应该以信息环境的团体现象，而非个人特定的信息行为为优先。

此外，信息获取与分享理论其实也与信息偶遇（information encounter）概念相近。在整个信息获取与分享的过程中，信息偶遇扮演着另一个相当重要的角色。信息偶遇者（information encounterer）在没有预期的情形下偶然遇到他认为对别人而言有用的信息，便会将信息分享给有此信息需求的人。研究指出，信息偶遇的概念提供了一个内在刺激来阐述信息获取与分享行为，而网络环境很容易促使信息偶遇和信息获取与分享行为产生。就个人来说，在网络环境中经常会偶遇自己或他人的信息需求，并进一步通过一些方式分享这些信息。①

信息偶遇是指偶然发现实用或有趣的信息的一种难忘经验。信息寻求是获取信息的主要方式，然而有时人们在寻求特定主题的信息时，会找到不在计划之内却与问题和兴趣相关的信息。信息偶遇也发生在个人的例行活动中，所以信息偶遇既是一种机会主义式（opportunistic acquisition of information，OAI）的信息获取，也是附加的信息获取方式②。网络信息分享研究显示，个人在网络上不一定是具有目的地寻求或浏览，很多时候，个人在网络上所分享的是意外发现的信息，这种分享不在预期之内所获取的信息的行为是网络上的一种固有行为。因此，简单而言，信息偶遇是指不在个人预期的情形下发现相关或有用信息的经验。吴美美通过对中小学教师进行研究发现，教师通过网络搜寻教学资源时，经常有信息偶遇的情形发生，教师的一个重要的资源获取方法是"网站牵网站"，即在一个网站的相关链接中点选下一个网站，逐步在网络上链接到其他网站。对教师而言，有时在网络上浏览网页时，并无特定或明确的需求，只是习惯性地在网络上搜寻教学资源。由此可见，除了与个人问题或兴趣相关的信息寻求，偶然获取的相关信

---

① ERDELEZ S. Information encountering: a conceptual framework for accidental information encountering discovery [M]. London: Taylor Graham, 1997.

② 同①。

息也是一种重要的信息获取方式[①]。叶乃静指出，信息并不一定是通过系统化的信息寻求而获得的，反而是意外获得的，尤其是人们长时间暴露在信息环境之下，很容易发生信息偶遇[②]。人们在日常生活中，经常会习惯性、不自觉地关注其他事物，包括个人观察、与亲友同辈之间的对话、大众媒体的使用等，虽然没有特意地搜寻，有时却能获得过去认为不需要的东西。所以现今网络环境比起传统的信息环境，大大地增加了信息偶遇的机会，且在网络环境中，有一个很重要的特性就是易于意外发现信息，这也是信息偶遇不可或缺的要素，所以信息偶遇是一个相当普遍的行为。信息偶遇除了意外搜寻到自身所需或感兴趣的信息外，有时也会搜寻到别人曾经提及的信息需求，将所获取的偶遇信息利用其他方式进行分享，是信息偶遇者经常发生的行为，因此，信息偶遇者在信息分享中扮演着重要的角色。信息分享是一种非正式的沟通方式，但却是许多人经常使用的信息获取方法，信息分享最主要的目的便是将信息分享给其他人，这些信息有可能会对他人产生不同的影响。在信息分享的过程中可以获得许多附加价值，因此是许多人会选择使用的信息获取方式。在许多文献中，学者会提到，信息分享的重要价值便是建立良好的社会互动关系，让社群成员拥有高度的信任和忠诚度，以便促进信息的交流。

（二）社群内部信息分享行为的动机模式

传播动机是传播主体开展信息传播活动的心理动因。作为整个传播活动的源头，传播动机直接影响传播渠道的选择、传播符号的运用和传播内容的选择等。人际传播是强调传播过程中个体心理及感受的传播活动，传播动机对整个人际传播过程的影响尤为显著。乔竞杰研究认为，传播动机主要有以下六个方面。

一是消遣，即通过一定的活动消磨时间，并从中获得愉悦感。现代社会中，随着信息科技的发展、全球竞争的加剧，全社会呈现出快节奏、高压力、竞争激烈的态势，处于此种情境中的大众，尤其是长期从事脑力劳动的人需要寻求合适的平台和渠道来释放压力，消减疲劳，获得愉悦感。与此同

[①] 陈晓强. 虚拟社群：一种新的、真实的社群形式 [J]. 社会，2002（9）.
[②] 叶乃静. 多元文化下的信息行为研究 [M]. 台北：文华出版社，2005：7.

时，在大多数人的生活中，都存在着大量闲暇的碎片化时间可供利用。由此，"消遣"成为大众的普遍需求。互联网知识社群集知识性、趣味性于一体，又具有可触达性，故成为以知识分子为主的群体进行"消遣"的重要渠道。

二是求知，即通过一定的活动获取知识。"重视知识""通过各种渠道获取知识"已经成为整个社会的共识。互联网知识社群作为知识交流、共享、传播的重要集散地，成为"求知"的重要渠道，备受青睐。

三是寻求归属感。归属感需求即通过和他人交流建立联系，加入一定的群体，从而摆脱个体的孤独感和孤立感。互联网知识社群中的成员通过人际传播实现与其他社群成员的互动，通过内容参与融入社群中，从而形成一种"我们"的归属感。

四是自我认知。人总是通过与他人的交流，完善自我认知。

五是交友，即通过一定的平台结交朋友。作为一种社会性动物，人具有很强的群体性，社交需求强烈。尤其在现代社会，信息科技、大众传播工具的日益发展，表面上拓宽了大众社交的渠道，但网络社交平台的虚拟性实际上增加了人与人之间交往的距离，使大众间普遍存在人际交往的缺失。互联网知识社群作为自发组织的兴趣群体，成员间有着共同的兴趣爱好，知识水平、社会地位、经济条件相仿，且社群内丰富的交流平台为成员提供了便捷的"交友"渠道。

六是建立社会协作关系，社群成员在社群内进行人际传播，不只出于"思想交流、知识分享、消遣交友"等非功利性动机，同时也有"建立社会协作关系，交换资源"的功利性动机。①

具体来说，社群内信息分享行为的动机主要包括以下模式。

1. 维持社群成员的高度互动关系

鲍和布蒂利耶认为信息分享具有关系建立之价值②；塔利亚和汉森也认

---

① 乔竞杰. 互联网知识社群的人际传播研究［D］. 沈阳：辽宁大学，2016.

② BAO X，BOUTHILLIER F. Information sharing as a type of information behavior［C］// McGill University，Montreal，Information Sharing in a Fragmented World：35th Annual Conference of the Canadian Association for Information Science. 2007 ［2009 - 06 - 11］. http：//www.cais-acsi.ca/proceedings/2007/bao _ 2007. pdf.

为合作性信息行为的整个系统便是在支持人与人之间的分享，让网络成员拥有高度的互动关系，并建立良好的人际关系，无论所分享的内容为何，以及所分享的信息使用结果如何，都能通过分享建立和维持良好的社群关系，如建立成员间的信任与友好等①。个人通常习惯与自己熟悉和信任的人分享信息，因为频繁的互动关系有助于彼此的信任度上升。此外，成员也会依据社群需求主动分享信息，这除了是一种回馈的表现，也是对其他成员信任与情感建立的结果。社交性分享即将信息分享视为建立人际关系或凝聚社群的一种活动，被许多研究团队视为重要的分享方式，许多知识分享成员认为在他们的社群中，共同分享相关文件信息是一个非常有益的方式，因为个人的信息寻求不一定能够有效且满足自己的需求，所以社交性分享并不一定是目标导向的分享，相反，社交性分享像是礼物的赠予和接受，实质是在建立和维护社会关系。

2. 维系社群合作行为

信息分享的许多定义都提到共同合作，尤其是在一个社群当中，彼此进行分享可以让社群合作更有效率。这点在学术研究社群中最为明显，如"小木虫"等，因为学术研究往往需要广泛地搜集相关文献，不仅是主要学科，很多时候还要跨学科进行文献搜寻，因此个人在搜寻相关研究主题的文献时，将所获取的信息传递给他人，让整个社群受惠于彼此的信息分享，让信息分享成为研究方法的一部分，可以使研究团队合作发挥最大的效益。

3. 使不完整的信息趋向完整

个人所掌握的信息经常是不完整的，所以在日常生活当中，个人经常会与他人进行交谈与互动，在每一次的交流过程中都会有新的收获，这些收获可以让原先不完整的信息趋向完整。尤其是在一些公共热点事件发生后，当信息被管制或者事件处于正在发展的阶段时，通过不同成员参与的"信息拼图游戏"，一方面信息会越来越完善和具象化，另一方面由于"无影灯"效应，不同信息源之间进行相互印证与对比，可以使信息更加趋向于事实真相，这本身就是信息的"有机运动"。

---

① TALJA S, HANSEN P. Information sharing [M] //SPINK A, COLE C. New directions in human information behavior. Dordrect：Springer，2006：113-134.

4. 保存重要的信息，并作为个人数据库

信息分享的目的便是将信息传递出去，通过信息分享让其他人知道这些信息进而达到保存信息的目的。目前很多人将微信群作为重要的信息数据库，将社群中分享的很多文档及时保存在手机中，在使用时直接采用群内搜索，并且分门别类地检索信息，从而实现信息的保存与调取。社群已经超越了信息简单互动与沟通，而上升为个人的移动数据库。

5. 信息分享产生新想法

信息分享除了给人们提供分享自己看法的机会，也能让人借此聆听吸取别人的想法，通过这样的互动过程往往能够产生新的想法。在个别知识性社群中，社群成员皆被鼓励有自己的意见和看法，通过众人的头脑风暴，进而形成稳固而成熟的想法。

（三）社群内部信息分享行为的动机

前文中提到，鲍和布蒂利耶认为信息提供者的分享动机是相当重要的，没有分享动机，便不会有信息和知识分享行为的发生[①]，所以目前虚拟社群的分享动机一直是许多研究人员所关注的焦点。许多学者利用社会资本和激励机制探讨虚拟社群成员的分享动机，因为虚拟社群是一种线上社会网络，人们有着共同的兴趣、目标分享信息和知识，从事社会性的互动，因此许多研究从社会学的角度探讨虚拟社群的信息和知识分享动机。

1. 构建社会资本

社会资本（social capital）主要运用于社会学，不过现今许多不同领域的学科也利用此概念进行不同主题的探讨。近年来许多网络研究趋向于对社会意涵的讨论，社群与社会资本即其中一项议题。所以有许多学者从社会资本的角度探究虚拟社群的信息分享行为。根据科尔曼的解释，社会资本的价值存在于人与人之间并促进生产性的活动，其着重于"关系"的层面，社会资本可以促进共同合作、互惠互利，是真实和潜在资源的集合，可以通过个

---

① BAO X, BOUTHILLIER F. Information sharing as a type of information behavior [C] // McGill University, Montreal, Information Sharing in a Fragmented World: 35th Annual Conference of the Canadian Association for Information Science. 2007 [2009 - 06 - 11]. http://www.cais-acsi.ca/proceedings/2007/bao_2007.pdf.

人和社会单位的关系网络拥有[1]。通过上述定义可以看出，社会资本以社会和群体的概念作为起点，所探讨的是群体之间的关系。然而社会资本是否存在于虚拟社群中是学者们讨论的焦点，因为虚拟社群和真实社群最明显的差异在于虚拟社群成员是通过线上进行交流的。网络的使用能够延长并补充社会资本，同时还创造了社会资本，虽然虚拟社群有别于真实的群体，但社会资本依旧存在于其中。陈靖旻利用社会资本进行虚拟社群的分享行为研究。一是结构（structure）层面，社会互动联结（social interaction ties）是信息和资源流动的管道，网络的联结可以结合和交换知识和信息；二是关系（relation）层面，信任（trust）在知识分享的虚拟社群中是一个重要的意志行为，是对社群成员的信赖程度，是社会资本累积的先决条件与结果，互惠规范（normofreciprocity）在其研究中指的是参与者认为知识交流是公平的，认同（identification）成员将自己视为群体的一分子；三是认知（cognitive）层面，共同语言（shared language）为人们讨论、沟通和交换信息时重要的辅助工具，借由相同语言更容易分享，共同愿景（shared vision）是社群成员共同实现的目标。上述研究表明，互惠与认同可以增加个人分享行为的数量，此外，社会互动联结和互惠规范以及认同有显著的正向关系，也就是说社会互动的程度越高，互惠规范和认同的程度也越高，因此结构层面对于知识分享的影响甚大。社会互动联结和信任没有显著的关系。在赵雪芹等人的研究中，信任在知识分享中没有明显的影响，可能原因是分享的风险小，社群成员间的互动和交换关系频繁且被认为具有公平性，因此在关系层面，部分呈现正向关系[2]。在认知层面，共同语言对于知识的数量并没有太显著的影响，可能原因是知识的贡献者比起知识的数量更在意知识的品质，共同愿景则呈现负面影响[3]。

---

[1] COLEMAN J S. Social capital in the creation of human capital [J]. The American journal of sociology, 1988, 94.

[2] 赵雪芹, 王青青, 蔡铨. 网络问答社区意见领袖的知识分享行为特征分析：以知乎"旅行"话题为例 [J]. 情报科学, 2021, 39 (6).

[3] CHIU C M, HSU M H, WANG E T G. Understanding knowledge sharing in virtual communities: an integration of social capital and social cognitive theories [J]. Decision support systems, 2006, 42.

2. 激励机制的酬偿

激励机制的酬偿是影响成员信息分享的重要因素之一，社群成员预期分享可得到奖励或感受到的鼓励大于其付出，信息或知识的分享便有可能产生，酬偿越高，成员分享的意愿也就越高，因此目前很多社群营销的运营者都借由奖励制度促进互惠分享。亨德里克斯根据双因素理论（two-factor theory）探讨知识分享的动机。双因素理论包括保健因素（hygiene factor）和激励因素（motivating factor），保健因素包括薪资、地位、福利等基本工作需求，激励因素则包括成就感、责任感、肯定、奖励机会和工作挑战等，虽然激励因素不如保健因素实际，却能使人们乐于投入并分享知识和信息，并借由他人的肯定获取分享的成就感[①]。虚拟社群的互动架构和机制，能刺激成员互动，使成员在交流中获得尊重、欣赏、肯定个人成就的感受，进而达到共创与分享。虚拟社群的酬偿机制对于其成员是具有影响力的，通过奖励让虚拟社群成员扮演"有权势"的虚拟角色，可以进一步提升他们对社群的认同并增加其分享信息和知识的意图。

有些社群采用红包或者虚拟货币作为奖励机制。为了得到虚拟货币的酬偿与回馈，许多社群成员愿意提供虚拟社群所需的帮助、服务，并更多参与互动，即增加分享的意愿。也有社群提供虚拟身份（virtual identity）标注机制，所获得的虚拟身份可以成为成员在社群内的地位象征。整体而言，社群网站的激励机制可以让许多虚拟社群成员认为他们的努力能够呈现于个人绩效上，个人绩效可以换得等值的报酬，报酬对于他们而言是具有激励效果的，进而促进虚拟社群成员分享信息。

研究者除了利用相关理论作为探讨分享动机的基础，也从个人和群体两个层面来探讨虚拟社群成员的信息与知识分享动机。在个人层面，首先是对自我的要求。许多成员进入社群初期对于自我有严格要求，在衡量自我能力

---

① HENDRIKS P. Why share knowledge?: the influence of ICT on the motivation for knowledge sharing [J]. Knowledge and process management，1999，6（2）.

后，在社群内追求其制定的目标。此外，在网络世界中，成员并不一定认识彼此，却能清楚了解某成员是新手还是专家，因此网络社群的成员的自我能力具有严格标准。其次为线上身份的建立。虚拟社群中的昵称便代表个人在线上的身份，经过互动的累积，可能获得如现实生活般的地位，且对虚拟社群成员而言，提高核心知识贡献者的身份是让社群持续发展的方法之一，即通过内在或外在动力激励他们继续分享信息或知识给其他成员。随着时间的推移，虚拟社群成员于分享的中后期也开始倾向于线上身份的建立，线上身份越成功，所取得的影响越大，可获得的利益也相对增加，可以提升对社群的认同感并增加分享意愿。

群体层面包括期望互惠关系、寻求支持与归属感和建立信任关系三点。一是虚拟社群成员会希望建立一个互惠体系，借由分享以达目的，这是个人的"期望互惠"心理，即预期未来可能会获得回报。除了希望获得回馈，成员同样认为自己应该有所付出。成员会因为社会道义责任产生利他行为，也会觉得因为是社群的一分子，所以自愿帮助其他人。二是在一些虚拟社群中，社群中的一些提问回答是建立社群归属感的重要仪式，在互惠的氛围下，成员会体认到他人解答自己的疑问，自己也应帮助他人，因此网络上的互惠关系能够促进信息分享。另外，虚拟社群应以"成员归属感"为中心，让成员意识到自己属于社群的一分子，从而产生责任感。到了中后期，促使成员持续分享的动机是从互惠关系、群体需求和自我要求所衍生出来的归属感、成就感和责任感。从相关研究可以发现，成员都期望能寻求其他成员的支持以获取对社群的归属感，使他们能够跨越时空限制，建立有意义的人际关系。三是建立虚拟社群成员间的信任关系。信任关系对于虚拟社群有重要的影响，因为虚拟社群成员对于其他成员的行为信任程度越高，他们分享信息的意愿也越高，信任关系还可以从虚拟社群成员和社群运营者，以及成员间的关系来看，虚拟社群成员进入社群时，不容易主动为社群提供相关资源，一般不会主动进行信息分享，但通过观察其他成员的社群分享行为，参与者可能会对社群的其他成员产生信任感。

（四）社群内部信息分享行为的模式

虚拟社群是许多人分享信息和知识的平台，社群的价值便是提供丰富的信息交流空间。网络社群具有提供信息和分享的功能，并且不是单向的传播或宣传。此外,从社会交换行为来看,虚拟社群的信息和知识的交换可分为两个部分——浏览(viewing)/接受(receiving)和张贴(posting)/给予(giving)[①],信息分享是通过传播和回复问题的机制,分享个人经验,讨论和辩论问题。所以社群内的每个成员可能既是信息的提供者也是接收者,成员通过社群进行双向的互动分享信息。此外,根据社群成员互动和参与程度的高低,网络社群的信息和知识的互动模式可分为主题设定、参与讨论、潜水浏览和退出参与等行为模式。一是主题设定,即提出讨论议题或自我揭露,多存在于有管理者的趣缘社群之中,如上文所讲的数洞"有脑"Club1读书群;二是参与讨论,即参与他人提出的议题的讨论或对他人自我揭露进行评论;三是潜水浏览,即仅观察他人讨论或自我揭露,不发表任何意见;四是退出参与,即离开讨论或观察,明示或默示地结束上述行为。信息分享行为模式根据虚拟社群类型的不同也会有所差异。会员加入虚拟社群的时间长短与其分享行为是有关联的。社群成员的资历越高,其分享行为越多,所发表的主题也越多。社群成员彼此都有所互动,而不同类型成员的特色与变化,是增加互动的原因,互动关系也有差异,具有以下几种模式。

1. 问题解决模式

问题解决模式以问题询问与解答为主。成员领袖和经验意见分享型的成员通常会主动协助解决问题,也可能被其他成员指名回答,这两种类型的成员常以个人的看法与亲身经验做回应,并给提问者提供相关建议。如在群中直接@群主或者资历比较深的成员。

2. 信息强化模式

成员轮番提出各自的经验和看法,能够带动一连串的讨论,通过讨论激荡出更理想或合适的答案与建议,使得成员对议题有更深入的了解。瓦斯科和法拉杰研究发现,虚拟社群的成员会对其他成员回答的问题进行深入了解,并比较他们与其他人的回应,以便更清楚成员的思想和知识[②]。这一过

---

① CHIU C M, HSU M H, WANG E T G. Understanding knowledge sharing in virtual communities: an integration of social capital and social cognitive theories [J]. Decision support systems, 2006, 42.

② WASKO M M, FARAJ S. It is what one does: why people participate and help others in electronic communities of practice [J]. Journal of strategic information systems, 2009, 9.

程进一步提升了成员的专业知识，产生了信息强化的现象。

3. 情感交流模式

借由问题解决模式和信息强化模式经常会产生情谊和伙伴关系，情感交流模式便是成员主动建立友谊，以情感沟通为主要目的。虽然情感交流模式对社群内的信息分享贡献不大，但能够维系成员间的情感并增加他们对社群的归属感和忠诚度。此外，成员对彼此的信任度和对社群的归属感越高，越能主动分享信息和知识。

4. 产品交易模式

产品交易模式有些是由成员主动发出买卖信息，有些则是伴随问题解决模式衍生而来，也就是产品销售人员或贩卖二手商品的成员与社群内其他成员进行产品交易、询问等商业行为。

5. 干扰与反制模式

虚拟社群内经常会出现信息干扰者，发表或转发与讨论无关的文章或言论。干扰者的行为可能是无心也可能是有意，社群成员多半不予理会，除非干扰者一再影响社群运作，其他成员便会抗议并请求管理者处理。

三、社会意义再生产：社群内部的仪式建构与行为表达

仪式建构本是很多宗教使信徒产生认同感的重要手段，通过仪式的生产、规训和传播可以很好地实现群体内的认同和归属。但细究其原因，仪式建构具有新的社会意义，这种社会意义只能被群内成员所理解和内化。意义的再生产是群内认同的基础，因此分析群内的仪式建构必须考虑群内是如何实现社会意义再生产的。

（一）社群内部的互动仪式建构

从古典社会学家涂尔干开始，社会学就非常重视对仪式的研究。特别是欧文·戈夫曼，他从微观互动的角度研究了大量日常生活中的仪式问题。"互动仪式"（interaction rituals）一词就主要来自戈夫曼，是指一种表达意义性的程序化活动。最成功的互动仪式是这样一种交谈，其参与者得到了很强的关注，创造了一种共同的象征现实，他们在那个时刻共同相信这一现实。这类活动对群体生活或团结性来说具有重要意义。如涂尔干早就提出，宗教仪式具有整合作用。在人类社会中存在着各种各样的仪式，仪式的类型反映了社会关系的类型。例如在传统社会，人们的活动是具有高度仪式性

的，但在现代社会，则是低度仪式性的。仪式类型不同，所反映出的群体成员类型和群体意识也不同。但无论是涂尔干还是戈夫曼，都只强调了仪式的概念及其社会功能，并没有系统阐述仪式作用的机制。所以，系统探讨互动仪式的作用机制，是柯林斯《互动仪式链》所要解决的核心问题，也是其最主要的成果。他提出，互动仪式的核心机制是相互关注和情感连带。仪式是一种相互专注的情感和关注机制，它形成了一种瞬间共有的实在，因而会形成群体团结和群体成员身份的符号。互动仪式理论的核心机制是高度的相互关注，即高度的互为主体性，跟高度的情感连带——通过身体的协调一致，相互激起参与者的神经系统——结合在一起，从而导致形成了与认知符号相关联的成员身份感；同时也为每个参与者带来了情感能量，使他们感到有信心、热情和愿望去做他们认为道德上容许的事情。

柯林斯的互动仪式链理论是关于情境的理论，其核心是一个过程。在该过程中，参与者发展出共同的关注焦点，并彼此感受到对方身体的微观节奏与情感①，如图 4-6 所示。

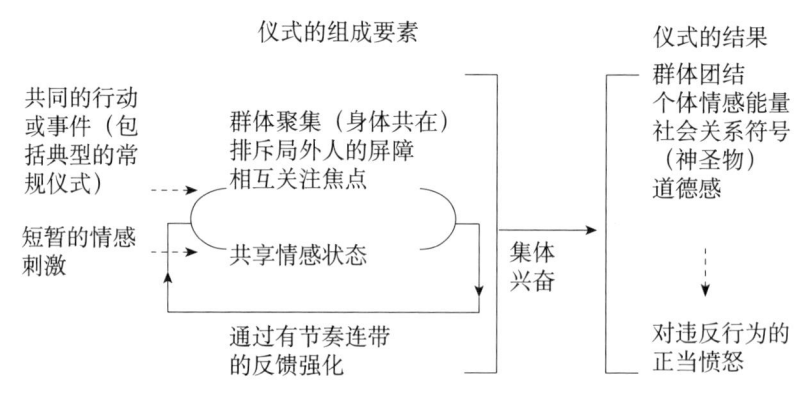

图 4-6　柯林斯的互动仪式链理论模型

互动仪式链理论模型是一个具有因果关联与反馈循环的过程模型。该模型具有四个起始条件：一是两个或两个以上的人聚集在同一场所，因此不管他们是否会特别有意识地关注对方，都能通过其身体在场而相互影响；二是对局外人设定了界线，因此参与者知道谁在参加，而谁被排除在外；三是人们将其注意力集中在共同的对象或活动上，并通过相互传达该关注点，而彼此知道关注

---

① 柯林斯. 互动仪式链 [M]. 北京：商务印书馆，2009：86.

的焦点；四是人们分享共同的情绪或情感体验。这四个要素彼此形成反馈作用。当组成要素有效地综合，并积累到高程度的相互关注与情感共享时，参与者会有以下四种互动体验的结果：一是群体团结和与认知相关的成员身份感；二是个体的情感能量（emotion energy，EE），即一种采取行动时自信、兴高采烈、有力量、满腔热忱与主动进取的感觉；三是代表群体的符号，使成员感到自己与群体相关，这也是涂尔干说的"神圣物"；四是道德感，即维护群体的正义感，尊重群体符号，防止受到背弃者的侵害。与此相对的是违背群体团结及其符号标志所带来的罪恶或不得体的感觉。[①] 情感能量与身份符号是互动仪式产生的最重要的资源与结果，是推动个体进行互动仪式情感传播的动力资源。个体在日常生活中经常会与他人不期而遇，与其共同完成一定程度的互动仪式，包括从最直接的功利性际遇和失败的仪式，到全身心参与的仪式团结等。每个人将与谁、以何种意识强度进行互动，取决于他们各自所拥有的资源。[②]

当情感连带达到一定程度时，群体的团结和身份感就会增强。有关注焦点的人群获得了可以延长这种体验感的符号：通常这种符号来自观众有意识关注的任何一件东西。一个仪式之所以会成为仪式，是因为它是围绕某种具有价值的象征符号，传达某种意义的群体活动。长期稳定的情感传递有助于良性互动的仪式循环，一个成功的命令发布仪式会强制性地产生强烈的相互关注，形成情境主导的情感状态。在这种情感状态的主导下，越来越多的人希望通过获得信息资源来实现仪式的晋级，以接近权力中心。在柯林斯看来，仪式可分为"正式仪式"与"自然仪式"两种，其中"自然仪式"源于非强制程序下自然形成的情感联结，伴随集体情绪逐渐趋于高潮，受众自发进行信息的重组与生产。

柯林斯认为仪式发生的前提是物理空间内身体共同在场。但"社交"属性已成为当前媒体发展的必要配置，受众能通过微博平台、视频弹幕、群聊等及时交换意见、共享情绪，AR、VR技术及现场直播等传播手段给人身临其境之感，这使得现有技术下互动仪式的前提，即亲身在场，已显得不那么重要，虚拟在场成为一种现实。随着仪式的进行及情绪的病毒式扩散、影响，不断有新的成员进入原有群体，新的社群共同感情又得以产生。

---

① 柯林斯. 互动仪式链[M]. 北京：商务印书馆，2009：87.
② 麦戈尼格尔. 游戏改变世界：游戏化如何让现实变得更美好[M]. 杭州：浙江人民出版社，2012.

虚拟在场使得社群内部的互动仪式得以完成,在很多社区的互动中都脱离不了互动仪式的建构和仪式链的打造。

(二) 符号互动论视角下的虚拟社群行为

1. 符号互动与"虚拟社会表演"

关于符号互动,最早的社会心理学研究曾经称之为"镜中我"。该理论是由美国社会学家库利在其《社会组织》一书中提出的。库利认为:"人的行为在很大程度上取决于对自我的认识,而这种认识主要是通过与他人的社会互动形成的。"[①] 每个社会个体都会在潜意识中将他人对自己的评价、态度等看成反映自我的一面"镜子",个人通过这面"镜子"认识和把握自己。后来著名的符号互动论研究学者戈夫曼又提出了著名的"戏剧理论",认为每个社会个体都在自己认为的社会舞台上进行表演。如果借用该视角,可以将社群看作一个大的社会舞台,将成员看作演员及编剧,根据戈夫曼的理论,社群中的人们都在为塑造自己在别人心目中的美好形象而不断表演着,虽然这种表演对表演者本人来说是发自内心或者故意的行为。"在人际互动中,不管个人在头脑中所具有的具体目标是什么,也不管他达到这个目标的动机是什么,他的兴趣始终是控制他人的行为,特别是控制他人对自己的反应……他给人的这种印象将引导他人自愿地根据他的意图而行动。"[②] 这种表演是有目的的,目的是在其他社群成员面前展现出完美的自己,可以称之为"声誉管理"或者说"印象管理"。而作为"演员"的社会个体则会根据自己的设想,在社群提供的舞台上自由地表演甚至编剧,在表演的过程中与其他社会个体一起为整个故事或者事件的展开提供社会情感氛围。不论这种情感是喜是怒,都为社群内独有的情感生成提供了丰富的符号资源,进而能够影响别人,展现自己最希望别人看到的自己的形象,不断地通过"化妆""粉饰"来展现自己最好的一面,向整个舞台输入符号资源。根据戈夫曼的戏剧理论和印象管理理论,社会行动参与者希望通过自己的表演获得群体内部乃至整个社会群体的认可。而现实也恰恰如此,表演越具有鲜明的特点,就越能够得到其他社会个体的赞同和青睐,这种表演性文本也能够流传开来,成

---

① 郭庆光. 传播学教程 [M]. 2版. 北京:中国人民大学出版社,2011:145.
② 戈夫曼. 日常生活中的自我呈现 [M]. 北京:北京大学出版社,2008:131.

为大家追捧的社会符号,成为一种社会时尚乃至社会公共话语资源。这种社会表演在社群内表现为转发、评论、表情符号、贴标签、PS 照片进行讽刺,甚至发展为社群抗议、人肉搜索、在群内共情社会困难群体等。

2. 虚拟社群行为及其作用机制

本部分将社会行为的外延进一步扩大,将社群中的虚拟行为(发言、转发信息、表达情感等)也纳入"社会行为"范畴。话语本身就是一种社会行为,只不过是一种行动力相对较低的社会行为,但这种行为是通过社会话语表达和社会虚拟行为构成的,按照其强度和影响程度可以分为以下三种。

(1)低级烈度的虚拟社群行为

这类虚拟社群行为主要是指一些关乎态度表达的社群行为,具体可以表现为转帖、评论和点赞等行为。这类行为付出的成本相对较低,表达的社会态度相对比较简单,因此可以看作低级烈度的虚拟社群行为。从其作用机制上看,它主要扮演的是"站脚助威"、摇旗呐喊的轻量级支持,使得参与社群行为的个体看到这个事件的关注度和社会传播面,为其展开更高烈度的社群行为提供心理支持和社会群众基础判别。如在很多公共事件发生后,社群成员迅速围观和转发,当达到一定的量级时,大众媒体的新闻生产者就会介入,意见领袖也会来"凑热闹",事件就会出现"核聚变"的变化,因此这种低级烈度的虚拟社群行为是一种对社会能量聚集和社会关注力的呈现。

(2)中级烈度的虚拟社群行为

中级烈度的虚拟社群行为更多的是一种意见表达,具体体现为以下几种情形:一是进行谴责和抗议,这类行为更多表现为通过发布原创性文章并积极进行群内转发等表达看法和意见,希望获得更多成员的关注和转发;二是通过 PS 表达一种社会意见和态度,如"表哥"杨达才事件中很多网友 PS 出杨达才在不同经典影视剧出现的场景,还有一种是通过改编歌曲、MV 搞笑视频进行调侃;三是贴标签,通过借代等符号化的方式,将意见表达浓缩到一个简单的词语中,这种形式的影响力和感召力更为强烈,西德尼·塔罗认为这种符号一般具有社会象征意义,已经完全超越了其本来意义,并能在整个范围内引起文化共鸣和社会意义认同,进而最大范围地激发起民众的社会情绪[①]。

---

① 塔罗. 运动中的力量:社会运动与斗争政治[M]. 南京:译林出版社,2005:163.

对社群成员来说，这类虚拟社群行为表达社会态度相对更为直接和具体，具有更强的情绪感染力和传播力。纵观社群对各类公共事件的讨论，可以看到背后都有一些网友进行的原创社会符号生产，推动了整个事件的进程，社群成员在嬉笑怒骂中实现了自己的情感宣泄，找到了情感归属。

(3) 高级烈度的虚拟社群行为

高级烈度的虚拟社群行为更加接近于真实的线下行为，更加具有"社会仪式"的效力，并且与线下行为不断勾连、相互促进。这类行为具体可以分为以下两类。一类是人肉搜索，在前社群传播时代比较常见，如在微博、微信出现之前，中国的互联网生态以天涯、猫扑和凯迪社区等三家综合论坛为主，其中猫扑社区主要发挥的就是人肉搜索功能，如著名的"铜须门"事件、"虐猫"事件等都是由猫扑社区发起人肉搜索，将当事人的联系方式和基本情况搜索出来的。而在社群传播时代，虽然社群具有相对封闭性，但人肉搜索能力却不断提升。这种虚拟社群行为相较于前两者烈度更强，需要相关社会个体整理搜集更多的信息，社会成本更高，社会性动力更强。还有一类属于虚拟集群行为，如在社群中发动公共慈善捐助、某种线下行为的社会动员等。这些行为与线下行为仅一线之差，更加类似于线下集群行为，对社群成员具有更真实的、具体的感召力。

(三) 仪式观视角下的社群线下行为

社群作为虚拟社会的基本单元，除了在线上表现出抱团、集体发声和与其他社群进行有效区隔等行为以外，社群的社会行动力也在不断增强，甚至开始向线下空间进行延伸，从"坐而道"到"起而行"的趋势越来越明显。这些社群线下行为源自虚拟社会空间，具有较强的仪式表达特征，因为只有在仪式中才能进一步整合社会资源，达到社群的目的。在社群营销中，这个特点最为突出。社群营销必须转化为线下购买行为才能实现其价值，不然社群运营者也不会在社群里拼命使劲。像"罗辑思维"等社群，经常会搞一些社群线下活动，最终目的都是实现线上线下的有机互动和增强社群内部的仪式感。就连罗振宇自己都说，世界上的宗教之所以能够成功，其最重要的环节就是"仪式"。

1. "自我表演的社会仪式"与"弱者的武器"

相关研究认为："仪式作为象征性的行为与活动，不仅是表达性的，而且是建构性的；它不仅可以展示观念的、心智的内在逻辑，也可以是展现和建构权威的权力技术，是一种底层社会权力的凝聚过程和与国家权力进行抗争的过程。"① 从这个意义上说，线下行为也是一种仪式，这种仪式具有自我表演的成分。这种线下行为一方面是对现实世界的一种行为符号表达，另一方面也是对自己想象的世界的一种内在性建构。社群通过这些线下行为进行了情绪宣泄，也建构了社会认同。这种自我表演的行为仪式的完成使得参与者得到了心理上的巨大满足，也进一步激发了其对行为的认同感和仪式的合法性，成为线下行为不断推进的重要社会动力。

从社会学的角度可以将这种线下行为看成一种底层抗争的"弱者的武器"。"弱者的武器"这一概念是由詹姆斯·斯科特在其《弱者的武器：农民反抗的日常形式》一书中提出的。他认为，相比有组织的社会反抗，农民具有自己日常的社会对抗表达方式，这种对抗行为不具有组织性和规模性，但是是困难群体展现自己力量和存在的重要手段和方式，如消极怠工、毁坏农具等行为。尤其是当其感觉到不被重视或者其社会话语被忽视的时候，他们通过这种极端方式来获得社会关注和利益诉求。在现代社会，由于社会话语权主要集中在社会精英（政治精英、经济精英等）手里，弱者在很大程度上是沉默的。这类群体想要争取自己的社会话语权或者利益诉求，如果不能通过正常的社会渠道来实现，就只能通过极端的社会行为，如跳楼、激情杀人、制造社会恐慌事件等鱼死网破的极端形式来争取自己的社会话语权，这也是"弱者的武器"。

2. 社群线下行为及其作用机制

社群的线下行为相对比较多元，主要包括以下几种情形。

一是对社会公益事件的动员。这类事件一般有明确的组织者或组织群体，借助社交媒体平台，以社会公益活动作为价值功能指向，吸聚更多的社会参与者，对社会产生真实的社会影响。这些活动往往从社交平台延伸为线下行为，对社会真实生活产生直接的、具体的影响，如免费午餐计划在网民的推动下上升为了一种政府行为。

二是线下集群行为。按其准备的情况又可以分为两种：其一是精心准

---

① 郭于华. 仪式与社会变迁[M]. 北京：社会科学文献出版社，2000：4.

备，不断呼吁，最终发展为线下社会真实行为，如抵制乐天事件。这些活动由组织者在社群中进行呼吁、呐喊等虚拟社群行为，在达到一定的临界值后转化为社会参与者的集体行为。其二是临时起意的线下集群行为，如通过网络直播实现虚拟在场，进而在线下展开一系列的非理性集群行为。如2013年5月发生的济源事件，属于临时起意事件，后来经过网上的微博直播，形成了群体性事件。在这个事件中，民众没有经过网上的虚拟社会动员而直接付诸社会行为，反过来在虚拟社交平台上进行传播和情绪渲染，最终又从线下行为演变为线上的虚拟社群行为。由此可以看出，虚拟社群行为与线下集群行为的发生无所谓先后顺序，也可能出现前后置换的情况。

三是社会时尚和文化风潮行为。主要表现为将网络流行语应用于现实生活中，演变为一种社会文化潮流，从线上延伸到线下，进入到传统媒体话语场域等主流意识形态，如"屌丝""韭菜"等。这种现象表面看起来是一种文化仪式，本质上是一种社会行为表达，表达的是一种社会态度和社会认同，体现出来的是社会情感动员和社会群体压力。

根据以上对社群行为的特点和作用机制的分析，可以对虚拟社群行为进行简单的总结，相关结果如表4-3所示。

表4-3 线上虚拟行为与线下真实行为的类别和特征一览表

分类	基于共同关注点	基于共同信念	基于共同行动目标			
			网络行动	涉及现实行动		
				由网络传播引发现实集群行为	因网络传播而进一步发展或恶化的现实集群行为	利用网络传播动员或组织的现实集群行为
事例	网络流言；网络谣言；网络舆情	网络舆论；网络舆论暴力；网络审判	人肉搜索；网络恶搞；网络追杀令；网络集会	人肉搜索；网络行为暴力；"快闪"行动；涉日游行	"1·17"四川大竹群体性事件；"瓮安事件"	厦门反PX事件；河北省天主教事件；浙江"瑞安事件"
特征	网民针对某一特定的事件或刺激形成各自的或潜在的态度、意见或说法	网民群体针对特定事件或关注点达成一定的共识，但只限于语言表达层面	有明确的行动目标和实际行动，但只限于网上行动，多是自发的、无组织的	有明确的行动目标，并且行动延伸到现实生活中，但相对来说，仍以自发性和无组织性为主要特征，维持时间短		有明确的行动目标，具有一定的组织性，并且具有有意识的资源动员特征

从表 4-3 可以看出，线上和线下行为是不断推进的过程，基于社会目的不同可以分为基于共同关注点的低级烈度社群行为、基于共同信念的中级烈度社群行为，以及基于共同行动目标的高级烈度社群行为。基于共同关注点的社群行为一般可以形成网络舆情和网络流言，主要是针对某一特定的事件或刺激形成潜在的态度、意见和说法。基于共同信念的社群行为一般是网络舆论、网络审判等，这些行为是网民群体针对特定事件形成了群体共识，但只限于社会话语表达层面。基于共同行动目标的社群行为则比较复杂，既包括网上行为，如人肉搜索、恶搞、网络"追杀令"等，多是自发的、无组织的，也包括更高烈度的线下行为：个别群体的集体行为，如"快闪"；形成社会聚集、产生社会集群的行为，如"北京京温商场"事件、"张家川"事件等，这种行为虽然是集群行为，但缺乏组织者，无中心性。最高烈度的社群行为由独立的社会组织动员和组织，最终演变为有目的、有组织、有诉求的社会集群行为，多表现为游行示威等，如"大连 PX"事件等。需要说明的是，随着社群虚拟化程度的加剧，线上和线下行为之间的界线越来越模糊，大有相互交融的趋势。

（四）社群线上与线下行为勾连互动机制

在前文可以看出社群线上行为与线下行为的差异，两者在时间序列上存在交织融合的现象，在关系上也表现出上下勾连、互动发展的趋势，具体来说主要呈现出以下两种勾连机制：一是线上线下交融互动的关系；二是线上线下错位断裂的关系。

1. 线上与线下行为互动与合意机制

在大多数情况下，线上的虚拟社群行为可以为线下行为提供社会动员和情绪渲染，线下行为是线上行为的延展和激化。如"抢盐"事件，刚开始表现为通过人际、社交平台等疯狂传播的"海盐被核辐射"的信息，在这个信息传播的过程中伴随着社会恐慌和社会忧虑。这种线上的虚拟行为最终演变为真实的线下疯抢食盐的社会行为，造成的危害和影响至今都让人心有余悸。线上虚拟社会行为与线下行为之间的互动关系又可以具体分为以下类别。

第一，线下行为是线上行为的延伸。这类互动机制主要体现在公益行为上，通过线上的情感动员，蓄积社会能量，将线上行为直接转化为线下行为，最终演变为真实的社会行动，这种社会行动是按照线上动员的意图和路线图展开的，因此具有可控性和可预期性。如在"微博打拐"行动中，发起者于建嵘对整个活动的行动逻辑、路线图做了规范和示例后，就退居幕后，由相对活跃的人士负责事件的推进。"微博打拐"最终得到了官方的认可和接受。

第二，线上与线下行为交织共振。这类行为主要体现为网络反腐等社会行为。这类事件一般处于发展过程中，需要多方信息不断向虚拟世界输入，实现"信息的有机运动"，虚拟社群行为与线下行为同幅共振。如在"雷政富不雅视频"事件中，纪许光等意见领袖一方面承担爆料的角色，另一方面将自己与重庆市政府进行沟通的情况及时在微博上公布，网民第一时间了解事件进展，在网络上形成鼎沸态势，也不断推动着事件的发展和最终得到解决。

在线上和线下行为互动的过程中，必须有一个基础和底线，那就是线上和线下的各方参与者之间形成了社会合意空间。合意本来是一个法律用语，后来拓展到社会学研究中来。在社会动员过程中，社会合意具有以下特点：一是双方认识的一致性，即对某一事件或社会问题的整体社会态度、观点大致是一致的；二是均衡和稳定，合意空间一旦被建构起来，就意味着社会成员所认同的社会逻辑和社会准则是经过多方博弈以后达到的均衡结果，就成为指导社会参与者的"行动纲领"，很难再被改变；三是权威性，社会合意使社会参与者的行动保持有序状态或者被协调起来并且拥有了特定的目标，具有依靠社会个体公认的权威而形成的较强的支配力。合意的过程不是通过武力等暴力手段强制实现，而是社会参与者自愿接受并在实际行动中自觉遵守。因此，社会合意空间是线上线下行为赖以互动的基础。

2. 线上与线下行为断裂与错位机制

线上虚拟行为与线下真实行为并非时刻保持一致。作为两个相对独立的行为系统，二者有时会呈现出断裂和错位的情况。这里以2012年9月发生在全国各地的反日游行示威活动为例进行分析说明。2012年9月，因日本执意实行钓鱼岛"国有化"，我国近20个中等以上的城市爆发了反日游行示威活动。在这次活动中出现了虚拟社群行为与线下行为不一致的情况：网络意见领袖在微博等社交平台上隔空喊话，呼吁理性反日，谴责打砸烧等各种极端反日行为；而现实的情形是，一些以往沉默的社会边缘人群继续进行各种极端社会行为，在西安，新生代农民工蔡洋将开丰田卡罗拉的车主脑壳打穿，更是为整个游行事件打上了"暴力"的标签。这次事件虽然从表面上看属于线上与线下两个话语场域和行为体系的断裂，其实更深层是整个社会阶层和族群的断裂。

对比来看，2005 年发生的反对日本入常的示威活动以学生、上班族为主，刚刚普及的网络和手机短信在其中扮演了重要的集体组织和动员工具的角色，相较于以往社会动员中必须有明确动员主体，这种新的无中心或有无数中心的社会组织方式开始出现。2008 年"抵制家乐福"等运动中出现了志愿者风潮，整个社会再次凝聚在一起，拥有共同的社会责任感，其中蕴藏着平民主义和家国情怀。在这次运动中，以往游离在社会边缘、被知识分子忘却的社会群体也加入了这次的队伍中，这在以往的社会运动中是没有出现过的，令意见领袖群体惊讶。

本尼迪克特·安德森从大众媒体、方言习惯等角度，论述分属各种地方性空间社会的个体被民族国家从其地理位置中抽离出来，成为所谓的自由民和共同体，并融入均质的时空中去，获得"共同体"感受，即所谓"想象的共同体"[①]。但现代化的国家又对人群进行了天然的重新区隔，社会人群被重新区隔和分层。随着传播技术的不断完善，人们寄希望于这种技术可以消弭这种区隔和分层，但实际情形是"地球村"不仅没有消弭这种区隔，反而进一步强化，情感和身份的差距在当前社交媒体时代不仅没有减少，反而在不断增加。世界上最远的距离莫过于不同社会群体虽然同时出现在一个游行队伍或者一个时空中，却听不到也不屑于听彼此的声音，意见领袖们在网络世界"正襟危坐"地喊话、呼吁，但他们的喊话对象根本听不到他们的声音。如在这次游行中，有一个女生高举"誓死不做爱国贼"的横幅，并且拍照上传到网络中，但即使有人在现场抛撒传单，那些以蔡洋为代表的边缘人群也不会看见，即使看见也不屑一顾，因为那个女生的行为只是在网络上进行的

---

① 安德森. 想象的共同体：民族主义的起源与散布［M］. 增订版. 上海：上海人民出版社，2016：36-41.

符号表演。而大众媒体在其中无论多么卖力地谴责和呼吁，只有小学文化的蔡洋们也是根本看不到的，因为他们不接触这些媒体。因此，这部分人成了游离于社会核心话语表达场域的边缘人群，核心圈层的喊话都被这类人群有意无意地自我屏蔽掉了。

从这个意义上说，在社交媒体时代，所谓的社会知识精英正日益与平民阶层分离、疏远，整个世界正经历着"代表性断裂"的危机。社交媒体在一定程度上加强了社会知识精英无所不能、代表所有阶层的假象，而普罗大众正自觉不自觉地与他们保持距离。社交媒体所强化的社会共同体幻象反而会扩大精英与大众的断裂，两者的关系呈现出"远程随机模式"，没有稳定的"代表与被代表"的对应结构关系。社交平台上那些拥有"振臂一呼"气度的意见领袖们发表的言论连他们自己都不知道会影响到谁，就像打高尔夫球一样，开球以后却不知道这个球到底飞到哪儿。正如社交媒体时代的微博公益行动，一些社会意见领袖在微博中呼吁给某地进行慈善捐助，如某农村学校缺少衣物，但真正将衣服送过去之后，到底有多少合身、有多少送到了最应该得到这些衣服的孩子手里，就不是这些发起者所能控制得了的了。这也是目前意见领袖的尴尬所在。

而反观蔡洋们，即使得不到这些话语精英们的任何肯定，他们内心也认为自己才是真正的爱国者。这些边缘人群在下意识地以某种极端方式来证明自己仍然是这个国家的公民，只是由于文化素质低和缺乏专门的公民训练，在偶尔获得的前台表现时刻里，表现得相对拙劣而已。

(五) 社会意义再生产：社群内部行为框架分析

社群内部认同的建构对社群成员具有重要的凝聚作用，但仅仅依赖社群认同建构和群体边界的形成并不能直接促进社会行为的产生和实现，因为，社群认同仅仅为行为主体提供了"我们"的概念，仅划分了区别于"他们"的边界，而社会行为的目标、动因和"合法性"等极为重要的问题都没有得到有效解决。要解决这些关键问题，社会行为发起者必须能够建构一个社会行为框架，对社会行为进行阐述。行为框架更像是一副眼镜的镜框，也可以看作社群认识社会事物的独特视角和特定位置。正如戈夫曼在框架理论中指出的那样，框架是社会个体"界定、看待、辨认和标签"其生活空间中发生的事件的认知架构①。只有这样才能对行为赋予社会意义和社会仪式,才能真正推动社会行为的实现和展开。

通过将事件和个体的遭遇上升为一种宏大的社会叙事,社会事件才能变得有意义。因此,从这个意义上说,社会行为框架不是简单的框架,而必须有引导社会行为的功能,这个社会行为框架必须能够从社会个体的境遇中找到共同的社会原因,并且这个社会原因能够使社会其他个体产生共鸣和认同,进而促使社会个体在最大的社会合意空间中采取集体行为来促进事情最终得到解决。"抗议的社会建构……便是一个不公正框架的建构:情境被界定为不公正的,并且辨别出一个对手来,所有这些都是解释不满情绪的关键要素。"② 相关的行为框架一旦被建构起来,就赋予了社会行为社会价值和意义,在这个框架下就可以进行合理的文化符号的互动和生产。更大的意义在于,行为框架也为社会行为建构了"合法性"与"正当性"。社会行为框架的建构过程也是互动的仪式化过程,无论是社交媒体的使用者还是传统媒体都对事件进行有意义的阐释,社会群体成员在互动阐释中会建构起一系列有利于社会行为展开的解释框架,从而使得这种社会行为具备了"合法性"与"正当性"。从整个社会阐释过程和文化符号的互动生产过程可以看出,社会行为框架大致可以分为以下几类。

1. 社会公平正义框架

在所有的社群内部表达和行为中,其实都暗含着一个个典型的社会行为框架,所有参与者也都在不自觉地让自己的所有行为向这个框架转移、靠拢,这个集体行为框架一旦被界定完毕和无限接近,社群行为就顺理成章地发动起来了。西德尼·塔罗认为:"集体行动框架是一种突出的策略。它不是强调和增加一种社会状况的严重和不公,就是把先前被看作不幸而能谅解的事情重新定义为不公正和不道德。"③ 基于这种话语逻辑,关注某个事件的社会参与者对这个事件进行了重新定义和社会意义赋予——也可以称之为社会意识强加——将其上升到威胁整个社会赖以正常运行的社会公平正义的宏大叙事中来。如果这个事件不能很好地得到解决,那么便不再是某个人的境

---

① 戈夫曼. 日常生活中的自我呈现 [M]. 北京:北京大学出版社,2008:142.
② 莫里斯,缪勒. 社会运动理论的前沿领域 [M]. 北京:北京大学出版社,2002:93.
③ 塔罗. 运动中的力量:社会运动与斗争政治 [M]. 南京:译林出版社,2005:147.

况和遭遇问题，而成了"整个国家和社会"的事情，会"戕害整个社会的进步和发展"潜力，破坏整个社会存在的根基和基础，让全体参与者产生深深的社会忧虑感和生存危机意识。社会公共事件几乎每天都在发生，类似的事件可谓比比皆是，为什么唯独这个事件被上升为社会事件，被放到整个社会公众所构成的社会镁光灯下审视，就是因为整个社会行为已经不再是单纯的个案本身，网民群体将这个可能在现实生活中经常发生的事件加以重新定义和社会意义再生产，不仅仅是表达对个体的同情和关注，更是将整个社会事件置于个体生存的社会公共空间，上升到"社会状况的严重不公"上来，并最终归结到社会结构层面。正如社会运动建构理论所认为的，"社会运动非常认真地致力于命名不平、使它们相互联系和构建更大的意义框架的工作，它要构建的意义框架将与群体的文化倾向产生共鸣，并能向掌权者和其他人传递一个相同的信息"①。

2. 社会公共安全（卫生）框架

这类行为框架主要用于"PX 项目"、"邻避效应"（Not-In-My-Back-Yard）等事件中。该行为框架不断告诉民众生存安全和公共利益受到了挑战。在这样一个集体行为框架的意义架构中，每个人都不是孤立的旁观者，所有的话语均指向"社会公共安全作为一种社会公共物品被相关部门绑架"，不单单是一个群体的问题，而是所有城市民众生存的社会公共空间的问题。这就为社会参与者展开社会行为提供了合法性和道德的正义感。

3. 推进制度建设框架

陕西神木"房姐"事件之所以引起这么多人的关注和吐槽，一方面是因为它与房价过高的社会怨愤有关，另一方面是因为很多网友质疑其为什么能够拥有这么多户口和购房资格，进而上升到对户籍管理漏洞的声讨。再以赵作海案推动法律制度建设为例，该案本来是一个单独存在的刑事案件，很多社会成员将之与之前的佘祥林案、聂树斌案勾连起来，最终将整个讨论的矛头指向了相关法律和司法体制建设亟须完善，尤其是在刑侦程序上存在瑕疵。这主要有以下几个原因：一方面，民众对目前司法制度存在的一些问题不满；另一方面，通过这种行为架构的建构可以有效地产生社会凝聚和社会

---

① 塔罗. 运动中的力量：社会运动与斗争政治 [M]. 南京：译林出版社，2005：147.

共识，也有个别社会参与者因 2003 年"孙志刚"事件带来的收容遣送制度改革，而对相关制度改革产生期待。

在制度建设框架中，社会行为参与者的内心深处是对相关受害者的同情，在宏观层面则是对体制的漏洞存在担忧，害怕自己成为下一个受害者。在这样的心理作用机制下，社会参与者愿意通过自己的呼吁、呐喊，与社会精英阶层达成一种临时合意，双方展开社会互动和社会合作，使整个事件的合法性和合理性得到圆满解决。社会行为已经不再是个体的行为，而是上升到了社会改革的宏大使命感上来。

4. 爱国主义（民族主义）框架

在网络社群中，民族主义框架无疑是很好的行为框架，任何事情在这个框架下都变得具有合法性和有效性。无论是网上动辄就以"五毛""美奸"等标签进行扣帽子的行为，还是一旦涉及国家民族利益就群情激愤的情况，民族主义在网络社群中获得了更适合其滋生发展的土壤。当然，民族主义在网络上的勃兴与新时期的社会发展具有一定的关联性：一是现代化和后现代主义对民众的民族心理产生影响和冲击，民众渴求民族归属感和自信心；二是在世界权力格局中，弱肉强食的丛林法则本质上并没有改变；三是"民族复兴"的社会想象与世界地位的现实之间的张力形成的民众心理状态——几千年来，"国富民强"的情结深深地根植于整个中国民族文化心理的深层，并且随着近年来中国国力的不断增强，尤其在成为世界第二大经济体以后，社会民众的这种民族情结被再次激活，民族自豪感在一定程度上得到了提升和宣泄，但外交现实在一定程度上再次勾起了中国老百姓原本被暂时压制的民族耻辱感，在这种张力的作用下，民族主义情绪就不可避免地被激活，也成为虚拟社群动员的得心应手的工具和行为框架。

民族主义行为框架还存在一定的局限性。一是容易导致极端的情绪化倾向。在 2012 年的反日游行中，很多地方发生了极端的打砸抢行为；在面对复杂的国际问题和社会矛盾时，这种行为不是积极地寻求解决问题之道，也不更多地寻求社会共识和社会认同，只是片面地利用快捷的传播技术和手段来表达自己内心的不满或者进行简单的情绪宣泄，理性不足而激进有余。二是只过度强调民族或国家的整体利益，易忽视个体利益。打砸抢行为主要的受害者是中国人自己，但在所谓民族主义大旗下，这些利益损害都被认为是微不足道的。三是民族主义很容易与民粹主义等结合起来，出现绑架社会舆论、变相强奸社会民意的情况。

在爱国主义行为框架中存在着行为框架的异化现象。反日示威游行出现了一些打砸抢烧举动，这些社会行为的参与者并非都是通过这种行为表明其爱国之心，有些是通过这种极端行为来宣泄日常被压抑的对现实的强烈不满。因为这些个体清醒地知道，在中国，爱国反日具有极大的"政治正确性"，具有行为的"话语正当性"。在这个过程中，爱国主义行为框架成了一种幌子和表象，社会公平正义的行为框架开始发生作用。

第三节 虚拟社群群际的传播机制

"共鸣效应"和"溢散效应"是西方传播学者诺尔-纽曼和马西斯等提出的两个概念。诺尔-纽曼等在研究1968年伦敦反越战示威时发现，在某些主流媒体最先报道相关新闻之后，其他媒体也会相继跟进报道，形成一股连锁反应。可以认为，在信息传播的过程中，某些最先传播信息的媒体对其他媒体的内容具有一定的导向作用，这种从"领袖"媒体流向其他媒体从而引起一系列报道的反应，就被称为"共鸣效应"[1]。而马西斯等在德国进行"反对议题"研究时，证明了媒体议题从非主流媒体流向主流媒体的现象，将其定义为"溢散效应"；而媒介议题从另类媒体流向主流媒体的过程是媒介间的"溢散效应"，在这里，其将非主流媒体都归为另类媒体。"溢散效应"更多指的是单向度地从非主流媒体流向主流媒体，这个概念本身具有一定的片面性，主要是因为当时缺少自媒体和社交媒体。

以上两个概念基本类似，只是两者对议题的敏感度及流向强调的重点不同。"共鸣效应"强调议题从主流媒体流向非主流媒体，该议题是获得社会主流意识形态高度认同的，因而出现了从高位向低位流动的顺序流动；"溢散效应"则侧重于议题由非主流媒体流向主流媒体，该议题是主流意识形态谨慎对待乃至极端排斥的，是从低位向高位流动的逆序流动。

---

[1] 陶贤都，隋明晓.网络媒体与传统媒体议程互动：以杨丽娟事件为例[J].华中科技大学学报（社会科学版），2009，23（2）.

一、社群群际的溢散机制（spill-over effect）

（一）不同媒介间的溢散机制

麦库姆斯等通过研究 1968 年美国总统大选期间，新闻媒体报道议题的数量与公众议题的排名，发现两者呈现正相关，甚至是一种因果关系。此份研究以科恩的名言"报业多半不能告诉人们怎么想（what to think），但它却告诉受众该想什么（what to think about）"为指导。两人做的研究后来成为大众传播研究领域的显学之一——议程设置理论（agenda-setting），这是传播效果研究中无法避而不谈的领域。

从媒体议题影响公众议题，罗杰斯指出，不能再以线性思维思考议题设定的过程，它动态且复杂地由各项因素牵制着①。因此将议题设定划分为媒体议题设定、公众议题设定、政策议题设定三方面来思考。接着罗杰斯和迪林梳理媒体议题设置的相关学术文章，发现初期学者较关注媒体议题与受众之间的关系，即媒体议题是否与公共议题相关联②。麦库姆斯发表的文章中也提及，第一时期和第二时期的基本议题设定假设与情境条件（contingent conditions）③。而后他们开始逐渐关注"议题如何进展为政策议题"，政治人物的个人特质报道是否影响选民投票；最后回头关心媒体议题的本身假设问题，回答媒体议题如何被设定，且是谁设定的。自此以后，议题建构（agenda-building）开始成为学者试图厘清的重要问题——谁在主导议题（who sets the media's agenda）。议题建构关注在媒体议题设置过程中的各种影响与作用力，各家新闻组织、各方消息来源、不同的新闻价值与理念、互异的意识形态，甚至以往被认为是被动的受众，都在议题主导权的争夺战里。需强调的是，新闻工作者并非被动地被各方权力拉扯，而是主动地参与到议题设定过程中。因此，如果想更了解政治系统与媒体系统间的相互关联，就必须将层次扩展至媒体系统内部机制，才能准确地通盘了解议题设定

---

① ROGERS E M, DEARING J W. Agenda-setting research: where has it been, where is its going? [J]. Communication yearbook, 1988 (11).
② ROGERS E M, DEARING J W, CHANG S. AIDS in the 1980's: the agenda-setting process for a public issue [J]. Journalism monographs, 1991, 12 (6).
③ MCCOMBS M, SHAW D. The agenda-setting function of mass media [M] //TUMBER H. News: a reader. New York: Oxford University Press, 1999: 320-328.

的动态过程。

当议题建构长期关注媒体之间如何互相影响时，恩特曼等人指出了此议题的关注焦点[1]。可从明斯基研究《纽约时报》如何影响其他报业报道的内容时所提出的"一窝蜂新闻"（pack journalism）[2] 看出此研究趋向。潘恩检视 1986 年各报业对可卡因报道内容的互相影响，提出了跨媒体影响（inter-media influence），又称为跨媒体议题设定（inter-media agenda setting）[3]。

时间序列是跨媒体议题设定研究的重点之一。通过分析报道议题的数量与时间，便可看出媒体间的互动情况。马西斯和费奇通过此种时间序列分析，提出媒体间有溢散效应。此研究以德国境内三起反对文化（counter-culture）事件作为分析个案，将报业分为主流媒体、建制媒体（established media）与另类媒体（alternative media），通过观察其对三起反对文化事件的报道时间与数量分布，提出动态与结构的观点。马西斯和费奇还发现了议题建构过程有四个时期，分别为酝酿与预备期、溢散期、高涨期与消退期[4]。

以往议程设置理论的研究大多集中于传统媒体，如报纸、电视、杂志等。随着互联网的不断崛起，其不同于传统媒体的媒介性质，分散程度与可近性皆高，在议程设置研究中逐渐成为研究焦点之一。如有研究者发现，网络与报纸、电视一样，具有议题设定效果，与使用者议题有显著的相关性。使用者年龄、教育程度、政治兴趣及人际传播行为都会影响到网络的议程设置。

在传统媒体时代，信息生产与传播由一个平台（传统媒体本身）来完成，进而传递给受众，按照拉扎斯菲尔德的二级传播理论，也仅仅经过"意见领袖"这一个环节。而随着自媒体平台和多媒介平台的出现，信息传播呈

---

[1] ENTMAN R M. Projections of power: framing news, public opinion, and U. S. foreign policy [M]. Chicago: University of Chicago Press, 2004.
[2] MINSKY M. A framework for representing knowledge [M] //WINSTON P H. The psychology of computer vision. New York: McGraw-Hill, 1975: 211 – 277.
[3] PAN Z, KOSICKI G M. Framing analysis: an approach to news discrouse [J]. Political communication, 1989 (10).
[4] MCHOMBU K. The coverage of HIV/AIDS in namibian media: a content analysis study [M/OL] //BOAFO S T K, ARNALDO C A. Media and HIV/AIDS in East and Southern Africa: a resource book. Paris: UNESCO, 2000. http://www.unesco.org/webworld/publications/media_aids/chapter_12.pdf.

现出不同信息平台之间接力交替传播的"多级传播"（即接力传播）模式。但从一个平台到另一个平台并不是弥散的、毫无传播规律的，信息往往在一个平台上进行前期的爆料、中期的酝酿和后期的溢散，有一个逐步积聚传播动能的演化过程，如某个事件一开始是以爆料状态传播的，但随着网民的关注及转发，其获得了更多人的关注，有些网民拥有多个平台的账号，其自觉或者不自觉地扮演着网络搬运工的角色，将报道从一个平台搬运到另一个平台，这个过程就是溢散的过程。既然是溢散，就会有一个临界值，即"阈值"的问题。中国人民大学舆论研究所对40个微博舆情热点事件的数据进行回溯性研究，统计显示：一个社会性公共事件的微博从微博场域"溢散"到其他社会话语场域的临界阈值是该条微博转发次数超过10 000次或者其评论数超过3 000条，满足其中任何一个条件都可以。由于微信圈子相对的封闭性和阶层同质性，媒体记者主要将微博作为获取新闻线索的重要来源。以往记者主要靠各个单位的"通讯员"队伍，现在主要靠在微博上关注"跑口"行当的网络大V来获取线索。很多新闻刚开始是在一个未认证的草根账号上发出，但一般会@大V，经过大V的转发会形成大规模的转发与评论，进而被媒体记者捕捉。媒体记者作为不同话语平台的搬运工，进行新闻报道，再被新闻门户网站或者App转载，进而扩展到整个社会话语场域。从微博场域到传统媒体场域存在一个临界值，就是上面所提到转发与评论达到的阈值（见图4-7）。

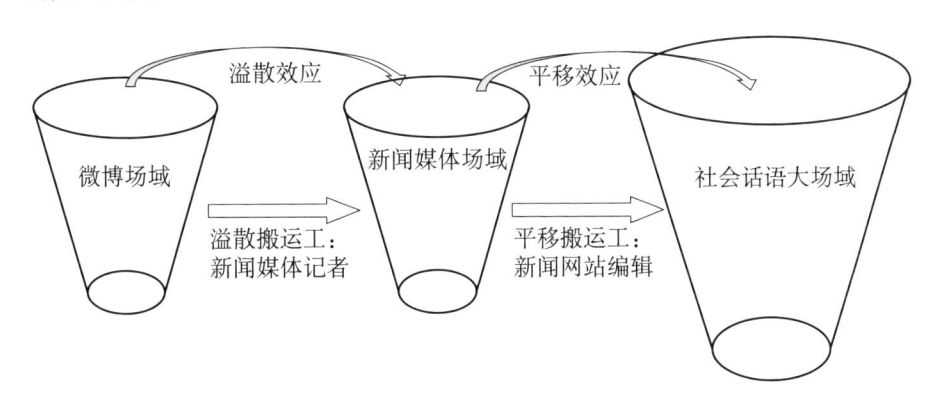

图4-7 从微博话语场域溢散到传统媒体场域的阈值示意图

（二）不同社群间的溢散机制

与不同媒介平台间议题的溢散机制一样，在社群之间也存在着所谓的溢散效应和溢散机制。一个话题通常会在某个社群圈子中被爆料和传播，与不同媒介平台间的溢散效应不同的是，很难捕捉到这个社群话题溢散的临界值，有些成员直接就进行了转发和话题的自我扩散，当然这需要议题本身具有较强的吸引力。因此研究社群间的溢散效应最核心的不再是对临界值（阈值）的抓取和挖掘，而是对社群中那些容易扮演信息搬运工角色的成员进行有效的分析和捕捉。信息搬运工是个比较广义的概念，其在传统媒体时代就已存在。从某种意义上说，二级传播中的舆论意见领袖是最早的一批信息搬运工——他们把在传统媒体中看到的新闻及时地传播给其他民众。因此，信息从广义上讲，信息搬运工是指将信息从信息节点 A 搬运到信息节点 B 的所有主体。从这个意义上讲，传统媒体、网络编辑等都属于信息搬运工，但是这两者是以信息搬运为职业的，存在一定的物质利益诉求。而本部分要研究的信息搬运工是狭义的，主要是指在网络传播场域中将社群 A 里的链接或帖子等搬运到社群 B、C、D 等的活跃成员，对搬运的内容一般不进行编辑。他们是网络信息在不同社群之间流动的关键节点，起到信息节点的作用，搬运的目的一般比较单纯，主要以分享、获取其他成员认可、赚取社交货币等为目标诉求。

1. 社群搬运工与社交货币

社交货币是源自社交媒体经济学的概念，用来衡量用户分享相关内容的倾向性问题。社交货币观点认为，人们在网上讨论的东西代表着并定义了自己，所以人们会比较倾向于分享那些可以使自己的形象看起来"高富帅"或"白富美"的内容。也可以这样理解，社交货币就是社会中两个或两个以上的个体，在获取认同感与联系感之前对于自身储备的消耗。从这个意义上说，社交货币，无非是用于向他人证明自己的眼光、价值，而那些作为证明的物件，自然需要具备这样的功能。研究表明，超过 40% 的人谈论的话题体现着个人经验与私人关系，而近乎一半的传言都是以自我为中心发生的事情。哈佛大学的神经学家研究发现，共享个人观点时的脑电波与获得财物和食物时的脑电波一样，因此人们乐于进行分享、进行信息搬运。

2. 社群搬运工的群像特征

社群搬运工很容易与网络意见领袖、网络水军相混淆。社群搬运工与其他信息搬运工的行为表征是一样的，均是以信息搬运行为为表征，只搬运而不对事件进行定义与解读;网络意见领袖是以通过观点表达获得追随者的支持为行为表征的;网络水军是以数量为优势对某个事件进行"无意义"的支持或反对为行为表征的。在利益诉求上,社群搬运工和网络意见领袖均以精神受益为诉求,网络水军则以经济回报为诉求。

由于社群的封闭性,我们很难有效地对社群搬运工进行大规模的数据调查,笔者通过对自己微信群的长期观察,也捕捉到了社群搬运工的一些基本特征。笔者微信群里的社群搬运工一般是30岁左右的高学历人群(笔者也加入了一些培训群、兴趣群,这些群的搬运工并不全是高学历人群),以男性网民为主,一般在事业单位、政府部门从事空闲时间相对比较多的工作。

二、社群群际的嵌套机制(nesting effect)

(一)社交媒体与嵌套

嵌套,从字面看,是嵌入并套在一起的意思。现实生活中有大量使用嵌套的方式对物体进行固定的实例,最常用的就是螺丝与螺母之间的嵌套。而一旦嵌入物能够与被嵌入物适配,就会形成持久稳固的关系。对于微博、微信等社交媒体而言,它们不仅因为符合网络产品发展逻辑而顺利地嵌入互联网的技术平台,而且在众多相关产品的滋养和用户的呵护下不断生根发芽,在互联网的生态环境中获得了巨大的发展空间[①]。

社交媒体之所以展现出目前强大的发展势头与旺盛的生命力,就在于其相较于以往其他网络产品的根本差异,即其嵌套式的发展逻辑。这体现在三个方面。第一,在产品功能上,微博、微信等均以开放的形式允许大量第三方开发者将众多功能软件嵌套在其产品上,如微信的小程序等,这是获得大量用户的重要因素;第二,在用户信息传播上,使用社交媒体的每一个用户都是网络上的节点,一个节点包含他所关注的其他节点的全部信息,社交媒体的信息传播链条具有鲜明的嵌套性特点;第三,在用户的社会网络扩展上,以每个用户为中心的人际关系网络(圈子)在社群信息纽带的作用下不断扩展,即使是陌生人,只要在同一个圈子中,就有可能被嵌套进该社群中所有其他成员的圈子里,迅速扩展自己的社会网络,使得社会信息传播的速

---

① 张佰明. 嵌套性:网络微博发展的根本逻辑[J]. 国际新闻界,2010(6).

率呈现出指数级增长,有助于构建社会成员间互有勾连的圈子。根据里德定律(Reed's Law),"随着互联网人数的增长,旨在创建群体的网络的价值呈指数级增加"。信息的交流与共享是人们使用社交媒体的基本传播行为,主动"关注""入群",即出于某种原因建构自己的信息来源和关系网络。不同的人共同关注、了解某一话题,并且知道谁在共同了解,这种共识能够产生群体间的认同和归属感——相同的兴趣爱好、相近的职业背景,或者相似的价值观、生活方式等为这种互动提供了长久的动力。推特的实践证明,几乎任何一个话题都能形成社群(圈子)。由于不同圈子之间存在成员重叠的现象,因此每个圈子之间都不是封闭的,而是开放的,是互有连接的小世界网络状态。换言之,社交媒体的传播形态,既有助于不同兴趣圈、生活圈、消费圈的形成,又让这些圈子之间互相联通,而社交媒体本身就成了进入圈子的"接触-嵌入"点位。在社交媒体中,大量节点的存在为用户提供在不同圈子跳入跳出的机会,从而加速了信息的流动和观念的传播,这会在总体上扩大虚拟空间中共通的意义空间。

社交平台上的每一个用户都会因主动索取信息而不同程度地嵌入某个社会网络的圈子里,加入新的圈子,其实就是被嵌入另外的空间里。无论是主动嵌入还是被动嵌入,事实上每个用户都会处于多个圈子里,并因圈子的扩大而不断拓展自己的社会网络。这就意味着通过一个个作为中介的节点,每一个用户在理论上都有可能与这一社交平台上的任何一个用户相识。麦克卢汉在半个世纪前所预言的"地球村"将会被实质性地向前推进,所有的地球人重新部落化为"村落"里的一员,彼此成为消弭了地理障碍的邻居,随时能够了解到自己关注的人的信息和状态,其方便程度仿佛是侧耳听到墙的另一侧传出来的声音一样。这就意味着人们对外界信息的了解拥有了最为便捷的途径。

当社交媒体在功能的开发上因嵌套而变得无所不在的时候,当信息的传播因嵌套而让人们接触到更加逼近事实真相的信息的时候,当社交媒体帮助用户编织的社会网络因嵌套而令距离的存在没有意义的时候,在线生活也将成功地嵌套进现实生活之中,因为借助网络技术重新构建的在线生活似乎比现实生活更美好,对现实生活形成有益补充。社交媒体不仅改变了我们沟通和传播的模式,更大范围、更深层次的变革也将由此开启。

(二) 社群群际的嵌套机制

为了更好、更直观地对社群群际的嵌套机制进行描述，本部分以微信群为例进行说明。社群群际的嵌套过程及其角色如图4-8所示。

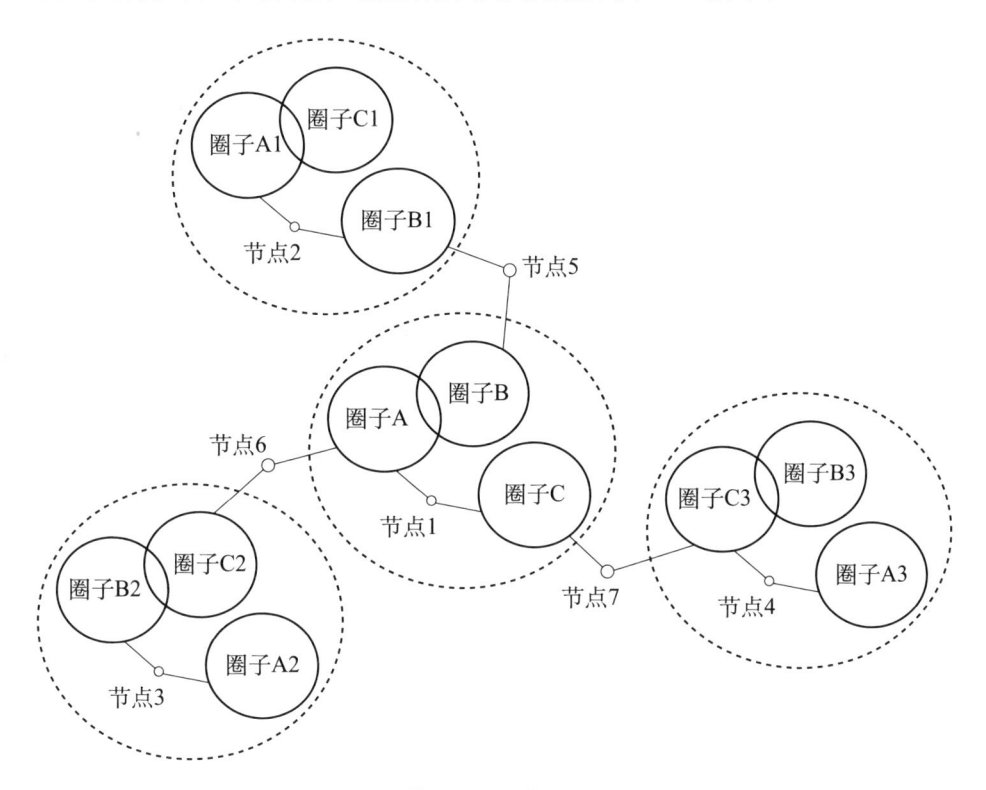

图4-8 社群群际的嵌套机制示意图

从图4-8中可以看出，群际嵌套机制不仅是圈子与圈子之间因为成员的交叠而存在嵌套，从宏观方面说，不同社会阶层群体之间也存在嵌套，既有小嵌套也有大嵌套。很多社群之间的集群社会行为发生时，存在着一个制造社会话题的核心层，这类群体是由很多精英圈群构成的，在其内部有些圈子的成员是相互重叠的（如圈子A和圈子B），有些圈子之间是靠一些核心节点（如节点1）联系起来的，这些人构成了整个微信传播的核心层，负责制造和生产社会话题、社会情感。图中展示的外围的三个大圈群是边缘层，这些圈群自身有内部的话题和兴趣爱好，也有内部的活跃人士（如节点2、节点3、节点4），并依靠内部比较活跃的节点（如节点5、节点6、节点7）从核心层不断输入社会话题和社会情感等，因此整个传播结构呈现出既私密又有限开放的综合传播模式。这为理解社群之间的社会互动提供了信息传播的视角。因此，社群群际的嵌套行为是经过多个步骤实现的。

一是核心圈群制造话题和情感。如在微信朋友圈或微信群中，无论是所谓的内幕、段子还是新闻信息，很多议题都是由圈子内社会地位相对较高的人搬运进来的。如笔者所在的几个微信群的消息都是那些在现实社会中活跃度高、社会地位相对较高的成员搬运进来，进而引起大家关注的。如果说虚拟世界是现实世界的一面镜子，那么微信无疑是最真实的那面镜子，基本上映射出了现实世界的社会关系网及其结构。

二是议题和情感向边缘圈群传播、渲染。这一环节主要是依靠社群中的活跃人士担任信息搬运工的角色，将信息或植入社会情感的意见从一个圈子搬运到另外一个圈子。在这个过程中，信息搬运工自己内心"包打听"的社会心理需求被满足。这类人群在现实中也属于信息灵通活跃的人群。另外，社群用户一般都拥有多个群，这些群要么基于学缘，要么基于业缘，关系相对驳杂，因此信息传播到的社会人群也相对多元和快速。

三是制造社会认同和群体压力。一旦信息在群内扩散，很多人会表达一些自己的看法或展示自己的行为，最终形成群内的意见合意，沉默的螺旋效应会凸显，形成群体认同，群体认同会产生群体压力，至少在一个社群中会达到群体合意和情感认同。

四是从社群微环境话语场域溢散，形成社会议题。当社群传播达到一定规模和阈值，就会从微信话语场域溢散到其他社会话语场域，微信群就经常向与其联系最为紧密的微博话语场域溢散。

三、社群群际的共振与共鸣机制（consonance effect）

在完成社群之间的溢散与嵌套机制之后，信息会在不同社群之间进行传播，但这种传播并不是封闭地在不同社群之间单独传播，而是存在着不同社群之间的议题的共振与共鸣。本部分之所以将共振与共鸣分开进行论述，主要是因为共振是形容不同社群之间可能出现的逆向共振，即观点不一致，但都关注相关事件，随着社群的茧房化，有可能出现不同社群对同一个事件的观点完全不同，虽然是双方有共振，但是是逆向的；共鸣则是形容不同社群之间的同向共振，即虽然分属于不同社群，但社群之间的意见一致、诉求和价值观相近，这就是共鸣。因此，共振、共鸣是两个不同的概念，本部分使用了这两个不同的词。

（一）议程设置理论与议题共鸣

议程设置理论其实最早是描述媒体议程与公众议程之间的共鸣现象的。随着社交媒体的出现，这种单一地从媒体议程流向公众议程的单向共鸣被改变。上文提到，社会议题越来越多地在社交媒体平台引爆，传统媒体跟进，进而形成双向的互动过程，引发公众议程与媒体议程的双向互动建构。在传统的议程设置时代，议程的矢向是单一的；而进入社交媒体时代，两个场域的议程的矢向则是双向的、多元的。

"共鸣效应"由德国传播学者伊丽莎白·诺尔-纽曼等提出。她认为，扮演"意见领袖"的主流媒体率先报道和传播内容，引发其他媒体相继跟进，这种由主流媒体引发，并在各媒介系统平台产生的一连串的连锁反应，就是媒介间的"共鸣效应"。有研究者将"溢散效应"与"共鸣效应"进行对比，并将"溢散效应"与"共鸣效应"都作为不同场域议程之间的"共振效应"，认为"共鸣效应"和"溢散效应"就是媒介间议题"共振效应"的两种具体表现形式。笔者则认为，"溢散效应"属于议题互动前期的传播表征，是议题传播的必经阶段，而"共鸣效应"则是中后期的表现，有了共鸣也会出现议题之间的回流或者是再次溢散，溢散和共鸣是交替进行的，不是一蹴而就的。当然，共振并不是时刻发生的，有研究者认为，有可能出现共振的断裂，又称为"共振断裂"，说的是某一议题在一个媒介看来是极其重要的，而在另一个媒介上却丝毫得不到报道和反映，或者另一个媒介对此议题的态度和倾向与前者截然相反、完全割裂。导致这种"共振断裂"现象的原因是复杂的。首先，网络社交媒体的匿名性使得许多社会敏感话题赤裸裸地暴露到公众当中，隐性的社会矛盾只需要一个导火索便可引爆，得以显形，而主流媒体由于自身媒体属性，对于这些敏感议题往往十分谨慎。因此，在许多情况下，网络社交媒体上被炒得沸沸扬扬的议题往往会遭到主流媒体"冷遇"。其次，主流媒体对舆情事件的议题传播往往是从宏观层面，顾全大局的，这样的议题一般不直接触及公众切身利益和当下情绪痛点，因此，此类议题很可能会被其他议题直接边缘化。[①] "共振断裂"现象存在于当下我国社

---

① 靖鸣，等．"魏则西事件"主流媒体与社交媒体舆论监督的共振与互动［J］．新闻爱好者，2016（7）．

会矛盾频发的转型期是必然的,我们理应辩证地看待。一方面,"共振断裂"可能造成主流媒体舆论场和社交媒体舆论场形同陌路、各说各话,这对政府进行舆论引导十分不利。另一方面,适当的"共振断裂"客观上从侧面反映出我国社会舆论环境更加包容和宽容了,"共振断裂"也有其积极的一面。

在媒介间的议程设置中,也有研究者提到了议题之间的"扳机效应",即新媒体技术在一定程度上促进了媒介间的交流与互动。对于竞争对手关注的议题,许多媒体也采取了追随的做法,然而并非对新闻事实进行进一步的追问,而是仅仅增添背景和解释性的信息,从而导致事实不断引申泛化。这就好比扣动了手枪的扳机,使得事件后期的发展越来越脱离原来议题设置的轨迹,使议程呈现散乱和无序状态。

(二) 社群群际的同幅共鸣与异频共振

议程设置理论创始人唐纳德·肖曾指出,从传播学领域看,社会是由"垂直议题"和"水平议题"两种议题结合组成的坚固的"纸草型社会"。垂直议题是指从社会上层到社会底层共同关心的大众话题,比如经济发展;水平议题则是指社会某一阶层共同关心的话题,如互联网论坛上各个因兴趣形成的讨论组,有人关心教育,有人关心医疗卫生。只有当垂直议题和水平议题共同发挥作用时,才能编织成一个坚固的"纸草型社会"。[①] 但在新媒体时代,互联网讨论极大地分散了人们对于垂直议题的关心程度,而强化了公众对水平议题的关心。在这种情况下,大众媒体强化垂直议题的设置,使公众重新关心和讨论垂直议题,对凝聚社会起到至关重要的作用。同时,由于社群的兴起,垂直议题在不同社群之间的传播范围越来越广泛,尤其是在同一阶层的不同社群之中,在社群茧房化和群体极化双重效应的作用下,社群之间同幅共鸣与异频共振现象越来越突出。

同幅共鸣表示的是不同社群之间由于价值观相近,很容易对一个事件形成相同或者相近的社会判断和社会观点,进而产生议题的互动与社会意义的协同生产;异频共振则强调,虽然社群 A 和社群 B 关注的是同一个公共事件,但双方的诉求与观点却完全不一致,甚至相互谩骂,进而上升到不同族

---

① MCCOMBS M, SHAW D. The agenda-setting function of mass media [M] //TUMBER H. News: a reader. New York: Oxford University Press, 1999: 320-328.

群、阶层之间的刻板印象和互相攻讦。如三名中国游客在瑞典遭警察粗暴对待事件中,不同社群之间形成了完全不同的观点,同幅共鸣的群体互相壮胆吆喝,认为自己的社群掌握了天下的真理,而有些社群则对别的社群冠以"汉奸""慕洋犬"等标签。

第四节　危机语境下趣缘社群话语空间重构与维系

粉丝群体作为一种基于明星偶像而产生的社会趣缘虚拟组织,在当下中国社会体现出了较强的消费能力、高度的组织性和自发性、日益增强的活跃度、向现实行动转化的高行动力,整体而言呈现出越来越明显的巨大影响力。尤其在网络舆论场中,粉丝群体的言论与行动甚至可以吸引、裹挟大量粉丝社群之外社会个体的注意力,最终形成社会热点事件。2017年10月8日12时鹿晗在微博上公布恋情,迅速成为当日微博头条,截至当日24时,该条微博的转发量达122万,评论数达288万。而更值得注意的是,鹿晗宣布恋情的信息,给原本稳定的"鹿饭"粉丝社群带来了危机,即偶像主体鹿晗发生不可预期的事件,且威胁到利益相关者的重要期待,对组织或个人产生负面结果,导致鹿晗原有粉丝发生一系列脱粉行为。原有的社群网络因为粉丝的脱粉行为发生了一个"稳定—变动—再平衡"的过程,这样一个动态的信息传播过程其实正对应了偶像危机状态下粉丝社群内部的应对过程。以往的粉丝社群研究主要基于静态的视角,因此这个事件提供了一个很好的研究个案,即在让粉丝社群得以存在的偶像出现危机后,社群内部与成员互动是如何变化的。

一、文献综述及研究问题

近几年,空间概念被重新发现和重视。早在古希腊时代,亚里士多德就对"空间"进行了系统讨论。近现代出现了有关空间的一系列研究,其中比较被大家接受的空间概念认为:"空间既是一种生产,系通过各不相同的一系列社会过程和人文干涉形构而成;又是一种力量,反过来影响、指引和限制着这个世界里人类存在和行动的可能方式。"[①] 关于空间问题,有很多学者

---

① 陆扬. 空间和地方的后现代维度 [J]. 学术研究, 2009 (3).

提出了重要理论，如亨利·列斐伏尔的"空间生产"、米歇尔·福柯的"空间规训"、戴维·哈维的"时空压缩"、安东尼·吉登斯的"时空分延"、多琳·马瑟的"空间分工"、德里克·格雷戈里的"地缘想象"、齐格蒙特·鲍曼的"液态空间"、理查德·桑内特的"空间混杂"、约翰·厄里的"消费空间"、爱德华·索亚的"异质空间"等。在这些理论中，最有代表性的是列斐伏尔的空间生产和福柯的空间规训理论。列斐伏尔的理论属于政治经济学，而福柯的理论则属于微观权力学，这是两种最基本的空间范式①。其中列斐伏尔指出："空间是一种生产资料，空间是一种消费对象，作为一个整体的空间在生产中被消费。这个新的空间不仅仅是事物物理的排列，而且是社会实践和规律以及空间历史的综合与超越。空间是日常生活的起点，也是社会的产物，空间是社会生产的过程，不仅仅是一个产品，也是社会生产力或再生产者，是一个社会关系的重组与社会秩序实践性建构的过程。"② 并认为空间生产包含三个维度：物质空间，是可被触摸感知的维度；精神空间，即感觉现象所占有的空间，是被建构出来的维度；社会空间，是人们生活于其中的维度，属于社会关系总体的层面，社会空间的再生产，包括物质空间和精神空间的解构、融合和重塑③。本节借用列斐伏尔的多维空间理论来分析偶像危机情境下粉丝社群的话语空间生产及其演变。

人类社会的社群主要基于以下五种关系产生，即血缘、地缘、学缘、业缘和趣缘，其中，前四种关系类型主要是建立在熟人网络基础之上的，只有趣缘是基于兴趣产生的虚拟社会关系，因此，研究趣缘社群具有重要的价值。喜欢、追捧某一偶像的粉丝社群也是一种趣缘群体。随着网络信息技术的发展，传统社会中的粉丝群体在网络中找到了新的存在方式，他们通过微信群、QQ群等社交网络平台找到志同道合的人，并聚集在一起进行互动交流，为自己喜爱的偶像应援，获得认同感与社群归属感，进而建构虚拟社会关系。

网络粉丝社群很早就引起了相关研究者的关注，其中大部分的研究集中

---

① 刘涛. 社会化媒体与空间的社会化生产：福柯"空间规训思想"的当代阐释 [J]. 国际新闻界, 2014 (5).
② 张一兵. 社会批判理论纪事 [M]. 北京：中央编译出版社, 2006：180.
③ 黎明. "互联网+"时代实体书店的多维空间生产 [J]. 现代出版, 2017 (5).

于描述常规情况下网络粉丝社群的组织、实践以及传播特征。蔡骐在对网络虚拟社区中趣缘文化传播的研究中指出，趣缘群体是兼具传统社群凝聚力和现代社群自由度的共同体，群体内的传播扁平化与层阶化并存①。田佳慧等人发现网络粉丝社群的稳定性较弱，但归属感更强，并通过自身规范稳定粉丝社群结构，社群中存在不同的层级以及网络，在层级网络的高处存在更有影响力的意见领袖②。顾彬指出，在网络粉丝社群中，粉丝的参与感更强，粉丝行为逐渐渗入偶像的制造与包装中，粉丝与偶像的关系在更紧密的同时也更脆弱③。综合以上研究不难发现，在粉丝社群常态化运行的情况下，社群内存在较为稳定的自有结构与固定运作规则。一个网络粉丝社群中的成员都是因为对同一个明星的喜爱、迷恋而聚集在一起的，粉丝对于偶像有着大致相同的正面认识并容易产生情感共鸣，会努力维护偶像形象，并希望偶像能够有更好的发展，偶像会以正面形象出现在社群内的传播交流活动中。

也有学者对偶像危机情境下粉丝社群的传播与内外沟通策略的特征展开研究。布朗等人对体育粉丝在偶像危机情境下的对外沟通策略展开研究，归纳出迎合型、提醒型、攻击他者型和转移注意力型四种危机沟通策略④。黄晓则将"柯震东吸毒案"事件分为危机潜伏、爆发、蔓延和解决四个阶段，但由于缺乏直接的粉丝言行数据支撑，难以反映粉丝应对危机事件的全貌⑤。赖泽栋等人通过对"孙杨被罚危机事件"中粉丝在新浪微博与百度贴吧上的言论的编码分析，得到了粉丝在危机的不同阶段采取的不同的群内、群外传播策略：群内传播策略分为支持与安慰孙杨、批评孙杨、粉丝之间相互传播与互相支持；群外传播策略分为否认型、弱化型、重建型、辅助型。该研究注重粉丝社群中的个体在遭遇危机事件时所采取的传播策略，缺少对粉丝社

---

① 蔡骐. 网络虚拟社区中的趣缘文化传播 [J]. 新闻与传播研究，2014，21（9）.
② 田佳慧，李昕昕. 网络"粉丝"社群的基本特征与互动模式分析 [J]. 新闻研究导刊，2016，7（7）.
③ 顾彬. 互联网造星模式下粉丝角色的变化 [J]. 新闻研究导刊，2016，7（14）.
④ BROWN N A, BILLINGS A C. Sports fans as crisis communicators on social media websites [J]. Public relations review，2013，39（1）.
⑤ 黄晓. 粉丝在名人危机事件中的作用及形象修复策略：以柯震东吸毒案为例 [J]. 今传媒，2015，23（12）.

群这一小型社交网络中成员之间互动关系的考察。[①] 而人际传播的核心是关系，任何传播活动均在一定的关系下发生，因此对于危机时期网络粉丝社群内部成员之间互动对话关系的考察是必不可少的。

综上所述，目前国内针对网络粉丝社群的研究主要停留在描述社群现状、特征和组织规范的层面，缺乏对社群内部成员之间互动关系的深入探讨，对危机时期的网络粉丝社群的研究也较少。同时，对网络粉丝社群的研究以质化研究、案例分析为主，而直接利用粉丝言语数据进行量化研究的情况较少。为了弥补以往研究的不足，本节以鹿晗粉丝社群为研究对象，针对2017年10月8日12时其公开恋情后粉丝社群内部话语空间的变化与维系等展开研究。重点探讨如下问题：

偶像危机事件节点前后粉丝社群内空间结构如何变化？

偶像危机下粉丝社群内的危机沟通机制及其关系特征是怎样的？

偶像危机下粉丝社群内的多维话语空间是如何建构和维系的？

偶像危机下粉丝社群中意见领袖的角色与功能有哪些？

二、研究设计

（一）研究方法

本节使用社会网络分析法（social network analysis）作为主要研究方法。相较于以属性数据为研究对象的问卷调查法，社会网络分析法以关系数据为研究对象，在研究历时性传播结构方面具有先天优势[②]。本节主要基于粉丝社群沟通的文本记录，还原和构建粉丝社群的空间关系结构，对粉丝社群在偶像危机事件中的关系传播结构及其所反映的社群权力空间展开研究。本节还使用词频分析与社会语义网相结合的方法，分析粉丝社群话语空间的表达文本，以揭示社群进行危机沟通并达到自我平衡的过程。

（二）样本选取

粉丝忠诚度和活跃度是衡量粉丝社群质量的重要指标，因此本节选择

---

① 赖泽栋，卓丽婕．粉丝，偶像危机中社交媒体的管理代理人？[J]．宁德师范学院学报（哲学社会科学版），2017（1）．

② 李彪．网络事件传播空间结构及其特征研究：以近年来40个网络热点事件为例[J]．新闻与传播研究，2011，18（3）．

"厦门甜美系鹿饭"QQ群作为研究样本。该QQ群建立于2016年3月9日《奔跑吧兄弟》制作方公布厦门录制计划之时，社群成员为计划加入对鹿晗的现场应援的粉丝。这些粉丝对鹿晗的支持可落实到具体行动且关注时间在1年以上，因而有较高忠诚度。此外，QQ群要求粉丝对年龄和具体职业进行标注，这本身具有社会资本的价值，又有助于后续对粉丝社会身份的分析。截至2017年10月8日，该粉丝群有粉丝258名，日均粉丝在线数保持在150名以上，具有较高的粉丝活跃度。此外，之所以选择QQ群，主要是因为QQ群的聊天记录方便导出，并且QQ群的趣缘属性比微信群熟人网络属性要强很多。

（三）抽样时段

2017年10月8日12时，鹿晗正式公布恋情，引发舆论关注，包括"鹿晗掉粉""鹿晗偶像失格""脱饭粉丝爆料"在内的衍生话题持续在社交媒体发酵，在此危机中，作为本节研究样本的鹿晗粉丝QQ群通过持续话语沟通以稳定重建粉丝社群。因此，本节选取的时段为2017年10月2日0时至2017年10月8日12时和2017年10月8日12时至2017年10月14日24时两个时段，前后总计13天。之所以选择两个时段，主要是为了根据偶像危机发生的时间节点选取比较时段。第一个时段总计获得8 767字聊天记录，第二个时段总计获得25 340字聊天记录。本节使用Gephi 0.9.2作为社会网络分析软件，基于获得的聊天记录，采用边列表形式进行编码，以起点（source，信息流出点）、终点（target，信息流入点）、权重（weight，对话数）形成列表（见表4-4）。

表4-4 "厦门甜美系鹿饭"QQ群列表（片段）

起点	终点	权重
YAN-17-学生	YUAN-19-学生	2
CHEN-18-学生	SHU-16-学生	3
CHEN-25-工作	QIAO-19-学生	1
QI-19-学生	CHEN-25-工作	5
KE-24-工作	SHU-16-学生	1
LIN-19-学生	SHU-16-学生	1
LIN-19-工作	YI-19-学生	1

三、研究结果

（一）偶像危机语境下粉丝社群的空间结构

2017年10月8日12时至2017年10月14日24时，粉丝群参与话题讨论的成员有131人，去除只转发消息而没有真正参与话题互动的粉丝，总计83人。节点标签来自粉丝群建立初期设置的相关信息，部分粉丝的群备注未保持标准格式，笔者通过进一步的信息搜集补齐了粉丝个人信息。所有节点的标签统一为"昵称首字拼音-年龄-职业"，其中，粉丝年龄为2016年3月9日群组建立时的年龄。

1. 空间生产：从空间话语的生产到空间自身的生产

为了让社会网络分析可视化更加简洁美观，本节选择发言在3次以上的节点来展示，使用Gephi 0.9.2可以得出一个包含31个有效节点、202条有向边的社群网络关系图（见图4-9），其中，"QIAO-19-学生"与"SHU-16-学生"是整个网络中最为活跃的节点，人际互动最多，是整个网络的话语生产者。同时，此社群网络关系中还存在大量的互动较少的节点，核心人群占总体的1/3。

网络效率是话语空间内网络信息的传递效率，由网络密度、网络可达性两个指标来衡量。网络密度反映的是空间关系分布与完备图（complete graph）①的差距，与完备图越接近、节点之间的连线越多，则密度越大。韦尔曼对网络密度的研究指出，大部分情况下人们参与的社群网络联系较为稀疏，47.1%的社群网络密度在0到0.25之间（密度范围是0到1），亲属这种熟人社群的密度也只有0.364②。本节中粉丝群网络密度为0.22，高于一般水平，说明社群中粉丝联系较为紧密，网络信息流动频度较高，存在结构性的传播路径和固定传播模式，且社群具有高度凝聚性，这也使得该社群在危机状态下很难被破坏，正如"犹太人的高度凝聚性大概就是基督宗教难以

---

① 若社会网络中的任意两个节点均存在直接的双向联系，则该有向图被称为"完备图"，完备图反映的是网络成员之间联系的紧密程度。

② 刘军. 社会网络分析导论[M]. 北京：社会科学文献出版社，2004：111.

打入犹太人中间的原因之一"①。同时,凝聚性是一种情感的体现,此社群已经从最早的信息分享阶段到了实现情感、意义生产的阶段,粉丝个体对社群产生了归属认同和价值共鸣,按照列斐伏尔的"空间生产"理论,精神空间已然出现。

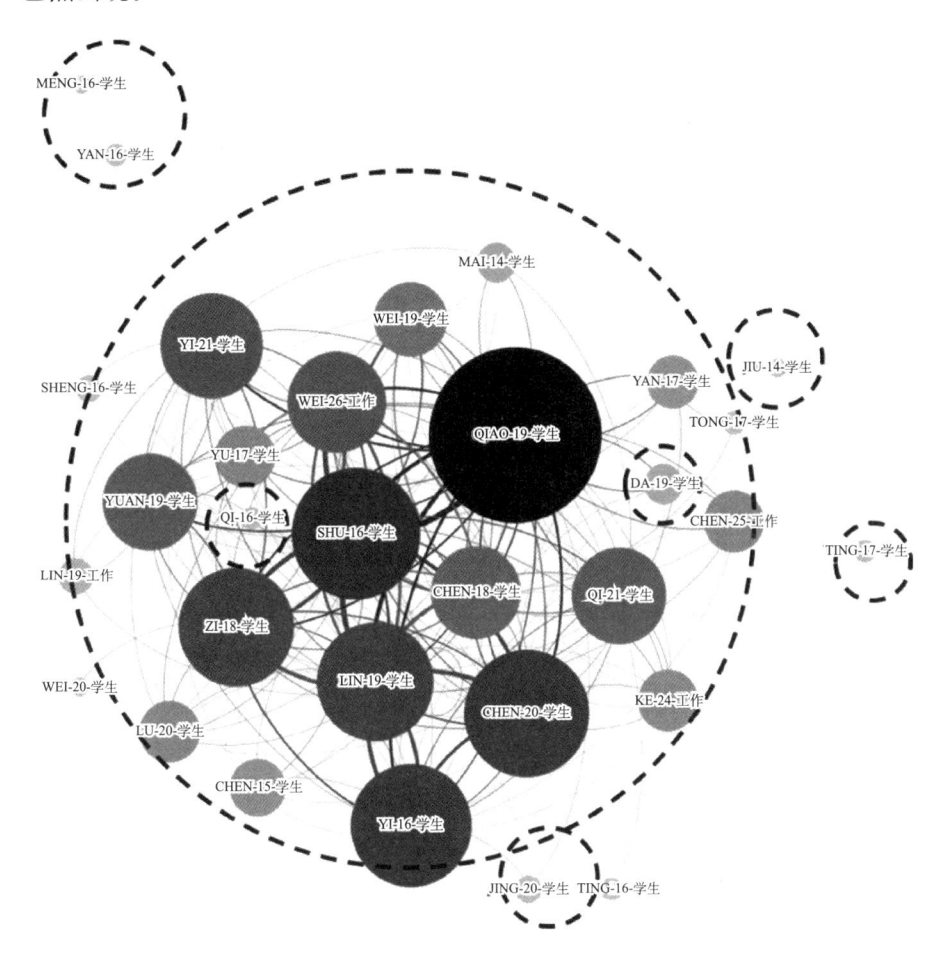

图 4-9 "厦门甜美系鹿饭"社群网络关系图

网络可达性衡量的是网络的连通性(connectivity),可通过平均路径、直径指标进行测量。两节点间的路径(length)反映的是两节点至少需要通过多少条连线建立联系。若两节点能直接建立联系,则路径长度为1;若两节点无法建立联系,则路径长度为无穷大。社会网络的平均路径反映了网络

---

① 霍弗. 狂热分子:群众运动圣经 [M]. 桂林:广西师范大学出版社,2015:131.

中节点平均需要通过多少条连线与其他节点建立联系，直径则为社会网络中距离最远的两个节点间的路径长度。本节选取的社群平均路径为1.97，直径为5，即任意两个粉丝平均只需要1个中间人即可建立双向联系，最多只需要通过4个中间人即可进行信息传递。因此，该粉丝社群网络的连通性较好，能够实现较为充分的信息流通。

粉丝社群在偶像危机情境下不仅没有出现"脱群""掉粉"等现象，甚至呈现出更高的凝聚性和连通性。这一方面说明粉丝社群是一个相对成熟的社会关系空间，而不再是简单信息分享的话语空间，同时，如果社群的归属是因为鹿晗的粉丝而产生，但鹿晗宣布恋情并没有改变这种归属，则社群已经脱离了列斐伏尔的精神空间的内涵，跃迁为一种社会空间，是对话语空间与精神空间的融合和重塑；另一方面，由于社群内部关系的高度凝聚性，社群即使在偶像危机情境下依然具有高度的弹性和韧性，具有了空间的自主性和独立性。

2. 空间规训：从话语空间到规则空间

社会网络分析对空间权力的划分主要从"关系"定义，行动者的权力越大，与其他行动者的联系越紧密，其他行动者对他的依赖性也越大[1]，衡量指标是中心性和结构洞。网络中心性又可细分为点度中心性、中介中心性、接近中心性三个分指标。中介中心性、接近中心性分析要求社会网络为强连通网络[2]，由于本节分析的是粉丝社群，属于弱连通网络，因而只进行点度中心性分析。点度中心性反映的是某个节点对其他节点直接施加影响的能力，整体网络的点度中心性则反映节点之间点度中心性的差异程度，差异程度越大，则网络的权力结构越明显。通过计算，"厦门甜美系鹿饭"社群入度中心性为0.362（范围0到1），出度中心性为0.5，出入度中心性均较大，因而存在较明显的权力结构。图4-9中节点的颜色越深、球形越大，则点度中心性越大，出入度中心性最大的节点均为"QIAO-19-学生"，其入度中心性为0.57，出度中心性为0.70，与63.5%的社群成员建立了直接联系，具有较强的影响力。

---

[1] 刘军．社会网络分析导论 [M]．北京：社会科学文献出版社，2004：111.
[2] 苏晓萍，宋玉蓉．利用邻域"结构洞"寻找社会网络中最具影响力节点 [J]．物理学报，2015(2).

点度中心性主要衡量节点及相邻节点的联系，没有将节点所处的整个网络的拓扑结构计入，无法全面解释网络节点的权力，因此伯特提出了结构洞（structural holes）理论对其进行衡量，指出处于结构洞的节点具有更大的权力[1]。结构洞理论认为节点权力表现在两个方面：一是处于社会网络中心，这部分能力基于点度中心性可以得到测量；二是在各分社区（community）中起"桥接"作用，这也是点度中心性所忽视的。本节对粉丝社群进行整体结构洞分析，得到表4-5。社会网络的冗余度越小、限制度越小、有效规模越大、网络效率越高、等级度越低，则社会网络存在结构洞的可能性越大。由表4-5可知，"厦门甜美系鹿饭"社群的平均冗余度为0.08，平均限制度为0.02，平均等级度为0.29，均处于较低水平；平均网络效率为0.76，平均有效规模为5.96，处于较高水平。因而"厦门甜美系鹿饭"社群网络存在结构洞的可能性较大，有较明显的权力结构和权力关系。

表4-5 "厦门甜美系鹿饭"社群网络整体结构洞分析结果

	冗余度	限制度	网络效率	有效规模	等级度
平均值	0.08	0.02	0.76	5.96	0.29
最小值	0.00	0.00	0.58	1.00	0.00
最大值	0.72	1.00	1.00	15.38	1.00

对"厦门甜美系鹿饭"社群网络节点进一步进行节点结构洞数据分析可得表4-6。由表4-6可知，有效规模最大的节点为"QIAO-19-学生"，其有效规模为15.38，网络效率为0.73，属较高水平；限制度为0.28，网络层级为0.31，属中等水平。因而"QIAO-19-学生"为整个社群的结构洞，有较高的权力，其权力主要体现在信息的影响力和有效覆盖规模上。

表4-6 "厦门甜美系鹿饭"社群网络节点结构洞分析结果（有效规模前五）

序号	标签	有效规模	网络效率	限制度	网络层级
1	QIAO-19-学生	15.38	0.73	0.28	0.31
2	SHU-16-学生	11.78	0.69	0.31	0.28
3	YI-21-学生	11.58	0.72	0.31	0.30

---

[1] BURT R S. Structural holes: the social structure of competition [M]. Cambridge: Harvard University Press, 2009: 53-58.

续表

序号	标签	有效规模	网络效率	限制度	网络层级
4	YUAN-19-学生	11.19	0.80	0.27	0.29
5	YI-19-学生	11.07	0.69	0.38	0.41

从社群内部讨论的7天变化来看,该粉丝群内部已经形成的固定权力结构使得社群能够保持一致性,一致性是社群重要的团结催化剂。社群内部没有一致性,没有一个紧密无间的组织是发展不起来的。

可以看出,粉丝社群已经由话语空间生长出规则空间,空间内存在固定的权力关系。"话语即权力",在福柯看来,空间是权力争夺的场所,也是权力实施的媒介,空间生产实际上体现为对空间的规训实践,而这一过程往往是通过话语的空间化途径实现的。话语通过对空间的规训来传递特定的压制关系,进而维系着因外部因素变动而引发的空间变动,实现"平衡—不平衡—再平衡"的过程。

3. 空间的异质性与并置性

利用Gephi 0.9.2对"厦门甜美系鹿饭"社群进行模块分割,可以得到三个子群:社群权力最大的"QIAO-19-学生"所隶属社区模块也最大,说明该子群的成员为社群中权力较高者;权力第二层级的中心点"SHU-16-学生"所隶属子群属于中间水平;而第三层级社群则以"YI-21-学生"和"YUAN-19-学生"为主,其余为小型群体。可见,"厦门甜美系鹿饭"社群不仅拥有明显的权力中心,且形成了较明显的权力层级,权力结构较为清晰。这种层层展开的环状格局导致不同子空间在同一个话语空间内并置和对比,使得空间存在异质性和并置性,这是以往的粉丝社群研究很少涉及的现象。

4. 偶像危机下粉丝社群综合特征分析

综合以上对"厦门甜美系鹿饭"社群网络的分析,可知该网络具有以下基本特征。

一是网络效率高,粉丝联系紧密。在偶像危机爆发时,粉丝社群能迅速集结,针对偶像危机展开充分讨论,这种讨论基于粉丝主观兴趣而建立,因而粉丝相互间的互动较为充分、频繁,能够在短时间内进行大规模交流,形成一种有物理属性界限的话语空间。但随着在空间内互动的加剧,加上话题的特殊性，话语空间逐步成为情感支持的场所，上升为情感空间。值得注意的是，虽然此网络存在明显的权力结构，但由于是弱连通网络，权力中心节点对社群的讨论主要体现在信息的有效覆盖率和有效反馈上，对网络信息传输的垄断作用并不明显，即在没有现有中心节点的情况下，社群具有迅速恢复网络结构和有效沟通的可能，有较强的生命力。

二是存在明显的权力结构。"厦门甜美系鹿饭"具有明显的单中心模式权力结构。单中心模式权力结构这种模式有助于成员围绕单一话题进行讨论，其目的不在于争论对错而在于形成共识[1]。"厦门甜美系鹿饭"作为粉丝社群，其目的是较为明确且统一的，即维护鹿晗的偶像形象并为鹿晗提供支持。在鹿晗发生危机事件时，粉丝群的所有信息讨论都是以维护偶像在粉丝群中的稳定地位为目的的，因而能够在短时间内迅速形成明显的权力结构，展开充分讨论。在这种权力结构下，情感空间变得有规训，有话语霸权，慢慢变为一种规则空间，进而异化为社会规范。

三是象征资本与文化资本成为决定粉丝社群权力地位的主要因素。通过对粉丝社群的节点分析可知，粉丝在实际生活中的年龄和职业对粉丝在社群中的权力地位不存在显著影响，已工作的且年龄较长的几位粉丝均未占据社群权力结构的中心位置，同时，粉丝群的群主"LU-19-学生"同样未占据权力中心，说明这种权力主要是由粉丝对偶像危机事件的投入程度决定的，社会资本、经济资本的影响较小。布尔迪厄认为，象征资本反映了行动者被场域内行动者认可的程度，文化资本则反映了行动者受教育的程度[2]。本节认为，在粉丝场域中，文化资本主要体现在粉丝对偶像相关信息的获取能力和了解程度上，象征资本则与粉丝群体内的自有判断标准相关。在"厦门甜美系鹿饭"社群内，"粉龄"（即成为鹿晗粉丝的时间长度）成为粉丝重要的象征资本，处于权力中心节点的"QIAO-19-学生"和"SHU-16-学生"虽然在年龄与职业上均不占优势，但粉龄在五年以上，即在鹿晗成名初期便成为其粉丝，因而她们的发言受到更多成员的关注和反馈。

---

[1] 李彪. 不同社会化媒体圈群结构特征研究：以新浪姚晨微博、草根微博和人人网为例[J]. 新闻与传播研究，2013，20 (1).

[2] BOURDIEU P，JOHNSON R. The field of cultural production：essays on art and literature[M]. New York：Columbia University Press，1993：37-39.

(二) 偶像危机前后社会关系网的比较

为了更好地说明偶像危机发生前后粉丝群关系网的属性差异与变化，本节以偶像危机前后两个时段的粉丝互动建构的社会网络为对象，选取网络核心的几个属性数据进行比较，相关结果如表4-7所示。

表4-7 偶像危机前后粉丝社群社会网络基本属性综合比较表

10月2日0时—10月8日12时		10月8日12时—10月14日24时	
属性名称	属性值	属性名称	属性值
节点数	39	节点数	31
连接数	76	连接数	202
密度	0.046	密度	0.22
平均度	2.24	平均度	6.5
包容性	41%	包容性	46%
弱成分	17	弱成分	13
强成分	5	强成分	10
互惠性	0.342	互惠性	0.265
传递性	0.312	传递性	0.425
聚类系数	0.246	聚类系数	0.393
平均距离	2.02	平均距离	1.97
网络直径	7	网络直径	5
连通性	0.312	连通性	0.287
网络效率	0.683	网络效率	0.734
网络层级	0.363	网络层级	0.547

从表4-7可以看出，差别比较明显的属性是节点数、连接数、密度、互惠性、传递性、聚类系数、连通性和网络层级。连接数指的是节点与节点之间连通的线的数量，数量越多，说明在全网中彼此联系越多。在危机前的平时状态下，社群内的沟通相对比较少，由于偶像危机的出现，社群内部的确出现了应激反应，参与讨论与互动的人群一下子多起来，节点密度、平均度等均与连接数的增多有密切关系。

互惠性是衡量社群内部行动者之间信息交换互惠程度的指标。偶像危机发生前由于社群以弱连通为主，信息的中心度不高，因此互惠性较高；偶像危机发生后,意见领袖的作用剧增,造成整个社群的权力结构凸显,中心集中度增强,传递性也有所增强,说明偶像危机发生后意见领袖的信息传递和覆盖能力在增强,但互惠性有所下降。这与之前的研究有差异。

聚类系数是衡量社群内同类子群多寡的指标。一般来说,聚类系数越高,说明社群的子群数量越少,节点可以很清晰地被划分到不同子群中。可以看出,偶像危机后社群的聚类系数有所增加,说明危机发生前社群中存在的分散子群得到了进一步统合,形成规模更大、划分更清晰的子群。这与网络层级的数值变化是一致的,网络层级值越大,说明层级越多,马太效应越明显。在危机发生前,信息权力在网络中分布相对均匀;在危机发生后,信息权力在网络中呈现出进一步极化的现象,权力分配更为集中。

另外,危机发生前后社群的强弱成分也不尽相同,强成分的特点是个人的社会网络同质性较强(即交往的人群从事的工作、掌握的信息是趋同的),人与人的关系紧密,有很强的情感因素维系着人际关系;弱成分的特点是个人的社会网络异质性较强(即交往面很广,交往对象可能来自各行各业,因此可以获得的信息也是多方面的),人与人关系并不紧密,也没有太多的感情维系。强成分更强调情感、归属等社会特征,而弱成分更强调信息的分享、快捷。从表 4-7 可以看出,弱成分在危机发生后有所下降,而强成分有所上升,社群中抱团取暖、寻求慰藉的属性在增强,已经具备了熟人网络的属性。危机使得以往单维度的话语空间生长为多维度、多诉求的复杂空间。

(三)偶像危机语境下粉丝社群的话语构建与社群维系

为研究鹿晗恋情公布后粉丝社群话语空间建构的过程,本节通过 ROST CM6 软件对聊天记录文本进行词频分析,并在此基础上用 Wordart 词云软件绘制了相应的聊天词频图(见图 4-10)。

根据图 4-10 可以对"厦门甜美系鹿饭"社群互动形成初步了解:"粉丝"是提及频率最高的词语,说明社群主要针对粉丝与偶像的关系展开了一系列探讨;"无奈""沧桑"是较常出现的情绪词汇,说明粉丝社群在鹿晗恋情爆发的一周内的总体情绪是较为消极的,但是是一种较为克制的消极态度,并未衍生出强烈的抵触、反对情绪。在整体词频分析的基础上,基于文本分析,可以将鹿晗粉丝社群在经历危机事件后的结构恢复过程分为三个阶段。

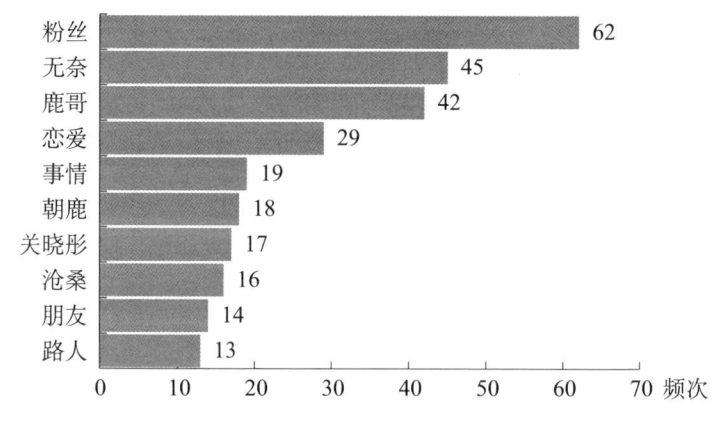

图 4-10 "厦门甜美系鹿饭"社群文本分析

一是注意力转移阶段。在鹿晗恋情公布的最初一段时间内，鹿晗粉丝并未针对鹿晗恋爱本身展开过多的探讨，讨论的内容大多是粉丝该如何分散对恋情的关注。注意力转移策略是该阶段最常用的危机沟通策略。在 2017 年 10 月 8 日到 10 月 9 日两天的聊天记录中，粉丝对鹿晗恋情的态度大多为"不支持不祝福不打扰"（CHEN-18-学生），期待尽快恢复粉丝社群的日常生活，并建议社群内的粉丝"给自己找点事做吧"（CHEN-20-学生）。值得注意的是，该阶段中参与讨论的成员数量较少，主要是几个在网络结构中占据核心权力地位的成员，如"QIAO-19-学生""YI-19-学生""CHEN-20-学生"等，这些核心成员率先发起谈话，通过转移注意力的方式为社群话语空间建构奠定了基调，提及的注意力转移方法包括专注学业、参加社团活动、玩手机游戏等，成员间的"粉丝"身份被刻意弱化，社会主身份——"学生"身份被凸显，通过刻意避谈偶像与粉丝关系、回归线下真实生活的方式维系社群的基本稳定。

二是粉丝社群重建阶段。2017 年 10 月 10 日凌晨，随着鹿晗最大的粉丝团体"朝鹿 FORLUHAN_鹿晗个站"（以下简称"朝鹿"）的解散，粉丝社群以"朝鹿"脱粉行为切入对此次危机事件的讨论。在本阶段，粉丝社群将鹿晗、鹿晗粉丝及非粉丝群体做了群体分割，针对鹿晗公开恋情行为、鹿晗与鹿晗粉丝的关系、鹿晗粉丝与其他非粉丝群体之间的关系展开讨论。对于鹿晗公开恋情的行为，社群主要采用迎合策略，承认鹿晗公开行为的不妥当，核心成员"SHU-16-学生"指出"鹿晗自己在处理上有问题"，位于网络核心地位的"QIAO-19－学生"也承认鹿晗公开恋情事件的冲击性,"一句话,猝不及防"。为了迎合大多数鹿晗粉丝对鹿晗公开恋情行为的不适情绪,更多的鹿晗粉丝开始加入聊天,粉丝的消极情绪得到宣泄,继而逐步趋向稳定。值得注意的是,一旦出现对鹿晗较为偏激的评价言论,核心成员便会对其进行反驳,以矫正话题导向,如通过"不公开到时候指不定粉丝要说鹿哥不守信"(QIAO-19－学生)、"当初不就喜欢他耿直吗"(YI-21－学生)等言论指出鹿晗公开恋情的合理性。正如埃里克·霍弗指出的:"一个彻底团结的群体因为具有高度的模仿性,其弹性和适应能力也十分强大,它要采取革新措施或改变方向都轻而易举。"① 这一阶段主要是通过自我安慰和设身处地为偶像着想来维系社群的。

在偶像危机状态下,粉丝社群内部存在着"脱粉"和"继续粉"两种倾向,这两种倾向围绕着成员的注意力展开竞争。其中持"继续粉"意见的成员,采用了灵活的话语修辞,提醒策略为常用危机沟通策略,通过"看到你们还在真是安心多了"(QIAO-19－学生)等话语鼓励社群保持团结。同时,以竞争对手的粉丝群为"外",明确偶像与粉丝间的"家人"关系,表明内部争执与抵抗"外人"应区别对待的态度:"我现在的心态就是:我爱豆我可以骂,你们都不可以骂"(YI-19－学生),"不管现在对鹿晗有什么不满,那只是我们自己家的事"(SHU-16－学生),"我觉得粉丝内部撕可以,但还是要一致"(ZI-18－学生、LIN-19－学生)。对已脱粉粉丝群体,核心位置的成员大都表示了理解,指出"朝鹿姐姐不容易"(SHU-16－学生),通过迎合策略避免与已脱粉粉丝群体的争执,并进一步指出"老粉走了可惜,但是老粉也可能回来;哪怕不回来,也不怕,粉丝圈一代接一代,时刻充满生机,有何不可"(WEI-26－工作),给未脱粉粉丝以信心。对于其他非粉丝群体,攻击他者成为危机沟通、建构认同的主要策略。通过对其他明星的粉丝、黑粉、路人进行区分和攻击,稳定鹿晗粉丝社群的团结。通过"一家这样,其他家当然落井下石"(ZI-18－学生)、"他们平时胆子也没这么肥啊"(YI-21－大学)、"致路人:别借'心疼'我们来羞辱他"(SHU-16－学生)等言论攻击其他非粉丝群体,以"家人"身份维护鹿晗粉丝社群团结。

---

① 霍弗. 狂热分子:群众运动圣经[M]. 桂林:广西师范大学出版社,2015:217.

三是粉丝社群巩固阶段。从 2017 年 10 月 11 日起，成员逐渐减少对鹿晗恋情的讨论，社群日常对鹿晗的支持活动逐渐恢复。鹿晗粉丝社群主要日常工作包括保持鹿晗流量数据、抵制黑粉等，通过"数据粉不能输"（WEI-26-工作）、"这几天的数据很伤心啊"（QIAO-19-学生）等话语将话题拉回对鹿晗的日常支持工作中，通过"这是我们自己的骄傲"（SHU-16-学生）、"反正就是还没结婚呢，大家先不要伤心了，搞数据先"（CHEN-25-工作）等言论鼓舞群体士气，逐渐巩固和恢复粉丝社群的日常活动。在这一阶段，危机经过前两个阶段已经被最大限度地消解，粉丝社群迅速回归日常。

综合以上鹿晗粉丝社群危机沟通与社群维系的三个阶段可以看出，社群网络的核心成员一直持续、积极地加入话题讨论，并通过第一时间回应和发言奠定话题主基调，成功维持社群稳定，使得危机冲击下社群的重建和巩固过程得以顺利展开，并且，粉丝社群并没有因为偶像危机而解散或者发生结构改变。由于粉丝社群是基于偶像而展开的，偶像是其生存和发展的基础，偶像危机具有较强的反作用，进一步凝聚了粉丝社群，强化了社群认同，社群的心理代偿机制表现为由原来的喜爱鹿晗转向支持偶像的"失衡—再平衡"的过程。从某种意义上说，粉丝社群已经具备了社会认知的属性，按照利昂·费斯廷格的"认知失谐"理论，人的社会认知处于"平衡—不平衡—平衡"的动态演变之中，粉丝社群的这种动态平衡符合了这种认知过程，因此已经具备了与社会个体一样的社会认知属性。

四、结论与讨论

（一）相关结论

在"后真相"时代，粉丝社群具有更重要的样本研究价值，因为"后真相"时代的情感和立场远胜于事实真相本体，"由谁说"远比"说什么"更具有权威性，而当粉丝社群赖以存在的偶像出现危机时，粉丝社群的话语空间也会发生急剧变化。综合前文分析，可以得出如下结论。

一是液态空间与自组织。流动性是鲍曼提出的一个核心概念和研究主题，本节主要借助其液态空间概念的分析理念，来分析社群面对偶像危机时的应激反应机制。这是一种流动的、可自我调适的话语空间，具有一定的弹性和韧性。偶像信仰的崩塌并没有彻底瓦解空间，反而促使新的空间生长与出现。这种平衡机制已然具备了自组织的属性，一个空间或系统的自组织属性愈强，其保持和产生新功能的能力也就愈强。自组织内存在协同机制，即一个由许多子系统构成的系统。如果子系统之间能够互相配合产生协同作用和合作效应，系统便处于自组织状态。这也可以解释粉丝社群面对危机时所呈现出的再平衡机制。

二是多维空间生产与持续建构。粉丝社群在偶像危机的冲击之下进行着多维空间的生产与互动。按照列斐伏尔的三维空间论，粉丝社群虽是有边界的物理空间，但由于粉丝的抱团与情感沟通，时刻进行着意义的生产，具备了精神空间的维度。物理空间与精神空间的融合与共塑，生长出全新的社会空间，存在着权力与话语的压制关系。从历时性上看，空间也发生着进化，从话语空间到情感空间再到规则空间，这些都是空间在试图维系均衡时表征的变化。

三是意见领袖危机沟通与社群维系。在危机状态下，粉丝社群会形成集中度较高的"星系"式传播结构。粉丝社群中存在引力较强的"恒星"成员，即意见领袖的角色。这一角色能够组织社群中的谈话，规定社群讨论的整体方向——在传播结构中比较重要的节点话题上，"恒星""行星"成员所持的意见均为坚持"继续粉"，持异见的"卫星"成员由于得不到回应或被大量成员反驳而逐渐销声匿迹。意见领袖在社群维系上具有重要的作用。他们借助灵活的修辞策略和既有的权力结构，最终使得粉丝社群"一致对外"的意见上升为优势意见。因此，不同于已有文献认为社交媒体下个体决策行为比意见领袖的影响力更重要[①]，"一致对外"的意见成为主导意见的过程说明，在危机处理过程中，粉丝社群内部意见领袖的影响力明显且集中。另外，意见领袖的权威建构主要是通过意义建构的参与度来实现的。社群是一个动态场域，在遭遇危机、发生变动、趋于平衡的过程中，意见领袖的控制力主要通过积极回复他人言论来获得提升。这其实也暗示了在互联网环境中建构自己的话语资本的一种途径——积极地互动和回应。这也就涉及话语意义的建构过程，因为传播的真正内涵就是意义的碰撞、交流和建构的过程，

---

① WATTS D J, DODDS P S. Influentials, networks and public opinion [J]. Journal of consumer research, 2007, 34 (4).

在传播的意义建构之中,体现出人们对社会关系的确认,所以传播结构自然会涉及社会意义的生产①。

(二) 延展讨论

从本书对社群的静态和动态分析,可以看出社群作为虚拟社会的基本单元,存在着很多不同于以往线下空间的属性。

其一,社群是关系束空间。社群空间中布满了各种关系束,这些关系束就像磁场中的磁力线一样作用于其中的行动者。社群空间是"诸种客观力量被调整定型的一个体系(其方式很像磁场),是某种被赋予了特定引力的关系构型,这种引力被强加在所有进入该场域的客体和行动者身上"②。因此,要真正把握虚拟社群,必须从关系的角度进行思考。

其二,社群是相对独立或半自主的空间。社群空间的相对独立性表现为每一个社群都有自己独特的逻辑、常规和规则,但这种自主性是相对的,并没有彻底的自主社群。一是因为分化的不完全,任何一个社群都受到"元社群",即权力场、经济场和文化场的制约,无法离开元社群而孤立存在;二是因为逆分化的产生,所谓逆分化,是指社群在分化后一种反分化方向的运动,是社群间的"分融"——社群在发生分裂过程中部分融入与改变社群属性并在这一过程中发挥作用。社群是相对独立的空间,这主要体现为其开放性与自组织性。

其三,社群是关系对抗的空间。因为每个社群行动者都是以自身异质性的属性进行参与的,这种异质性首先表现为每个个体所拥有的不同质或量的资本。资本在社群中不是平均分配的,是社会活动个体先赋并带入社群的,具有天然的不平等性,再加上资本本身是一种排他性资源,因此不同类型、不同数量的资本分布结构在一定程度上体现着社会的资源和权力结构,这种资本的不平均决定了竞争活动的不平等。虽然这种争夺并不一定是主观的,但社群却因行动者这种不断的争夺活动而变得有意义。但是,社群作为位置空间的结构并不是一成不变的,它是一个永恒斗争的场所。每个被获准进入社群的行动者都必然会受到社群逻辑压力的影响,也就是必须认同社群的游

---

① 姚君喜. 传播结构与社会话语生产 [J]. 当代传播,2009 (6).
② 布迪厄,等. 实践与反思:反思社会学导引 [M]. 北京:中央编译出版社,2004:138.

戏规则，此即社群的规则空间属性。社群内行动个体旨在生产有价值的符号商品，商品价值的赋值研判取决于社群本身的供需关系，也取决于符号生产者所拥有的符号资本的总量和构成，最后有些符号商品被接纳而有些被淘汰。经过优胜劣汰，胜利者可以获得制定社群合法定义的垄断权力，产生所谓的"符号暴力"。从某种意义上说，社群最本质的特征就是行动者争夺有价值的支配性资源的空间，"群"是力量凝聚的所在，被各种权力或资本（政治、经济和文化等）占据着不同的位置，群的结构恰是不同的权力或资本分布的空间。

其四，社群是共时态与历时态相交融的空间。行动者因拥有不同资本数量的结构而在社群中占据不同位置或地位，从而形成了共时态的差异。差异成为主体斗争和冲突的动力，不同的行动者维持或颠覆着社群，因而使社群具有不确定性。外部危机成为推动社群演变的动力，所有社群都是变动的，每次变动都使社群内的资源得到重新配置或者强化，而后斗争又继续，如此反复不已，从而使社群呈现历时态的特征。

第五章 集群行为范式下的虚拟社会认同与极化

随着社会化媒体的发展,"两微一端"成为社会话语场域中的重要子话语场域,并日益扮演着第一社会信息源和意见"发酵池"的重要角色。尤其是在热点事件中,微信、微博通过其传播特性为热点事件的传播提供情绪渲染、社会意义赋予和社会认同建构。很多研究者对微信、微博在热点事件中的信息传播特性进行了研究,但对于"两微"在其中对用户社会心理的形塑机制的研究较少。

社会认同是社会心理学中的特定用语,指的是个体在社会中获得一定的归属和情感依赖,使个体所在的群体形成共同的价值取向和信仰,进而又作用于个体,影响其社会判断、社会态度和社会行为。从这个意义上说,社会认同的功能在于向社会成员灌输行动逻辑、塑造特定结构以及营造相应的群体文化。社会认同是社会情绪传导和线上线下群体性行为的认知基础。在很多舆情事件中,信息流动和认同建构就好比油和水的关系。信息流动好比是水面上的油,具有流动性和随机性;而认同建构后的社会情绪传导好比油面下的水,具有稳固性。因此研究社会认同对社会舆情研判具有重要的基础性价值。

第一节 基于社会集群行为的虚拟社会认同建构

社会认同一般是由社会分类(social categorization)、社会比较(social comparison)和积极区分原则(positive distinctiveness)建构的[1]。根据社

---

[1] TAJFEL H. Social psychology of intergroup relations [J]. Annual review of psychology, 1982, 33.

会热点事件中"两微"对社会心理的塑造过程的影响,可以将虚拟社会认同建构分为以下六个阶段。

一、热点事件的发生

热点事件的发生是虚拟社会话语场的导火索。在虚拟社会中,群体一般呈松散化、随意化,很多群体是基于趣缘和线下社会关系网形成的。只有在社会事件发生以后,大范围的社会认同才开始启动,因此事件的发生是社会认同建构的第一步。

二、集体记忆"投射"

20世纪20年代,法国社会学家莫里斯·哈布瓦赫提出了"集体记忆"的概念。所谓集体记忆,是关于一个集体过去的全部认识(实践的、知识的、情感的等)的总和[①]。集体记忆具有选择性,并不是"有闻必录",民众头脑中的固有认知框架会对进入的互联网信息进行选择,强化与自身认知框架相近的信息,选择性遗忘与自身认知框架相左的信息。经遴选后的部分信息才有可能进入人们大脑内部成为集体记忆,作为一种诠释的认知框架而存在。社会现实会不断"投射"到集体记忆中被诠释和解构,从而不断重复激活社会成员的共享情感,因此集体记忆对社会认同的形成具有重要的认知框架价值。如网络中不时充斥着腐败、炫富、强拆等事件,在整个网络世界范围内形成了消极性集体记忆与情感。再加上在一些社会不公事件发生后,部分政府部门所表现出来的"不作为",也使得民众形成了"既有的社会权威可能无法解决这些问题"的刻板印象。

基于这种消极性集体记忆,不难理解一旦虚拟社会中出现公共事件,社会民众便戴着"有色眼镜"去看待这些事件,抱着"这其中一定有内幕""宁可信其有不可信其无"的心态扫视。这也为造谣者提供了可乘之机。

三、社会意义建构与社会地位赋予

克兰德尔曼斯等人指出:"社会问题本身并不必然引起社会行动,只有当

---

① 哈布瓦赫. 论集体记忆 [M]. 上海:上海人民出版社,2002:48.

社会问题被人们感知并赋予意义时才会成为问题,许多原本可以被看作严重的社会问题的客观状况从来没有能够成为公众讨论的话题,甚至没有被人们察觉。"① 因此,任何一个事件一旦脱离了自身的事实表述,而成为一种价值判断和意义符号,那么这个事件会很快成为社会性事件,社会意义建构和社会地位赋予就是为事件贴标签、"上纲上线"。

需要强调的是,虚拟社会个体并不是传统意义上的"受众",对信息缺乏互动性,相反,出于对事件真相的关注,个体会通过自身的二次创作和"全民狂欢"的形式积极地参与到社会意义建构中,根据自己的"文化地图"和"集体记忆"对各种外界因素做出适当的话语诠释和社会意义建构。如会理悬浮门事件中,网民脑洞大开,争相 PS 搞笑,对整个事件起到了推波助澜的作用。

社会意义建构也是"概念化"和"标签化"的过程,"概念化"从某种意义上说是"再造了、深化了甚至是夸大了人们的怨恨、剥夺感或压迫感"②,如爱戴手表的官员杨达才被网友称为"表哥"。斯梅尔塞的"价值累加理论"(value-added theory)认为:"某种因素孤立出现的时候也许并不足以导致群体性事件的发生,但当它们按照一定的顺序出现时,其价值就会被放大,群体性行为出现的可能性就大大增加。"③ 盘点历次社会舆情事件可以看出,任何一个舆情事件的出现首先必须具备以下几个因素:一是事件本身具有民众关注的元素;二是能够引起网民"二次创作"的全民狂欢;三是关键人物介入。以上三个因素缺一不可,并且顺序必须有先有后。通过这种同波共振的机制,事件的价值被无限放大,激活了民众自身的认知框架,进而造成社会民意的啸聚和事件的酝酿发展。

四、社会情绪启动和小范围的社会认同形成

在事件获得其社会意义的建构和社会地位的赋予之后,借助"双微"的

---

① KLANDERMANS B, OEGEMA D. Potentials, networks, motivations and barriers: steps toward participation in social movement [J]. American sociological review, 1987, 52.
② 赵鼎新. 社会与政治运动讲义 [M]. 北京:社会科学文献出版社,2006:49.
③ SMELSER N J. Theory of collective behavior [M]. New York: Free Press, 1962: 132 - 134.

"嵌套"传播结构,其传播速度会呈几何级增长。经过意义建构,事件在作为一种事实信息传播的过程中也伴随着社会意义符号传播。从本质上讲,社会意义是一种价值判断,背后是社会情绪及社会情感。相同的地域空间、相似的生活经验使得网络上早已形成"地域-身份-命运-道义"组合共同体,一旦这个组合共同体被激活,民众的社会情绪就会被唤醒,社会个体就会自动选择不同的群体进行集聚,进而引起社会态度形成。因此,社会情绪启动是社会认同进程正式开始的第一步。随着社会情绪在小范围的群体中获得认同和接受,小范围的社会认同得以形成。

五、社会情绪渲染、演化和社会态度形成

这一阶段主要是由传播来完成的。虚拟社会网络关系中有很大一部分是与现实关系网相重叠的,基于社会信任的人际传播是一种成本最低、阻尼最小、效率最高的传播形式,因此社会情绪会随着事实信息进一步大范围传播,社会情绪在大范围内被自媒体用户接受,并进一步同化。自媒体用户将社会情绪内化到自身,形成自己的社会态度和社会意见,对整个社会热点事件具有一致的看法、一致的行为倾向,社会态度达到最大的"合意",即"最大公约数"。

六、社会认同与行动仪式

在社会态度形成后,集体认同得以建构,进而付诸社会行为,产生社会集体行为。需要说明的是,在集体行为最终出现前,还有个别社会事件存在所谓的"行动仪式",如维权事件中经常出现的"集体散步""集体购物"等行为。卡茨指出,仪式的神奇效果之一即在于"在缺乏共同信仰的情形下制造团结"[1]。在"集体散步"等行动仪式中,行动不是目的,只是一种象征性符号表达,这种符号会使群体内部生成一种认同和情感归属,使得每个个体产生身份和群体图腾。如昆明反PX项目事件中,民众通过戴口罩聚集静坐来获得一种行动认同,在这种认同的基础上宣泄自己的情绪,实现一种"情

---

[1] 何明修. 工厂内的阶级团结:连接石化工人的工作现场与集体行动[J]. 台湾社会学,2003(3).

境规范"和"行动仪式",进而参与到社会集群行为中。

第二节 虚拟社会认同的形成机理:社交茧房

以微信为代表的社交平台的普及使得人类在虚拟空间重新部落化。民众基于血缘、地缘、学缘、业缘和趣缘等关系组成了不同的圈子,从圈子中获得信息、讨论社会事件、构建关系、再生产社会资本、寻求社会归属,圈子对民众进行柔性的权力约束和话语规训,民众依托社群而在网络中存在,传统社会的"原子人"在网络中成为"社群人"。

一、信息茧房 vs. 社交茧房:社交茧房形成的社会机理

"信息茧房"作为算法推送兴起后被屡屡提及的信息消费隐喻,在笔者看来并不如虚拟圈子对民众信息获取结构的茧房效应显著,后者一定程度上形成了"社交茧房"。

(一)选择性接触是人类与生俱来的信息获取偏好

近年来,有关算法推送的新闻分发方式越来越成为学者关注的对象。概括而言,大抵有以下三种观点:一是技术决定论,认为算法推送会造成民众只选择自己喜欢的感兴趣的信息,这种选择性接触机制会造成民众的生活桎梏于像蚕茧一般的"茧房",从而遮蔽民众认知世界的视野,引发假新闻泛滥、信息偏食、信息茧房、回音室等不良结果[1],长此以往会造成社会黏性的丧失,信息茧房最早是美国的桑斯坦提出的半预言式的隐喻[2];二是技术有益论,认为算法推送使民众的信息选择权提升,对民众的话语平权具有显著意义,有学者通过实证研究证明算法不仅没有导致用户的信息接收渠道窄化,反倒使民众对传统媒体等非算法型信源的信任程度有所提升,算法并没有导致信息茧房,反而在主流价值观的引导上发挥了积极作用,为个体提供

---

[1] 陈昌凤,霍婕. 权力迁移与人本精神:算法式新闻分发的技术伦理[J]. 新闻与写作,2018(1).

[2] 喻国明,方可人. 算法推荐必然导致"信息茧房"效应吗:兼论算法的媒介本质与技术伦理[J]. 新闻论坛,2019(6).

了更多元和理性的信息世界①；三是技术中立论，认为技术掌握在人的手里，无所谓好与坏，由此引申出算法推送中的伦理等问题②。

以上三种观点都强调了信息茧房对信息传播与消费的重要影响，但现实中以算法推送为特征的信息茧房真的有那么大的威力吗？信息茧房研究者更多地强调算法推送容易造成信息的选择性接触，但信息选择性接触现象是人类趋利避害的自然选择行为，人们只看想看的东西，只听认同的观点，只接触跟自己意见相同的朋友。信息茧房效应在人类接触信息的那一刻就出现了，并不是算法推送造成的，算法推送只是将这一现象予以显性化和扩大化而已。如《洛杉矶时报》（Los Angeles Times）曾一天出版450多版，比一本书还要厚，民众显然不可能看完所有版面，必须从中选择自己喜欢的内容去阅读，大部分内容都会被舍弃。

（二）社交圈子已成为民众获取外部资讯的第一媒介和中介

从民众的信息获取结构和群体沟通机制来看，信息茧房更多是从传者角度思考问题，是传统的单向度传播思维，真正对民众的信息获取结构和社会价值观塑造起决定作用的是其所在的圈子、社群，即社交茧房。社交茧房是从信息茧房延伸而来的概念，主要从受者角度思考信息的消费模式的转变。民众越来越依赖圈子获取信息，圈子决定了民众获取资讯的范围、结构、层次和质量，更具有"茧房效应"。

传统社会民众主要依靠大众媒介获取资讯，因此大众媒介具有议程设置的功能指向，民众的所思所想为大众媒介所设置。但随着社群时代来临，民众更多地依靠自己所在的圈子获取信息，人际关系网超过大众媒介成为民众获取资讯的第一渠道。相关调查显示，以微信群、朋友圈等为代表的社交圈子（76.5%）已超过以广播电视、报刊等为代表的传统大众媒介（17.8%），成为民众获取资讯的第一渠道③。另外，由于主要依靠圈子获取信息，获取信息的内容和品质也出现了结构性变化，大众媒介设置的话题相对"宏大"，

---

① 喻国明，方可人. 算法型内容推送会导致信息茧房吗？：基于媒介多样性和信源信任的一项实证分析[J]. 山东社会科学，2020（11）.
② 袁帆，严三九. 模糊的算法伦理水平：基于传媒业269名算法工程师的实证研究[J]. 新闻大学，2020（5）.
③ 喻国明. 当前新闻传播"需求侧"与"供给侧"的现状分析[J]. 新闻与写作，2017（5）.

而人际圈子则扮演着把关人的角色——只关注与圈子相关的资讯，圈子内的些许"风吹草动"尽收眼底，但圈子外的宏大叙事则可能充耳不闻。圈子本身就是一种媒介，成为沟通圈内成员和外部信息流动的中介。

（三）回音室效应使得社群群内同质性和群际异质性双向增强

虽然圈子成为成员与外部世界交往的媒介，但并非所有资讯都可以畅通无阻地进入圈子内部，只有那些与圈子固有立场和价值观一致的信息才可以进入圈中，"同声相应，同气相求"。正如个体在接触信息时内心都有个认知框架，符合自身固有认知框架的信息才会被接收和内化，不符合的则被嗤为虚假信息。换言之，社交圈子内部具有过滤泡（filter bubble）和回音室（echo chamber）效应[①]，最终使得圈子内部成员的立场越来越一致，长此以往会逐步固化和刻板印象化，圈子的"内壁"增厚。由于缺少全社会范围内的对话公共平台，平时大家相安无事，但一旦遇到公共事件，不管是否涉及本群利益，只要有群体成员发表观点，圈子其他成员就很容易产生共鸣而深信不疑——不考虑这些观点或情感是否相矛盾，更不管论证推理的逻辑是否经得住推敲。但圈子之间的沟通与对话的难度在逐步加大，社交圈子越来越类似于打地鼠游戏中的一个个"地洞"——圈子内部成员抱怨别的圈子不了解自己所处的群体，希望别的圈子了解自己，希望与其他圈子沟通对话，同时又使用固有刻板印象打量别的圈子，双方对话很容易变成"鸡同鸭讲"式的隔空喊话或者"刺刀见红"式的对骂，最终结果是双方成见不断加深，对话成本不断加大，社群的巴尔干化现象不断凸显。从这个意义上说，社交圈子形塑了圈内成员的价值立场和社会认知，将社群成员从社群共同体改造成了"偏见共同体"。

（四）信念回响效应增强了虚拟群体的集体记忆和身份认同

在网络舆论场中，很多事件被翻转或澄清纠正后，往往并不能彻底改变社群成员对事件的固有认知和固有态度，这种绵长、持续的态度影响（lingering attitudinal effects）被称为"信念回响"（belief echoes）效应。一旦社群成员对某一公共事件达成一致共识，这种共识便会作为一种集体记忆框架被社群成员内化和接受，成员进而对与之相左的信息产生抵抗和否定。集

[①] 李彪. 后真相时代网络舆论场的话语空间与治理范式新转向［J］. 新闻记者，2018（5）.

体记忆趋同也会加强群体内部的凝聚力——拥有相同集体记忆的人会具有更强的身份认同。这就可以解释为什么老年微信群内充斥着谣言。老年群体拥有共同的集体记忆，对谣言的判断标准和认知大抵是一致的，并且一旦有谣言被转发到群里，便会有其他成员的点赞撒花，对谣言转发者来说会产生一种强大的社会支持虚妄感。这种信念回响效应会进一步增强，形成一种螺旋上升趋势。

回音室效应和信息回响效应使得大众传播的难度不断增大，表面上各类媒体融合项目热火朝天，但如果无法突破圈子外壁进入圈子内部，那么再好的传播内容和传播形式也是隔靴搔痒。

二、"社交茧房"的三种主要"舆情遮蔽"类型及影响

按照麦克卢汉的"媒介即人的延伸"和马丁·海德格尔的"技术是时代的座架"等所揭示的逻辑，互联网带给整个人类社会最重要的意义在于，网络作为人类社会生活中最具有基础性的技术，形塑了一个全新的社会生活场域和社会环境。这是一种全然不同于以往农业社会和工业社会的新社会生活场域，与之相匹配，在这个全新的网络社会生活场域中占据主导地位的是一种全新的后现代技术范式和后现代技术逻辑——网络社群化逻辑，目前它正逐渐成为支配和控制人们的社会生活的基本逻辑。

但与麦克卢汉"媒介即信息"的观点不同，传统现象学研究者马丁·海德格尔认为，在现实生活中，技术构成了人们的基本存在处境。他认为技术绝不仅仅只是人类生存和存在的手段和工具，技术在本质上是"座架"（Ge-Stell），是对自然的促逼和对世界单向度的解蔽（das Entbergen）。"我们以'座架'一词来命名这种促逼着的要求，这种要求把人聚集起来，使之去订造作为持存物的自行解蔽的东西。"[①] 换句话说，根据海德格尔的观点，技术作为一种"座架"，为人们的理解和生存设置了固有的框架，人类所有的思考和生存方式都必须发生在这个由技术座架限定的框架背景之中，无法逃避或站在这个框架之外。即人类生活在这一技术的世界之中，就被"促逼"着

---

① 海德格尔. 技术的追问//海德格尔选集：下卷[M]. 上海：上海三联书店，1996：937-938.

只能在这一框架下"解蔽"世界，根据这一底层技术的秩序来理解外部世界，这是人类的历史宿命。正如数字之父尼葛洛庞帝所说的，在今天，"计算不再只和计算机相关，它决定着我们的生存"①。网络技术作为一种新的传媒技术，作为"座架"，"促逼"着人类只能以信息化、网络化的方式，在信息化和网络化的框架下解蔽世界，从而产生一种完全不同于工业时代的全新的社会活动场域和环境，即后现代的社会生态地景地貌。可以说，"网络空间与资讯技术，在根本上就和其他技术一样，是特定社会关系的揭显与设框，是牵涉人类生存条件的特殊模式"②。可以看出，媒介技术对人类观察世界的解蔽永远是单向度的，按照自己的技术架构部分地予以解蔽，解蔽的同时也进行着遮蔽。对照现实生活，就是社交网络在使得社会个体联系密切、交往日益零成本的"解蔽"情况下，也"遮蔽"着个体认识世界的渠道和信息的质量。因此，对于当代人来说，社交网络就是当代人的宿命，而社交茧房作为一种遍在化存在，当代人亦无处可逃。综合近几年舆情事件中的社交茧房现象，目前对舆情影响最大的社交茧房主要包括以下三种"舆情遮蔽"。

（一）职业社交茧房：危及"职业共同体"建设和社会整合

职业社交茧房是基于相同职业而产生的民众社群，是其日常交往的职业小圈子。以往仅是单位同事的线下交流，社交平台崛起后，全国范围内从事同一行业的人员可以聚集起来，形成更大的茧房效应。有研究者指出职业共同体建设与社会整合的重要价值："在今日中国，当家庭的小型化导致它难以承担社会整合的首要机制以后，当改革以前的'单位制'也衰落以后，推进人们日常交往的小的职业共同体建设的意义就凸显出来，成为今天社会整合、社会团结和构建和谐社会的最重要的民间基础。"③但在网络空间，职业社交茧房日益成为社会整合的障碍和桎梏。如2015年6月9日河北肃宁发生特大枪击案，造成两名警察牺牲，在当晚央视《新闻1+1》节目中，因为白岩松称公安干警"死亡""离世"，而没有用"牺牲"，称罪犯为"五十多

---

① 尼葛洛庞帝. 数字化生存［M］. 海口：海南出版社，1996：15.
② 王志弘. 技术中介的人与自我：网际空间、分身组态与记忆装置［J］. 资讯社会研究，2002（3）.
③ 李强. 职业共同体：今日中国社会整合之基础：论"杜尔克姆主义"的相关理论［J］. 学术界，2006（3）.

岁的老汉"而没用"犯罪嫌疑人",引起了警察群体的反感,在各个警察社交群里动员,集体签名向央视发公开信,要求白岩松"道歉""下课",而媒体从业者群体则对白岩松的报道进行辩护,两个职业群体针锋相对搅动舆论场,使得一个刑事案件成为两个职业共同体的舆论对决。基于医生、教师、警察等职业的社交茧房在涉及自己职业的事件中,会下意识地抱团取暖,对其他职业或关涉群体立场先行指责,不仅没有促进社会学家所说的"社会整合",还进一步加剧了社会对话的难度。

(二)性别社交茧房:女权与反女权互相攻讦,撩拨民众敏感神经

鲁迅曾在《娜拉走后怎样》中揭示了娜拉的命运——不是堕落,就是回来,因为经济地位是妇女所有地位的基础和根本。现代社会女性经济地位不断提升,女权运动成为不可逆转的社会大势,米兔运动(Metoo 运动)即为近年来最为声势浩大的全球性女权主义社会运动。在米兔运动中,由于社交茧房的存在出现了一些极端的情况,个别演变成对男人和性的憎恨,一味强调女权,出现了为了女权而侵犯别人基本权利的情况。如网络主播 Papi 酱生孩子因为随丈夫的姓而被网友骂"婚驴""胎器"等,形成了人身侮辱与人格攻击。同时,正是由于这种性别社交茧房的存在,相关女权舆论的发展又塑造出一谈女权就斥为"女权婊""女权癌"的刻板印象。这种刻板印象的解构和重构从某种层面印证了关于性别权力的舆论演进表现出过犹不及的态势,很多舆情事件经常猝不及防地被纳入性别权力的框架中讨论,忽视了性别之外其他更为主要的因素。这种情况造成当下性别舆论更为浑浊,如车祸事件中女司机常被重点强调、晚婚人群中大龄剩女会被优先强调、高校事件中女大学生被优先设置……这些性别标签被刻意强调,总能撩拨民众的性别刻板印象。

(三)世代社交茧房:社会范围内的代际冲突动摇传统家庭和社会结构

代际冲突,是人类社会亘古不变的主题。随着我国互联网普及率的逐年攀升,中国社会的数字代沟正加速演变成数字化代际冲突。数字时代的代际冲突不仅仅发生在家庭场域之中,不仅仅是数字反哺的问题,而扩展延伸到整个社会话语场;同时,代际冲突表面上看起来是不同出生时代的人群的冲突,其本质上还是一种社群冲突,即年轻群体对自己的父辈人群、年长者对自己的子辈人群的刻板印象之间的碰撞。网上不时有跳广场舞老人与打篮球

青年为争夺场地而发生肢体冲突等事件，每每出现都引起民众对老年群体的一顿口诛笔伐，而老年群体在互联网上是一群话语困难群体，没法为自己辩解，这最终固化了对老年群体的刻板印象。因此近年来网上"坏人变老了"的各类评论不绝于耳，归根到底是数字化使得"父权"和"权威"双向持续衰落，子辈的数字权威和数字反哺大行其道。在家庭微观小环境中也存在父辈与子辈的激烈冲突与话语权争夺，如网上曾有个段子，说疫情期间家族群中不断有亲戚转发谣言，后来当事人为了提高其亲戚辨别谣言和不传谣的能力，便刻意转了几条"小伙传谣500次被刑拘""妈妈信谣害死女儿"，感觉自己的亲属群里风清气正多了，后来当事人被告知，亲戚们又新建了一个亲戚群，只是没加当事人而已。可见，未来价值观一致的人会更容易聚集捆绑在一起，三观一致的人的亲密层次在某种意义上会超过血亲关系。因为在网络社会里，亲属关系的作用被最大限度地减弱，而虚拟社群会因为价值观的相通、感情上的相惜、灵魂上的共鸣而走在一起，并有可能结成比血缘关系更加牢固的纽带。

当然，还存在其他类别的社交茧房对舆情的遮蔽现象，但影响力不如上述三种类型，在此不做阐述。

第三节 虚拟社会认同的建构机制及特点

通过以上社会认同建构过程可以看出，虚拟社会认同具有以下几个特点。

一、虚拟社会认同主体具有多元性、易变性和多层次性

虚拟社会认同主体具有多元性。认同主体多是基于趣缘、业缘等建立起来的社会群体圈子，在社会认同过程中扮演信息提供者、社会意义建构和仪式赋予者、信息传播和情绪传道者等多元角色。而在这个过程中，主体之间又具有一定的易变性和多层次性，即有些群体扮演主导者角色，有些群体则扮演跟随者角色。

另外，网络个体往往具备多重身份，有时甚至可能出现认同重叠和多元认同的现象。如有些社会认同主体对社会不公平深恶痛绝，但对于其他问题

如同性恋、中性美等网络文化现象则表现出不同的价值取向。

二、虚拟社会认同由群体主导到意义建构和情绪渲染主导

以往现实社会的认同机制研究中不可或缺的是群体认同，群体认同被认为是社会认同的基础。随着新媒体技术的发展，技术消弭了时间和空间的阻隔，中国传统社会以血缘、地缘为基础，"家国同构一体"的社会结构被不断解构，基于趣缘的虚拟网络族群崛起，这种群体形式更为松散和易变，群际联系更加复杂。虚拟社会认同主要由意义建构和情绪渲染为主导，情感同幅共振成为群际的最新黏合剂，成为社会认同的原始动力和主要组织形式。

三、虚拟社会认同分为共情认同、对立认同和误同等形式

传统社会认同更多是基于群体认同基础上的态度认同，而虚拟社会认同有了进一步演化，概括起来主要分为以下几个类别。

一是共情认同。即事件发生后，认同是一种边界性认同，是群体的认同，而不是个体的认同，因此，认同个体首先是对本群体或者与自己社会地位、境况相近的个体产生认同，其次是对社会中基本道德水准的认同，如同情弱者、痛恨施暴者等等。在安徽芜湖跨年夜女生坠楼事件中，任何社会个体对该事件都表现出同情受害者的情感共鸣，这很容易形成整个社会范围内的认同合意。因此，共情认同是一种直接认同。

二是对立认同。即主体产生社会认同是基于共同的对立方，出于"敌人的敌人即是朋友"的逻辑假设。如社会民众对社会中的不公平、官员腐败等不满，虽然不同群体具有各自的群体利益诉求，但面对这些社会不公事件时表现出一致性，此即对立认同。对立认同是一种间接认同。

三是误同。即认同主体错误地将别人的感受、遭遇和行为当作自己的，进而产生"在场"的情境假设，对事件产生认同。在很多热点事件中，社会个体表现出异常的愤懑甚至付诸行动，主要受到集体记忆认知框架的影响，很多社会个体认为自己就是社会事件中的受害者，感同身受。如群体性事件发生时，很多围观群众之所以表现出超乎寻常的"热心"甚至演变为打砸抢烧等危害性活动，主要是错误的社会认同心理在作祟。误同是社会认同的一种延伸认同形式。

四、政治化社会认同是社会认同的高级形式，社会认同促进政治参与意识

根据认同目标和利益诉求，可以将社会认同划分为经济化社会认同、道德化社会认同和政治化社会认同等。经济化社会认同相对简单，主要是基于经济利益而形成的诉求，如各地爆发的反对PX项目事件中形成的社会认同，主体基于邻避效应担心自己的生存受到威胁而形成的认同。道德化社会认同是基于人类共有的道德价值底线而形成的认同，如佛山小悦悦事件中民众基于社会道德滑坡现实而产生的社会认同。政治化社会认同是社会认同的高级形式，一般在社会不公事件发生后，认同主体的共同愤怒意识进一步加强，明确了该为困难群体处境负主要责任的外群体，认同个体的社会话语直指这一敌对群体，认同主体开始有意识寻求赢得政府等权威机构或大众等第三方的关注和支持。此时，社会认同将发展出它的高级形式——政治化社会认同，如于建嵘组织的随手拍解救流浪儿童事件、随手拍豪华军车事件等。

五、高度认同尤其是愤怒情感认同对社会集群行为具有直接促进作用

范佐默伦等对2007年6月之前的集体行动研究中的182个独立研究结果进行元分析，提出集体行动社会认同模型（social identity model of collective action，SIMCA）[①]。模型证明了社会认同在集体行动前因变量中的中心因素，并确认不公和效能是集体行动的主要前因变量。同时，相关研究表明，社会认同具有高认同度和低认同度之分。一般来说，高认同度的群体更容易直接付诸集体行动，省去了群体讨论和共同态度形成的阶段；低认同度的群体则只有对未来预期乐观时才愿意参与到行动中，因此高认同度往往带来的是高行动力。在社会认同中有一种情绪特别能够引起群体形成高认同度，那就是群体愤怒情绪（group based anger）。愤怒情绪能够最大限度地激发群体内部的认同，让群体感觉到受到不公平的对待，对群体的生存产生焦虑，希望通过集体行动改变这种现状，因此，愤怒情绪往往是

---

① VAN ZOMEREN M, SPEARS R, LEACH C W. Exploring psychological mechanisms of collective action: does relevance of group identity influence how people cope with collective disadvantage? [J]. British journal of social psychology, 2008 (47).

认同的第一催化剂。如历次反对 PX 项目事件中，短时间内形成的集群行为在很大程度上是由群体愤怒情绪主导的。

六、虚拟社会认同的异化：内群体为外群体产生社会认同

社会认同研究认为，内群体和外群体之分是形成社会认同的组织基础，正是有了基本的群体边界才产生了群体认同。而在虚拟社会中则出现了一种异化的社会认同，即地位高、形象良好的群体为外群体——困难群体的权益而产生新的社会认同。

在现实社会认同中，群际关系的显著特征是群体边界，甚至存在群际的误解乃至冲突。尤其是当一些事件侵犯到内群体的利益时，群体成员会下意识地借助自身的刻板印象对另一个群体进行指责和讨伐。[①] 而在虚拟空间中，与真实现实不同的是，很多个体将自己置于"道德卫士"的制高点，形成了一种新的群际关系，即社会同情和关心，优势群体可能为了困难群体的利益而形成社会认同，如意见领袖作为优势群体成员，借助自己的影响力为社会困难群体的利益鼓与呼。

第四节　虚拟社会认同的引导与管理策略

积极的社会认同能促进社会和谐发展，消极的社会认同会导致集体行为甚至社会极端行为的发生，因此对虚拟社会认同进行有效引导和管理，趋利避害，是社会管理常议常新的话题。

一、警惕群际歧视，构建不同社会群际的对话平台机制

改革开放后，社会信任共同体和共同信仰土崩瓦解，政府没有及时有效地在全社会范围内构建出一个公共话语平台，社会阶层碎片化使得现实社会和虚拟社会形成了一个个断裂的社会族群。由于缺乏公共话语沟通机制，这些断裂的社会族群之间是"不通约"的，"你唱你的，我说我的"，没有共同

---

① 何明修. 工厂内的阶级团结：连接石化工人的工作现场与集体行动 [J]. 台湾社会学，2003 (3).

的话语体系,不是互相倾诉,而是戴着面具和预设性的刻板印象隔空喊话、互相质疑、互相辱骂乃至互相怨恨。

因此,需要在全社会构建公共话语平台和对话机制。微博其实在某种程度上能够扮演这种角色,各个社会利益群体在其上进行对话和争鸣,有利于展开对话和协商。虽然表面看上去很闹腾,但由于政治管控等因素的影响,微博的公共话语平台属性被一定限度地消解。政府应该主动承担起社会话语平台构建者的角色,让社会各个利益族群能够合理发声,并被其他族群听到,一个理性的虚拟社会对现实社会具有很好的促进作用。同时,政府必须正视网络在社会管理中扮演的安全阀和社会黏合剂的重要作用,将网络打造成社会不同群体对话的话语平台。如果将社会情绪的宣泄口关掉,网络的社会代偿功能不能很好发挥出来,社会矛盾和社会戾气就会进一步淤积,影响社会和谐健康发展。

二、发挥社会认同的黏合剂作用,有效解决网络群体偏见和社会族群分裂

在当前社会,应该发挥社会化媒体在促进社会认同中的黏合剂作用,扩大社会认同的基础和范围,促进社会达成最大公约数。警惕网络中存在的群体偏见和沟通隔阂,在虚拟社会群体之上构建超越所有社群的全新社会认同。"中国梦"的提出符合这种趋势和现实,但泛政治化的解读在一定程度上降低了其认同、黏合的效能。

三、构建社会情感按摩机制,改变社会个体"集体记忆"的认知框架

社会情感的形成是社会认同进程中最为重要的认知基础,而社会个体的刻板印象和记忆则是促进社会情感、社会态度的重要认知框架。因此对管理部门来说,必须通过法治实现社会的公平和谐,改变社会个体的认知框架,改变目前的刻板印象,构建社会个体全新的认知框架,进而促进积极的社会情感。在当下社会时常出现消极情绪的境况下,管理部门应该完善社会情感宣泄机制,变堵为疏,构建社会情感有效疏导和按摩机制。

四、监控公共空间仪式表征,阻断集体行动者的情境定义与集体合意

要加强对网络空间中仪式表征的监控,阻断集体行动者的情境定义,通

过改变事件传播的话语场景影响事件的演变趋势，通过与各个话语场域中的代表进行对话消解族群之间的误解，通过对个别极端行动者的惩戒达到话语权分散等状态，使得社会话语讨论回归理性轨道。

五、改革社会流动机制，增强网络群体边界的可渗透性

要改变社会阶层板结化的境况，增强群体、阶层和族群之间的社会流动和社会竞争。首先要特别关注社会失利阶层，维护该群体的自我激励和社会参与感，最大限度地消解使这一群体产生群体愤怒情绪的机制，提升其群体效能；其次要改变社会阶层的流动机制，建构多元的低层次阶层向上流通的通道，提升困难群体和失利阶层的国家认同感和生活幸福感，从根本上阻断困难群体内部悲情形象的认同感生成机制，改变导致"弱势心理""相对剥夺心理"出现的社会现实。

六、构建自下而上的亚政治环境

乌尔里希·贝克认为，现代社会已经步入了风险社会阶段。亚政治是风险社会背景下的一种社会行动，已经开始渗透进社会经济文化的方方面面[①]。通俗地讲，亚政治是介于政府与市场之间的中间力量，既没有政府的政治性，也没有市场的商业性，具有调和政治和市场关系的作用。随着社会风险加剧，亚政治空间的建设显得越来越重要，已经成为风险社会维护社会稳定发展的重要力量。社会主体政治体系必须持开放态度，打开自己的边界，吸纳社会中各种资源和力量包括亚政治所呈现出来的力量，从而解决转型社会中的一系列政治问题。

全社会范围内的共识与认同是理性社会形成的基本表征。但现在以微信群为代表的半封闭状态的社群盛行，社会认同的组织基础越来越薄弱，对话、共识和认同成为当下稀缺的社会资源。任何群际刻板印象都不是靠简单的说教和道德准则就能统领整合的，只有在互动基础上形成基本共识，并内化为社会认同，才能解决社会阶层断裂和群际仇视的问题。

---

① 曾鹏，练伟. 亚政治与网络集体非理性行动［C］//"秩序与进步：浙江社会发展60年研究"理论研讨会暨2009浙江省社会学年会论文集，2009：412-417.

第三篇
国家治理创新

2016年2月19日,习近平总书记在党的新闻舆论工作座谈会上明确指出,"党的新闻舆论工作是党的一项重要工作,是治国理政、定国安邦的大事",好的舆论可以成为发展的"推进器"、民意的"晴雨表"、社会的"黏合剂"、道德的"风向标",不好的舆论可以成为民众的"迷魂汤"、社会的"分离器"、杀人的"软刀子"、动乱的"催化剂"。从这个意义上说,好的舆论环境是治国理政的软环境和基础保障,国家治理创新首先需要在舆论治理上创新。长期以来,舆论引导面临着网上网下、国际国内两个二元结构的问题,新时代舆论治理创新不能仅仅停留于传统时代简单地通过新闻发布会、一纸情况通报等加大信息供给的单一信息范式来解决。大舆论观将舆论置于一种复杂的社会运动和要素组合的视角下看待,强化舆论治理的复杂范式,在这一范式的指导下,从治理思维、顶层设计、宏观机制到话语修辞、危机公关、价值认同、心理修复等方面提出舆论治理的综合范式,以实现国家治理的创新和转向。

第六章 作为国家治理创新抓手的平台治理与引导

平台或平台经济表面上是一个时髦的新概念，但其实平台是一个很古老的商业模式。最早的平台就是早期的集市市场，买卖双方在有形的物理空间内完成交易，平台扮演着两个或更多群体之间的中介，只不过双方完成的是一种物品交易。随着数字技术的兴起，平台越来越普及，交易的内容也越来越多元，大家熟知的互联网公司本质上都是平台——本身不生产数据与信息。随着数字技术的发展，互联网平台崛起，包括传统商品在内的一切物质、信息、知识、数据和关系都在互联网平台上映射、再生和交易。数字社会本质上是一个平台社会，数字经济本质上也是平台经济，整个社会在虚拟空间被平台化了，互联网平台在一定程度上成为社会运行的虚拟操作系统和底层架构。因此，研究互联网平台及其治理是时代命题。

第一节 互联网平台与民众、政府权力之争的历史脉络

在中国互联网平台的发展过程中，以民众和政府为代表的多元社会主体成为影响其发展的重要力量。通过与这些主体的互动及争夺，平台实现了权力的膨胀与扩张，并最终发展为对社会经济具有垄断性的数字形态。但在这一过程中，政府治理力量的强化及民众权利意识的觉醒也逐渐对平台产生影响，平台机制、政府治理、民众反馈的结合塑造了目前中国互联网平台数字经济中的规范、价值和权力关系[①]。

---

① 管泽旭，张琳. 阿里巴巴的进化史与小资本主义的平台化：对本土语境平台化的考察[J]. 国际新闻界，2020，42（2）.

一、2008 年百度竞价排名被曝光：用户信息选择权和获取权被侵犯

相较于传统商业模式，互联网平台通过向不同的社会群体提供平台和中介，将自身作为群体交互活动发生的基础和中心，被赋予了记录、引导用户访问的权力以及对信息交换双方的排他控制权[①]。在此权力结构的基础上，利用数据与网络营销企业合作成为早期互联网平台重要的利润获取方式。竞价排名作为一种以普通用户搜索行为和数据关键词为基础的针对企业用户的推广方式，为以搜索引擎为核心业务的互联网平台公司如百度、谷歌等，带来了巨大的经济利益。在竞价排名机制的影响下，互联网平台利用技术干涉普通用户的信息占有和选择权利，企业用户和互联网平台的商业利益取代信息本身的有效性、众多普通用户的公共利益，成为搜索引擎信息排列的主要参考标准。大量无用信息、垃圾信息甚至虚假信息被提供给普通用户，不但增加了普通用户的信息搜寻成本，甚至严重损害了普通用户的基本合法权益。

2008 年 11 月，央视曝光百度通过竞价排名误导消费者。该事件对互联网平台产生巨大的负面影响，以百度为代表的互联网平台公司被置于法律和道德的边缘，民众不断质疑互联网平台缺乏公平性、道德感和社会责任，严重的信任危机导致作为平台商业模式重要支撑的用户体验价值严重下降。在此背景下，政府相继出台《通信网络安全防护管理办法》《规范互联网信息服务市场秩序若干规定》等法律法规，明确规定互联网信息服务者有保证普通用户信息选择权和获取权的义务，并由此加快了规范互联网平台信息服务市场秩序的脚步。为解决信任危机，以搜索引擎为核心业务的互联网平台开始被迫转变盈利模式，对社会责任的承担被加入互联网平台公司未来发展的考量。同时，这一事件向互联网平台公司展现了当前网络营销盈利模式的不稳定性缺陷，倒逼其开始借助技术深入探索互联网平台在社会基础设施中发挥重要作用的可能，为拓展新的更为稳定的盈利模式积累原始资料，也为未来互联网平台垄断行业奠定了基础。

---

① 斯尔尼塞克. 平台资本主义［M］. 广州：广东人民出版社，2018：51.

二、2010 年 3Q 大战事件：用户产品选择权丧失

互联网平台产生并依赖于"网络效应"，即使用平台的用户越多，平台对其他人而言就越有价值[①]。因此为实现网络效应的价值最大化，互联网平台通常具有开放与垄断的双重逻辑。开放作为平台的价值逻辑，通过提供互用性技术支持为互联网平台提供了"开放式创新"的动力及源源不断的用户数据作为生产原始资料。而垄断则是平台的底层基础逻辑，对于用户资源的高度需求使得平台具有垄断的自然倾向，通过对用户使用习惯的强化，建构在平台生态基础上的程序与应用对用户具有了"寄生"属性[②]，用户被逐步"锁定"在固定的互联网平台上。同时随着锁定效应的增强和平台扩展导致的同质程度的提升，不同互联网平台之间对于用户资源的竞争加剧，极易导致平台以实际损害用户自由选择和使用产品的权益为代价，通过强制"二选一"、屏蔽入口等方式，获取自身在用户资源争夺中的有利地位。

2010 年，腾讯与奇虎 360 以争夺用户资源为目的展开交锋。双方均采取了不正当竞争手段，利用单方面中断对用户的服务捆绑用户做出选择，影响了用户正常的业务使用。从交锋的直接结果来看，高频、刚需的即时通信平台击败了相对低频、非刚需的安全平台取得了胜利，但同时腾讯也饱受系统封闭的质疑。这一结果进一步促进了中国互联网平台在基础设施和生态系统方面的发展脚步，开放价值被置于互联网平台发展策略的"前台"。在腾讯之后，阿里巴巴、新浪等众多中国互联网平台公司宣布实施开放平台策略；然而，作为平台底层逻辑的垄断思路也开始借助开放平台的构建付诸实施，自此，中国互联网平台的垄断格局逐渐形成。

三、2018 年大数据杀熟事件频出：用户数据权和隐私权危机凸显

随着互联网平台垄断格局的形成，垄断效应使得信息、数据、关系等资

[①] 斯尔尼塞克. 平台资本主义[M]. 广州：广东人民出版社, 2018：51.
[②] 蔡润芳. "围墙花园"之困：论平台媒介的"二重性"及其范式演进[J]. 新闻大学, 2021(7).

源在互联网资源的社会化配置中高度集中①。通过高效整合与集中挖掘、分析，这些资源转化为平台产生规模效益的私有生产资料，同时也成为其经济与政治权力基础。在互联网平台数据的生产循环过程中，用户与平台之间建立了新的权力结构，平台以大数据分析等信息运算与挖掘技术为支撑实质掌握数据所有权，作为初始数据所有者的用户受到使用过程中的权利让渡及技术壁垒的约束，反而在这一关系中处于困难地位。借助在权力关系中的优势地位，私有化的数据资源和大数据技术成为部分互联网平台进行不当利益宰割、追求超额利润的有力工具②，基于数据资源榨取更高的剩余价值也使得平台间进行数据搜集的竞争，民众的隐私被过度收集和分析的风险增大。

2018年，大数据杀熟在多领域互联网平台泛滥，并被评为年度十大消费侵权事件之一。这一系列事件在某种程度上向民众呈现了互联网平台的深层技术资本逻辑，互联网平台并不是真正的去中心化网络，垄断格局带来了平台在技术创新领域发展意愿的消解，"商业逻辑""算法逻辑"占据主导地位③。用户的日常生活通过平台全面、隐秘的渗入被强制推上商品化轨道，构建在平台基础上的用户权利的获得受制于平台自身的选择。互联网平台对消费端用户知情权、公平交易权、隐私权等正当权益不受约束的侵犯及用户对此的无力处理，引发了用户对隐私泄露和隐私保护的集体焦虑，个人隐私数据保护成为互联网平台社会治理的痛点。因此，作为反垄断的重要组成部分，通过转变数据监管方式，强化数据监管行为规范和制度，完善数据信息保护立法等措施，政府开始逐步深化互联网平台数据安全和隐私保护环节中法律和行政监督的影响力，以此制衡互联网平台与用户之间越来越不平等的权力结构。

四、外卖骑手被困在算法里：互联网新劳动关系形态合法性受质疑

互联网平台经济的蓬勃兴起，颠覆了传统经济模式，在促成新的价值生

---

① 李彪. 平台资本主义视域下的社交平台：价值本质、社会劳动和公共治理［J］. 社会科学，2021（6）.
② 李飞翔. "大数据杀熟"背后的伦理审思、治理与启示［J］. 东北大学学报（社会科学版），2020，22（1）.
③ 蔡润芳. "围墙花园"之困：论平台媒介的"二重性"及其范式演进［J］. 新闻大学，2021（7）.

态链的同时，也改变了生态链背后的劳动生产机制①。知识劳动成为互联网平台劳动体系的核心，互联网平台所代表的后工业信息社会相较于工业社会，将更加依赖于技术与信息的生产和传播，训练有素的技术工作者组成的知识阶层作为主要的劳动生产者崛起②。这一群体作为数据商品的实际加工者，是数据商品的价值源。在数据商品的加工过程中，其生产出的剩余价值更多被互联网平台公司占有，互联网平台公司通常通过延长劳动时间的手段获得高额的绝对剩余价值，对他们进行剥削③。同时，劳动外包成为互联网平台公司节省生产成本的重要手段，大量依托互联网平台的新就业形态出现。在这一新型劳动关系中，一方面，平台公司为控制成本、提升效率，利用技术的计算和监视功能，对新就业形态的劳动者采取了压榨式的劳动剥削，但由于平台的垄断，劳动者在平台之间进行选择的余地不断缩小，反而形成了对平台的单向依存④；另一方面，难以与平台公司真正确认法律意义上的劳动关系的新就业形态劳动者成为没有现行法律保障的廉价劳动力，在维护自身权益时面临既无法可依，也无实际案例可参考的困境。

  2020年，"996"事件及对外卖骑手劳动状况的报道，引发了民众对互联网平台公司劳动生产机制的不满，社会整体劳动生产率被互联网平台公司强行拔高。从某种程度来看，产品迭代和增长速度不过是用低劳动权益保护换来的"强心剂"。此外，相较于传统的制造业劳动力，依托互联网平台的新就业形态所具有的雇佣方式弹性偏大、组织程度偏低、就业契约去劳动关系等特征，为互联网平台公司逃避劳动关系责任提供了便利，新型劳动关系中互联网平台与就业者之间过于不平等的权力结构也使得其合法性及合理性受到质疑。互联网平台公司与劳动者关系的矛盾引起了政府的关注，为更好地保障劳动者的合法权益，相关部门在明确互联网平台普通劳动者劳动制度设置等争议问题的法律适用标准的同时，出台了对新就业形态劳动者劳动权益保障的指导意见，合理界定了新型劳动关系中平台公司的责任。公共权力流

---

  ① 蔡润芳. 平台资本主义的垄断与剥削逻辑：论游戏产业的"平台化"与玩工的"劳动化"[J]. 新闻界，2018（2）.
  ② 麦克切尔，莫斯可. 信息社会的知识劳工[M]. 上海：上海译文出版社，2014：2.
  ③ 陆茸. 数据商品的价值与剥削：对克里斯蒂安·福克斯用户"数字劳动"理论的批判性分析[J]. 经济纵横，2019（5）.
  ④ 焦佩. 论平台资本主义的变与不变：兼评左翼的解决策略[J]. 探索，2021（2）.

散、社会发展不均衡和数据安全隐忧等风险的显现，带来了一种自我保护"反向运动"（counter movement）[①]。在政府下定反垄断决心，民众对互联网平台及其公司垄断和霸权格局的不满情绪集中爆发后，双方力量的组合对互联网平台垄断及权力扩张的管控作用开始凸显。

第二节　当代西方平台资本主义视域下互联网平台的本质特征

通过与多元社会力量的互动，互联网平台公司实现了向数字平台之外的多元市场的扩张，最终发展出综合性垄断平台。依赖于数字基础设施，以平台垄断及私有数据资源为支撑，呈现"嵌套平台结构"特征的当代西方平台资本主义逐步形成。平台资本主义的发展标志着以互联网平台为代表的技术力量已成为资本、政治等要素之外新的社会权力结构建构的影响因素。同时，平台资本主义发展带来的"超国家权力"的膨胀挑战了传统的国家权力，为地缘博弈增加了新的不稳定成分。

一、平台资本主义是资本"裹挟"技术的产物

平台资本主义的快速发展得益于 2008 年全球性金融危机背景下宽松的货币政策加剧了企业日益增长的现金过剩状况及金融资本的扩张，互联网平台成为盈余资本的重要出口，过剩的资本创造了一场技术的繁荣[②]。而在这一场"技术繁荣"中，原本应具有中立特征的数字技术被资本裹挟并形成"同盟"，逐渐演变为资本开发和攫取利益的重要对象和工具。在新经济话语修辞传播的帮助下，数字技术逐渐实现依托互联网平台将人类的多数活动转换为抽象数据的资本倾向，并建构出一个没有物理边界的数字生产空间，泛化了劳动和生产的运作方式，资本主义条件下的传统规则，如生产社会化、私人占有、高效资本流动等因此得到强化。

[①] 王维佳，周弘. 规制与扩张的"双向运动"：中国平台经济的演进历程［J］. 新闻与传播研究，2021，28（S1）.

[②] 斯尔尼塞克. 平台资本主义［M］. 广州：广东人民出版社，2018：51.

以此为基础，数字技术承担起围绕数据、信息、关系等互联网平台核心生产资源的新规则建构者身份。原有的以相等劳动量衡量生产和交换的体系被改变，以效率和功能取向为主的算法技术逻辑渗透到资本生产的各方面，对数字空间内的一般数据，即由数据和云计算形成的关联体系的掌控成为新的衡量标准。平台资本主义所包含的全部要素，无一例外地需要为技术所架构的一般数据作为中介，人作为主体在新的衡量标准面前不是变得更强大了，而是更容易受到不以人的意志为转移的客观产品的支配①。新的衡量标准的建立为互联网平台形成赢家通吃的寡占市场提供了有利条件，出于利益最大化目的被吸纳进平台资本主义生产体系的社会公众因此被排除在平台权力之外。数字技术带来的服务终究服务于资本的逐利逻辑，并逐步强化了依循商品本性和商业原则建立起来的剥削体系，并将其正当化、普遍化、全球化②。

二、平台资本主义的本质是具有公共属性的数据资源被私有化与商业化

互联网平台对具有公共属性的信息和数据资源的圈占和垄断是平台资本主义形成与快速发展的根基③。数据作为一种公共资源，其形成的基础是在特定技术架构内生产及使用信息，一旦脱离了技术架构和其他数据，单一数据就无法产生意义及价值④，而这一建立在数字技术之上的结构原则使互联网平台的私有化行为得到合法化。利用互联网平台在社会中的中介作用，海量数据被收集、整合、分析并存储在互联网平台公司私有的信息数据库中。这些信息数据库作为"公开化的私人资产"，虽然部分呈现开源状态，但对其的使用仍处于互联网平台公司的监控之下，所有权仍掌握在平台及其公司手中。同时，多数开源行为的目的并非出于公共利益，而是当前平台商业模

---

① 蓝江. 一般数据、虚体、数字资本：数字资本主义的三重逻辑［J］. 哲学研究，2018（3）.
② 付英娜. 透视与反思：数字资本主义的生成及三重悖论［J］. 天府新论，2021（4）.
③ 蔡润芳. 平台资本主义的垄断与剥削逻辑：论游戏产业的"平台化"与玩工的"劳动化"［J］. 新闻界，2018（2）.
④ 胡凌. 商业模式视角下的"信息/数据"产权［J］. 上海大学学报（社会科学版），2017，34（6）.

式的副产品,以累积用户流量,在与其他平台的竞争中保持优势地位①。因此,表面上平台、社会、用户对数据资源的共有关系由于互联网平台及其公司制造的排他壁垒的存在而产生了倾斜,互联网平台及其公司占据了主导地位。

数据资源的私有化赋予了互联网平台及其公司垄断的权力,使其成为整个资本链条的顶端,并构筑了新的"围墙花园",较小平台及政府与非政府等公共机构不得不依赖于顶端互联网平台提供的数据来生产、传播信息以及与用户互动。同时,用户被分割为不同的群体,并被平台利用自身建构的规则重塑。受制于互联网平台的遮蔽,用户通常在无意识状态下完成与资本的合谋,实际上成为平台资本主义的附属物,很难做到真正意义上的自由选择。顶端互联网平台公司作为私有者,将自身对数据资源的占有和对利益的追求建立在牺牲其他平台及用户真正的自由权益之上,从此意义上来看,互联网平台,无论是在实践中还是在意识形态层面上,均偏离了"公共空间"的属性,成为资本逐利与权力控制的数字围场②。

三、互联网平台已成为社会数字基础设施,兼具市场属性与公共属性

互联网平台的发展伴随着平台化与基础设施化两个进程。平台化的核心在于技术革新,横向整合业内创新者③。基础设施化意味着勾连企业、政府与用户等多方主体,通过将自身嵌入其他市场和行业,使技术和业务操作的生产效应更加广泛和即时④。在互联网平台基础设施化的进程中,过去主导基础设施的纵向的"系统建设者"为"生态系统建设者"所取代⑤,围绕核心业务部门进行平台生态系统扩张成为垄断格局下各互联网平台公司的重要

---

① 胡凌. 信息基础权力:中国对互联网主权的追寻 [J]. 文化纵横,2015 (6).
② ANDREJEVIC M. Surveillance in the digital enclosure [J]. The communication review,2007,10 (4).
③ 毛天婵,闻宇. 十年开放?十年筑墙?:平台治理视角下腾讯平台开放史研究(2010—2020)[J]. 新闻记者,2021 (6).
④ HELMOND A. The platformization of the web: making web data platform ready [J]. Social media and society,2015,1 (2).
⑤ PLANTIN J C, LAGOZE C, EDWARDS P N, SANDVIG C. Infrastructure studies meet platform studies in the age of Google and Facebook [J]. New media & society,2018,20 (1).

手段。平台生态系统扩张与传统企业合并以直接追求市场占有率和市场支配力的目的不同，前者的目的在于在平台竞争的关键领域占据关键平台的位置。因此在扩张方式上，平台生态系统并不只是横纵向合并，而更类似于一种根茎式的连接，以核心业务平台作为一种"元组织"①，通过对优势和先发领域战略位置的掌握，更多地与控制数据产生关联，以获得更多垄断发展的资源②。

通过生态平台系统的构建，一方面，有影响力的互联网平台成为广泛社会层面的中心化数字基础设施，它所提供的基础服务成为个人、政府、商业机构等主体日常生活和工作的重要组成部分；另一方面，互联网平台公司依靠平台的特性来替代或与现有的基础设施相融合③，互联网平台逐步渗入传统的公共基础设施领域，如新闻、城市交通、卫生健康等行业，驱动整个行业的平台化进程，并开始承担多种不同的公共价值④。但当受商业利益和技术逻辑控制的互联网平台成为驱动公共领域的主要动力时，公共价值与公共利益的实现面临着互联网平台自身带来的悖论，即市场盈利本质与公共属性的平衡问题。

互联网平台对新闻行业的渗入对传统新闻行业的公共价值产生了巨大冲击。以平台商业逻辑为基础的算法垄断了信息传播和分发的途径，并将内容创作者及内容生产机构转变为隐形生产者，互联网平台因此获得了引导舆论、改变现有舆论生态的力量，为其公司在"公共价值实现"方面的造势提供了传播条件。在垄断信息传播渠道的加持下，互联网平台所创造和传播的公共价值的背后通常混合着资本利益最大化的目的。互联网平台将自身的利益与用户及社会的公共利益强行捆绑，宣称平台的发展在整体上使用户受益，并在一定程度上发挥着传统公共机构的替代性职能。通过传播一种服务于广泛社会使命的理念，它实际上模糊了自身的生产运作模式以及在多元市

---

① 蔡润芳."围墙花园"之困：论平台媒介的"二重性"及其范式演进［J］.新闻大学，2021(7).
② 斯尔尼塞克.平台资本主义［M］.广州：广东人民出版社，2018：115.
③ PLANTIN J C, PUNATHAMBEKAR A. Digital media infrastructures: pipes, platforms, and politics［J］. Media, culture and society, 2019, 41 (2).
④ 席志武，李辉.平台化社会重建公共价值的可能与可为：兼评《平台社会：连接世界中的公共价值》［J］.国际新闻界，2021，43 (6).

场获取利益时需承担的责任①。

面对互联网平台在公共属性上的固有缺陷，出现了反对其过度深入传统公共基础设施领域的声音，蚂蚁集团上市受阻、《市场准入负面清单》对从事新闻传媒相关业务的限制等都体现了公共价值和利益竞争的意识形态斗争。因此，在互联网平台新的权力结构下，重构公共价值的实现原则和路径对互联网平台治理来说至关重要。

四、互联网平台关涉互联网主权，是地缘博弈武器和全球性政治工具

互联网平台借助数字技术在全球扩张，通过垄断构建出一个涵盖多重领域、与现实世界平行的数字世界②，平台及其公司成为这一虚拟世界的规则制定者。随着平台越来越基础设施化，私有平台与基础设施的高度重合使得互联网平台在虚拟世界中的权力逐渐扩张到现实社会，甚至由于虚拟信息的联通性形成了凌驾于国家权力之上的"超国家权力"，对国家及政府的中心地位构成挑战③。

此外，由于互联网平台所关联的影响未来全球化发展方向的核心因素，如技术创新、劳动力生产、数据主权等④，互联网平台及其相关利益成为国家间争夺的新领域，以最大限度地争夺在这一领域发展的主导权与话语权。一方面，互联网平台因其具有的天然信息传播优势而成为当前以美国为首的西方国家进行意识形态领域争夺的重要渠道。通过对用户数据信息的分析和利用，互联网平台便可预设场景，构建信息茧房，利用潜移默化的方式传播西方意识形态，引导用户接受其所传达的意识形态及价值观念，进而影响用户的行为。如"阿拉伯之春""茉莉花革命"等事件就利用了社交媒体平台对意识形态领域进行渗透的高效性、隐蔽性，从根基上动摇对象国家的凝聚

---

① HOFFMANN A L, PROFERES N, ZIMMER M. "Making the world more open and connected": mark zuckerberg and the discursive construction of Facebook and its users [J]. New media & society, 2018, 20 (1).
② 付英娜. 透视与反思：数字资本主义的生成及三重悖论 [J]. 天府新论, 2021 (4).
③ 管泽旭, 张琳. 阿里巴巴的进化史与小资本主义的平台化：对本土语境平台化的考察 [J]. 国际新闻界, 2020, 42 (2).
④ 孙萍, 邱林川, 于海青. 平台作为方法：劳动、技术与传播 [J]. 新闻与传播研究, 2021, 28 (S1).

力与认同感，最终达到政治目的。另一方面，互联网平台在地区的发展受到地缘政治的深刻影响，在政治层面，"自我""他者"的身份意识塑造日益浓烈[①]。一些国家加大本国互联网市场的进入壁垒，以国家利益、公民隐私保护等为理由限制中国互联网平台发展，这成为西方国家与中国博弈的重要手段，网络空间出现逆全球化趋势。在此背景下，我国在平台的核心攻防技术和制度保障方面仍相对落后，极有可能让我国的重要信息、核心数据处于暴露风险当中，成为国家整体安全的极大隐患[②]。因此，强化对我国互联网平台的安全治理迫在眉睫。

第三节 互联网平台扩张垄断的深层动因

正如马克思所说的，"金银天然不是货币，但货币天然是金银"，互联网平台具有天然扩张的属性，平台只有掌握更多的数据、关系才能实现更多的价值，这也是网络效应的一种体现。互联网平台扩张垄断具有天然属性，其背后有深刻的动因，不仅是简单的技术顶层架构所致，还包括了复杂的社会心理和经济动因。

一、网络拓扑结构是互联网平台扩张垄断的底层"硬件"

互联网本质上是一种网络拓扑结构。并且随着计算机网络的发展，人们发现计算机网络拓扑结构存在着节点度的幂律分布特点，即 20% 左右的网络节点掌握着 80% 以上的其他节点。互联网平台就扮演着这种角色。节点度的幂律分布特点促使网络拓扑模型发生巨大转变，互联网平台通过这种优先连接和优先生长的规律不断地扩张发展，进而形成垄断，这就是拓扑结构的溢出效应。虽然互联网最早的设计理念是促进节点的信息共享和互通，但却造成了新的信息垄断节点和平台的出现。因此，除传统的规模效应即强者愈强的马太效应外，新的互联网平台由于其底层的技术架构，还具备了两个以往

[①] 付英娜. 透视与反思：数字资本主义的生成及三重悖论 [J]. 天府新论，2021（4）.
[②] 陈云东，王晓艳. 国家安全视角下我国互联网疆域安全面临的挑战与治理对策 [J]. 学术探索，2017（2）.

电力、电信等垄断企业不具有的能力：一是网络效应，二是数据智能。这两个能力也使得互联网平台相较于传统行业更容易形成垄断，并且垄断性更强。

二、用户思维和数据思维是互联网平台扩张垄断的逻辑"软件"

互联网用户需求的满足程度与网络的规模密切相关，只有用户数量不断增加，所有用户才可能从网络规模的扩大中获得更大的价值，即某种产品对一名用户的价值取决于使用该产品的其他用户的数量，这在经济学中被称为网络外部性（network externality），最为典型的例子是电话（电话用户越多，电话网络才越具有价值）。同样地，互联网平台也必须有大量的用户才能形成规模效应。互联网平台是依赖网络效应控制足够多的用户，用户规模越大，平台对用户就越重要，越能渗透进用户的日常生活。另外，平台还被设计成一个完美地提取和使用用户数据的"社会装置"——通过向不同社会群体提供平台和中介，平台将自己置于社会监视和提取这些群体之间的所有交互活动的中心，平台控制者拥有对信息交换双方的排他控制权力[①]。从根本上说，平台的用户思维和数据思维都是一种典型的垄断逻辑，平台最终的诉求是形成一个赢家通吃的寡头市场，这种由数字技术"加持"的全新数字经济流通形式就是"平台资本主义"。

三、资本意志是互联网平台扩张垄断的根本动因

商业资本的目的就是最大限度地增值和攫取最大利益。传统时代商业资本通过占领市场和更多的客户来保持自己的垄断地位，但在数字时代，"大数据""算法推送""人工智能"等新技术概念遮蔽了建立在这些技术应用之上的数据权力与商业资本。互联网平台最早就是资本以技术为外衣生成的新型经济模式——互联网平台早期都是靠商业资本的帮助才完成市场拓展和原始积累的，在互联网平台成功后，商业资本依然占据着股权结构中的主要部分。因此，表面上看，互联网平台是新技术公司，承担着科技创新的重要职

---

① SCHWARZ A, MASTERING J. One's domain: some key principles of platform capitalism [EB/OL]. (2016-05-18) [2023-02-02]. https://tinius.com/blog/mastering-ones-domain-some-key-principles-of-platform-capitalism.

责,但其实是通过将数据和关系进行私有化和商业化,实现对社会个体的"监视"和"关系贩售",进而行资本扩张之实。

四、市场壁垒是互联网平台扩张垄断的直接动因

中国的互联网平台相较于其他国家和地区,没有谷歌、脸书、推特等国际科技巨头的竞争。在借鉴了这些公司的技术后,凭借国内庞大的市场规模,国内互联网平台迅猛发展,以 BATJTMDM(百度、阿里巴巴、腾讯、京东、字节跳动、美团、滴滴、小米)八大互联网巨头为代表的平台,得以在相对舒适的市场竞争环境下各占自己的生态位不断扩张。互联网巨头之间心照不宣的市场细分,使得国内互联网平台很容易在占全球互联网市场五分之一左右规模的国内互联网市场轻松实现垄断优势地位。若非如此,国内互联网平台很难在短时间内形成目前的垄断规模优势,并且在全球互联网市场也作为一种特殊的企业存在。

第四节 互联网平台垄断的深远影响

无论是麦克卢汉的"媒介即信息"的论断,还是海德格尔的"媒介技术是一种座架"的论断,都强调了媒介作为一种中介物对生命个体的影响。而作为现在所有媒介技术的集成平台,互联网平台通过控制信息的生产与分发、社交关系实现了更广泛意义上的社会控制,因此互联网平台垄断带来了深远的社会影响。

一、当代西方平台资本主义存在不稳定性与不可持续性等时代局限

平台经济是资本主义发展的新阶段,因此其依然存在着资本主义固有的局限性和不可调和的矛盾,概括起来主要有以下三点。

第一,平台资本主义具有天然的不稳定性。首先,隐私泄露成为平台资本主义的主要特征,平台虹吸和汇总数据,需要越来越多的数据才能实现其平台外部性。但对越来越多的数据的渴求具有某种恶的后果——社交平台以一种原始本能的驱动力在不断碰撞和突破社会公众已经认同的私人领域边

界：谷歌街景项目被指责在其车队经过时会搜集每个家庭的无线网络数据，脸书公司时不时陷入泄露隐私数据的指责……这些事件不是简单的意外触碰民众隐私，必须把这些视为平台资本主义的必然后果——资本主义从原始本能上鼓励获取足够多的数据，击败竞争对手，就不可避免地为侵犯隐私丑闻所困扰。其次，随着人工智能等技术的崛起，社交平台越来越主张"算法推送""实时匹配"和"自动化生产"等能力的发展，平台越来越具有一种"信息理想主义"形式，这种信息分配方式很容易让人联想到"社会操控"，这种技术的微观匹配不一定带来社会宏观层面的平衡和"有计划"，"社交茧房"效应已经凸显，这种短视行为很容易造成"集体短视"与"群体极化"，具有很强的不稳定性。此外，平台化具有令人担忧的垄断控制倾向——它们不断地将它们的数据提取设备扩展到新的领域，如智能家居领域、自动驾驶领域、虚拟现实领域以及其他各种个人服务行业，成为 21 世纪基础设施的实际控制者，拥有在交换方面的绝对排他控制权力[1]，很容易发展为信息极权主义，最终走向信息帝国主义。

第二，平台资本主义和以往任何形态的资本主义一样具有不可持续性。首先，平台安排生产的"对等经济"（peer economy）会打破旧阶级结构，平台会促使更多打零工（gig）的劳动阶层出现，可能这些劳工早上在工厂上班，下班后开优步，睡觉前刷脸书，在工作和娱乐休闲活动之间灵活地随意切换。平台资本主义表面上使劳动者获得更多参与社会生产的机会，但本质上却是在日益阶层化的经济中再次发挥了资本原始积累的作用，平台因其在工作环境退化方面扮演的负面角色而受到了相当大的批评，虽然"零工经济"对那些具有高技能的人来说可能是有利的，但是对许多人来说，仍然属于不稳定的就业，没有稳定就业的福利。其次，资本主义垄断与寡占的本质从未改变，由于所有权的不对等，全民信息化并未从根本上消弭数字鸿沟与数字不平等，社会信息福利的结构性不平衡很难让这种运作模式长期持续下去。最后，也是最根本的，平台商业模式的背后是采取风险投资基金的时间与投资组合两大架构，社交平台也势必被牢牢卷入风险投资行业的周期循环，互联网经济泡沫周期性的破裂就是铁

---

[1] 斯尔尼塞克. 平台资本主义[M]. 广州：广东人民出版社，2018：45.

证,"加利福尼亚意识形态"也难逃"华尔街意志"。

第三,生产力社会化与生产资料私有化的固有矛盾无法调和。在平台资本主义下,尽管传统视域下的劳动内涵和剩余价值的来源发生了变化,但资本主义并未摆脱其发展的历史规律,而是在更高阶段继承、再生出马克思描述过的"资本主义的基本矛盾"——生产社会化与价值占有规律之间的矛盾①,这种矛盾不会因为技术创新的中心化而发生丝毫改变。另外,平台资本主义代表的生产力社会化程度已经跨越微观组织联合的程度,达到了宏观经济的规模,但其所有制性质在本质上仍然是私有的,这无疑把生产力社会化与生产资料私有化之间的矛盾推向空前尖锐的程度,也为最终解决这一矛盾开辟了道路。

二、互联网平台在资本的挟裹下进行舆论控制,不利于舆论生态健康有序发展

资本一方面具有天然的扩张性,另一方面又善于借用各种伪装手段来掩饰自己的贪婪,必然会对网络舆论生态进行变相控制。近年来,个别技术资本新贵开始介入网络舆论生态之中,通过控制热搜影响话题排序、关键词过滤、全网删除负面新闻等手段对舆论进行隐性控制,隐隐有与公权力叫板的趋势。每次公共事件都能最终成就几个微信公众号大号,舆论背后是"带血的10万+"的资本狂欢,一定程度上不利于健康舆论生态的形成。

三、互联网平台改变了传统新闻资讯传播格局,主流媒体影响力和话语权不断流失

近年来互联网平台高歌猛进,改变了传统新闻资讯传播格局和社会舆论生成路径,颠覆了以往以点带面、主流媒体主导的新闻舆论传播格局。表面上看,网民可以自由选择社交平台,有了门槛更低的发声渠道,但实际上,平台控制了信源和信息传播,利用算法推送为每人编制了"舒适的信息茧房",给个人"投喂"信息,利用社交关系为具有相同价值观的人群编造了"社交小圈子",在圈子内,群体价值观更加极端化,使得社会群体越来越撕

---

① BOUTANG Y M. Cognitive capitalism [M]. Trans. EMERY E. Cambridge: Polity Press, 2011: 120.

裂与群氓化，互联网平台坐拥庞大用户、海量数据、先进算法，全方位垄断民众信源和网络生活。平台是一种新型社会组织形式，政策法规和行业自律跟不上其扩张的节奏，平台实际上处于一种"自我监管"状态，造成部分平台成为虚假信息、网络谣言、煽动性言论泛滥的"乐土"。在一定程度上，平台已经掌握了网络空间话语和规则的定义权、裁量权、解释权，身兼运动员、裁判员、审判长、行刑队等多重角色，可随时放大或压制特定声音，影响社会正常辩论。这种特权对传统公权力造成了前所未有的挑战，甚至凌驾于国家权力之上，被称为"超国家权力"。

第五节　互联网平台的公共治理路径与策略

互联网平台的治理必须从复杂范式出发，基于大舆论观的公共治理范式是题中应有之义。公共治理强调的是公共性，平台已经渗入社会的方方面面，如果简单地从政府部门一个主体出发，很容易造成"头疼医头脚疼医脚"的局面，顾此失彼。多元主体、多管齐下、多层次互动、多体系筑牢是未来互联网平台治理的主基调。这对于中国式现代化建设来说，具有许多重要启示。

一、国家治理层：顶层设计与法制健全，多管齐下加强对垄断性平台科技企业的治理

首先，在对垄断性平台企业进行治理的同时，必须认识到垄断性平台企业的出现，是伴随经济增长和科技革命的一个必然现象，平台企业本身不仅是经济发展和技术进步的产物，也在推动着经济发展和技术进步。除传统的规模效应外，全新的科技平台企业由于其底层的技术架构，还具备了以往石油、电力等垄断企业所不具备的另外两个能力：一是网络效应，二是数据智能。可以说，数字经济必然会导致垄断。历史上，人类"驯服"垄断企业，依靠的无非是公众舆论的压力和政府治理水平的进步，但是在今天，由于政府和监管机构已经很强大，所以要格外谨慎，以免扼杀了平台企业能带来的增长和创新。其次，新型传播技术与媒介层出不穷，社会群体的圈层化日益加剧，"微粒化社会"与"分布式社会"日益形成，圈层式社会结构日益替

代了传统的科层制社会结构,风险社会来临,需要平台企业来实现社会、政治、经济、文化的整合,因此,平台企业也有其产生和存在的时代必然意义。

但互联网空间从来不是法外之地,线上的经济活动、企业活动与线下一样,也需要建立规范、有序的市场秩序和舆论生态。

(一) 加强顶层制度设计,征收数字税,加强数字经济治理

数字经济的核心是用户流量、生态与数据。网络用户越多,影响力越能凸显出来。垄断巨头成功的核心是无偿地占用且滥用了用户的个人数据。平台价值来源于用户,所以用户理应享受平台创造的收益。基于"用户创造价值"理念,作为公众代表,政府有必要像征收自然资源税一样,对平台企业,特别是拥有大型科技平台、大型数据平台、巨大消费者流量的机构征收数字税,针对性研究需提上日程。

从全球来看,法国是最早发起并实施数字税的国家,英国、意大利、奥地利、土耳其等国家紧跟其后也实施了数字税。虽然世界各国在是否征收数字税方面还存在分歧,但这是大势所趋。从各国实践来看,数字税税基主要是在线广告、中介和用户数据销售三种,税率设定为3%。下一步,要认真贯彻落实习近平总书记关于数字税的指示精神,密切跟踪数字税国际改革进展,加强数字税理论研究和实践探索,积极参与国际税收规则制定,并结合我国数字经济发展实际,建立规范、公平、科学、合理的数字税制度,这是加强数字经济治理的题中应有之义,更是防范税基流失、维护税收主权的必要之举。同时伴随我国数字经济企业走出去步伐的加快,这还是我国参与国际税收治理、为走出去企业保驾护航的主动战略。

(二) 实行公共传播资源和数据资源公有化的国家拍卖制度,加强对资本控制舆论的治理

近年来,随着垄断性社交平台发展,个别技术资本新贵开始介入社会舆论场,越来越具有"超国家"的能力。资本对舆论通过话题排序、关键词过滤、网页删除等手段进行隐性控制多不胜数,每次公共事件都能最终成就几个微信公众号大号,舆论背后是"带血的10万+",但目前对这类现象处罚力度弱,一直没有有效的方式来治理。

当平台上承载的用户达到一定数量后,平台其实就变成了一个公共性平

台，不再适合以一种绝对私有化的方式进行管理，它们不应该有这么大的权限。因此，有必要对舆论公共资源进行国有化，实行传播资源公有化与拍卖制度。可以考虑借鉴美国《联邦电信法》对无线电广播资源的拍卖制度，将一些垄断性平台掌握的庞大的舆论资源收归国有。目前存在底层的电信技术、中层的平台、最上层的App三个层级的网络生态，可以在"信息技术—平台""平台—App"这两个环节实行国家垄断与传播资源的分配，中央网信办可以借鉴美国联邦通信委员会的做法，对平台和App实行资格审查与认证，在此基础上实行公开拍卖。

（三）完善相关立法，设立专业部门保障垄断治理政策发挥作用

首先，界定清楚相关市场，辨别企业的市场份额和市场集中度、市场进入障碍和潜在的竞争，并由此提供一个智慧系统处理工具，帮助执法机构高效地对影响竞争的各种证据进行采集与固定。遵守商业道德的数据流动有利于技术进步和社会公平竞争。司法实践中，在认定涉及大数据的竞争是否构成不正当竞争时，需要采取审慎包容的态度。其次，设立专门的垄断执法机构，减少执法的中间环节，确保责任明确到具体的机构，新的政策也由专门的部门来执行，这样不仅可以提高监管的效率，还能使社会更有效率地运作。

目前，世界上一些国家已开展相关方面的立法实践。澳大利亚拟修改《隐私法》，包括：扩大"个人信息"的定义以涵盖技术数据；加强申报和同意规定，增加对消费者有利的违约条款；容许个人信息的删除；引入直接的执法权力并对违法行为进行更高的处罚；建立监察员制度，以解决涉及数字平台提供商的投诉和争议等；建立新的数字平台专门管理部门，以主动监控和调查数字平台的潜在不正当竞争行为，并采取行动以确保竞争和遵守消费者法律。

（四）明晰平台数据的归属权和使用范围，优化数据共享机制，通过"共票"为数据赋能和确立个人数据的可携带权，促进数据流动

目前对平台企业的治理的重要问题之一就是数据的归属权和使用权的有关规定尚未完善，因此，需要优化数据的分享机制，让每个参与者都分享数据健康流通的红利。第一，通过"共票"为数据赋能，利用区块链技术将消费者、管理者和企业结合在同一利益链中，对数据的使用权及使用规范、数据的归属加以明确，让每个参与者都能从数据的流通中获利，化解企业与个

人数据所有权的潜在冲突，使得数据市场更有效率地运行。第二，确立个人数据的可携带权，平衡企业和用户的数据使用权，促进数据流动。数据的可携带权可以减轻平台对用户的锁定效应，由于可携带的个人数据保存相对完善，以及企业之间的竞争和创新，用户可以获得更加优质和个性化的服务，以及数据市场流通效率提高带来的其他福利。

（五）创立数据资产评估及定价标准，限制垄断平台的影响力，发挥公共机构的公信力

中小型竞争者与垄断企业进行数据交易时，由于市场地位和市场力的差距，中小型竞争者谈判力量相对较弱，而数据没有统一的定价标准，垄断企业可以肆意提高竞争对手的成本，导致竞争者难以获得必要的资源，甚至退出市场。创立统一的数据资产评估标准，可以为数据定价提供参考，也可以使数据流通更透明，限制数据垄断企业对竞争对手的影响力，增加数据市场的活力和创新能力。在这方面，政府相关机构和行业协会应当发挥应有的作用。因为数据资产的质量评估和定价标准的确定，在某种意义上具有公共产品的属性，完全交由市场可能会产生扭曲，如数据垄断企业可能会利用其市场力对评估结果或定价标准施加对其自身有利的影响。因此，应充分发挥公共部门的权威性。

二、主流媒体嵌入平台：重获移动互联网时代传播主导权

传统主流媒体之于社会认知、社会舆论的"定盘星""压舱石"作用已经在很大程度上被解构。在前互联网时代，传统主流媒体是构造人们心中的"社会图景"、形成社会焦点、设置社会议题、引导社会舆论的至关重要的传播力量。换言之，它在相当大程度上决定着人们看到什么、关心什么以及持有什么观点去看去想去判断。当时，说传统主流媒体是社会认知和社会舆论的"定盘星""压舱石"并不为过。但当下，在社会信息流动的总格局中，传统主流媒体（包括其主办的"两微一端"）所占传播流量的份额已经不到20%。

就当下而言，占据社会信息传播流量最大份额的是两大类传播平台：一类是以社交链条为依托的社交传播（如微信、微博），这是一种以彼此关注为前提的基于"关系渠道"的传播，个性化程度高，并由于有社会关系的背

书而使相关资讯在传播的同时便拥有相当的可信性。但这类平台的一个明显缺陷是，它们更多是由人和人之间关系中的直觉需要决定的，因而其资讯构成在总体上存在着明显的结构性偏态。换言之，通过社交渠道传播的信息总量虽然很大，但在信息结构上常常有很大局限和偏颇。另一类传播平台是基于大数据和人工智能的算法型内容推送平台。在这类平台上，虽然也有很多传统主流媒体所生产的内容，但平台上的算法是依据用户需求和兴趣的个性化定制，同样存在着内容结构上的极大局限和偏颇。

传统主流媒体"压舱石"和"定盘星"作用的丧失留下的"影响力真空"，目前正在被"乱世英雄起四方"式的"社会群殴"取代，撕裂与信任关系的丧失便是现阶段的一个基本现实。一旦遇到风吹草动，就容易形成退回小群、强化圈层的社会效应，彼此隔绝、各说各话成为舆论场上的现实。而一旦遭遇互有交集的社会话题，就会产生非理性的"贴标签"甚至骂战等网络极化现象。传统主流媒体"压舱石"和"定盘星"作用的丧失导致网络阵地舆论主导权的丧失和社会群体的分裂与对立。因此，重建移动互联网时代主流媒体的影响力和话语权势在必行。

（一）重视主流媒体版权获益，利用和掌控各类数据资源，重构社会传播链条与传播格局

以往的新闻生产均由主流媒体独立完成内容生产和渠道分发（发行或电视台播出），内容和渠道"二位一体"。而随着各类新媒体出现，信息传播格局进入了接力传播时代，传播链条转变为"社交媒体爆料—网络意见领袖转发（热点化）—新闻媒体跟进报道—新闻资讯 App 转发—社会大众"，不同平台进行"接力"，最终到达民众。如果说以前的新闻传播是 400 米跑，从起点到终点都由主流媒体完成；现在则变成了 4×100 米接力跑，主流媒体在信息传播链条中只承担了一个环节，其在整个链条中的角色不断地被后置和解构，由原来的信息源和舆论掌控者到现在只承担重要转发者的角色。虽然根据互联网相关管理条例，商业门户网站必须转载主流媒体的报道，但主流媒体的信息源往往来自社交媒体平台，民众也是从社交媒体获取新闻，主流媒体被社交媒体牢牢绑架了用户群体、广告资源、数据资源，尤其是数据资源。在未来的传播中，数据将成为传播驱动的最为关键性的资源和能量——谁掌握了数据及数据的价值挖掘能力、人工智能的应用模式，谁就会成为未来传播的掌控者,所谓"数据霸权"正是在这个意义上确立的。掌握数据,挖掘其价值,利用人工智能使之实用化,这恰恰是未来职业传播工作者工作的重点与关键所在。毫无疑问,对于未来的专业媒体和专业传播工作者而言,直接进行内容生产在其工作重要性排序中将处于较为次要的位置。

因此,需要做两个重要的举措:一是重视主流媒体的版权资源,无论是社交媒体还是商业媒体,使用主流媒体资源必须付费,虽然之前雷声大雨点小,但作为一种立法行为加以保护是可以实现的。其实很多国家正在做这件事情,如澳大利亚议会正制定新法律,强制要求脸书与谷歌等美国大型网络公司向澳大利亚当地媒体公司支付版税,否则不能展示新闻内容。二是社交垄断平台必须无偿、无条件地向主流媒体开放数据资源,尤其是其用户数据、位置数据、营销数据等等。主流媒体需要进行转型,除数据的利用和掌控外,专业媒体和传播工作者在未来传播中的主要价值与角色不是进行直接的内容生产,而是为 UGC、OGC 和 MGC 的内容生产创制模板、创新模式,开拓新的领域和新的功能,平衡社会表达中的信息与意见失衡,建设传播领域的文化生态,等等。

(二)改变目前"传播的最后一公里失灵",县级融媒体中心建设要提质增效,构建适合国家治理的现代传播体系

自媒体融合成为国家战略以来,主流媒体强化互联网思维,涌现出不少现象级融媒体产品。但也不得不承认,主流媒体面临着"有爆款没用户,有流量没平台"的尴尬现实,没有建立起一个自主可控的基于互联网的融合平台,互联网上最有竞争力的平台依然掌握在商业公司手中。没有自主可控的平台,主流媒体就失去了话语权,失去了在当地作为最有权威的信息枢纽、舆论制高点的功能;没有平台,主流媒体无法变现,党报、广播电视台不断面对读者(观众)流失、各种经营业务下滑的困难,甚至个别地区出现了媒体从业者非法聚集的群体性事件;没有平台,主流媒体生产的内容常被自媒体账号随意拿取变现;没有平台,主流媒体无法实现引导舆论的功能,一旦遇到社会危机,虚假信息就满天飞,社会治理的难度不断加大。因此中央提出了建设县级融媒体中心的宏伟战略,进行"通路下沉"和有限的传播资源整合,吸聚基层网民并对其分散、多元的文化元素进行整合,在此基础上建立起用户黏性和同质社群,构建基层社会基本治理单元和社交平台。但目前县级融媒体中心建设存在一窝蜂的烧钱状态，成为政绩形象工程，并没有起到根本实效。未来需要强化县级融媒体中心建设的质量，提质增效，将国家治理尤其是基层治理与传播体系建设结合起来，改变目前主流媒体信息传递"最后一公里"不顺畅的问题。

（三）主流媒体要嵌入圈子、嵌入平台，传播对象从民众个体向圈子、社群转变，破解圈层化社会的社交茧房效应

主流媒体以往面临的用户是个体，是原子点般的存在，媒体只需要提供能够引起尽量多人兴趣的内容。随着社交平台时代的来临，民众从依靠传统媒体来观察外部环境转变为依靠人际关系网络，社群就像隔在传统媒体与用户个体之间的"保护网"，主流媒体只有楔入人际关系网、进入社群才能将内容传达给用户，主流媒体的消费人群从用户个体转变为一个个具有不同价值取向、兴趣多元的社群。主流媒体要想生存下去，必须找到核心的内容消费群体所处的社群，进行情感沟通、价值辐射和关系嵌入，才能真正进入"圈子"，直达用户个体。因此，可以考虑让垄断性平台开放数据和资源给主流媒体。垄断性平台必须无条件地对来自主流媒体的信息进行甄别，并且用显著的身份标识予以重点标明，让用户知道哪些信息是可靠的、哪些信息是不可靠的。

（四）改变目前主流媒体过于重量不重质、重社会效益不重经济效益、重规模不重影响的评估机制，构建适应国家治理体系创新的主流媒体传播力评估体系

目前主流媒体建设还存在过于重量而不重质的现象。全国主流媒体包括1 800多家报纸、3 000多家广电台，除非自己停办，基本上没有退出机制，数量很多。但全国有超过10亿网民，理论上有超过10亿个自媒体账号，主流媒体数量再多也没有优势，只能提质增效，强化主流媒体的布局。另外，媒体融合本质上是盈利模式问题，即主流媒体如何赚钱生存下去。媒体融合最早的出发点就是继续抓住受众以生存下去，但现在很多媒体已经背离了"初心"，追求的是"政绩"和"短暂的眼球关注"，最终的结果是一直在"摸着石头过河"而过不去。未来，需要相关部门牵头成立评估小组，建立类似于学科评估的机制，构建适应国家治理体系创新的主流媒体传播力评估体系，开展定期评估活动。

第七章 从"后真相"到"后共识""后治理""后秩序":国家治理范式转向

第一节 思维层面:网络社会治理体系的思想创新

网络舆情负性话题的发生很多与政府部门工作人员的思想认识水平不高有关。尤其是基层政府部门及工作人员对网络舆情的影响力和重要性要么认识不清、重视不够,没有一种危机意识,对可能引发舆情的苗头性问题缺乏敏锐性和警惕性;要么过度看重,一遇到丁点的舆情变动就如临大敌,甚至不知所措,个别领导干部具有"网络洁癖症",一有负面舆情就以为大祸临头,失去章法与理智,反应过激,造成次生舆情与衍生舆情频发。

一、社交网络时代舆情应对思维误区

(一)维稳思维

网络舆情负性话题一旦出现,部分基层政府部门就会上升到维稳大局,将举报视为敌对分子意图危害社会,为举报者贴上标签,直接将可能的对话渠道截断,将对方推到自己的对立面,后期的沟通和协调就很难进行。

(二)"网络可控"的心理

一些基层政府部门对传统大众媒体存在惯性依赖心理,始终认为新媒体与传统媒体一样是可以控制的,从而在心理上产生一种虚妄的舆论安全感。

(三)网络恐惧症

一些基层政府部门对网络具有恐惧心理,害怕网络,担心好事在当下的网络传播中会变异成坏事,或者被网络标题党一炒就成了坏事。《瞭望》曾对副处级以上干部做过调查,近70%的受调查者表示"有"网络恐惧症,尤

其是"县处级"干部最担心，县委书记最怕网络，一部分（占60%）"担心工作疏漏等不良现象被曝光，影响仕途"，还有一部分（占28%）"担心私人信息被曝光，影响正常工作和生活"。

（四）"家丑不可外扬"的思维定式

部分基层政府部门和领导干部视网络为洪水猛兽，时刻提防并设法控制。对辖区内的突发事件或违法犯罪事件，都试图关着门解决，严禁走漏消息。

（五）网络洁癖症

有的基层政府部门和领导干部往往把正面报道看作对其工作的肯定或褒奖。若有负面信息见诸网络，就认为是大祸临头，手忙脚乱，不知所措，越忙越乱，最后是自乱阵脚。

（六）"身正不怕影子歪"的刚愎心态

一些基层政府部门和领导干部自认为行得正立得直，不理睬舆论监督，不重视网民反馈，对各种传言和质疑不回应，最终积少成多，造成事情不可挽回的局面。

（七）"网络让问题扩大化"的错误观念

个别部门的领导干部认为网络成事不足、败事有余，可以大事化小、小事化了的事情一旦上网，就往往会掀起轩然大波，使问题扩大化、复杂化，遂避之唯恐不及。

（八）围追堵截或逃避思维

很多基层政府部门对待负面舆情有所谓的七字诀：捂、盖、拖、堵、躲、删、压。这七字诀的最终目的都是围追堵截或逃避，最终造成的客观现实是越捂越发酵，越盖越围观。

（九）"舆论监督反正不属于干部选拔的重要因素"的心态

当前干部选拔任用的过程，很少需要新闻媒体的舆论监督，干部也不需要直接在媒体和大众面前展示自己，干部升迁无须担心媒体质疑，自然也就没有提高这方面能力的内在动力和现实需要。

（十）对网络舆情"眼高手低"

个别政府部门与基层领导干部利用新媒体引导舆论的能力不足，平时宣称重视网络舆情,谈起来也头头是道,但一旦网络舆情涉及自身,则往往手足无措、反应过度、处置失当。

二、社交网络时代应树立正确的舆情应对意识

(一) 舆情就在我身边

网络舆情离我们并不远,很多负面话题恰恰是发生在政府部门、政府工作人员身边的事儿,燃点之低,烈度之强,令人震撼和警醒。在负面舆情面前,舆情应对是一场人人都在场的战争,任何人都不能存在侥幸心理。

(二) 舆情不是敌情

舆情并不可怕,可怕的是面对舆情时的无策。很多负性话题成为公共危机话题后,都可以通过对其规律的分析和把握得到舆情应对的章法和对策,面对舆情不能害怕,更不能不知所措,要有自信、有对策、有章法。只要掌握了舆情应对的规律,就能有章有法地应对和处置,就能做到:领导者能驾驭、执行者能把控、基层干部能防范。

(三) 不要单纯地把网络舆情当作领导们的事

大的突发事件舆情固然需要相关领导出面进行处置,但很多网络舆情在爆发之前都有一个累积的过程,绝不是"突发"的,而是量变引起的质变。要预防网络舆情的发生,需要培养每一个基层干部的网络舆情敏感度,依靠众人的智慧来防范网络舆情,多关心基层干部。领导干部在舆情面前受到前所未有的压力,职责所在,自然要维护政府形象。但是,这种压力往往会层层转嫁,最终转嫁到基层普通干部身上。不去帮助和引导基层干部认识和研判网络舆情,最终受累的依然是领导和政府形象。

(四) 从"要我公开"到"我要公开"

公共危机事件一直是公众高度敏感的事件。在互联网时代,相关方面在舆情事件的处理中,要改变"要我公开"的局面,形成"我要公开"的意识。首发信息会对受众形成先入为主的第一印象,之后很难改变。在政府部门信息公开中,被动回应的效果远不如主动说明。在面对突发事件时,尤其应快速、及时反应,确保"首发定调"。哪怕仅仅是给出一个姿态,也能获得多一分支持与理解。

(五) 网络舆情引导范式必须转型

在负面舆情事件的处理中,传统的舆论引导范式已不能适应目前的需要,必须进行范式转型,并且通过新范式来实现舆论引导观念的转变和效果的提升,有必要在舆论引导过程中超越单一性思维、强化复杂性认知框架。所谓"复杂性认知框架",即互联网舆论引导需要转变的范式:从短期信息调控走向长期心态调适。也就是说,对政府部门来讲,公共危机事件的网络舆情处理不能着眼于临时应急,而要注重平时预防。一方面要超越网络事件的浮躁,聚焦重大的社会话题,另一方面也要实现媒介议程、公共议程和社会议程的有效对接。

(六) 从源头上防范舆情的发生

从根本上说,舆情应对与引导只是"治标",不是"治本",再好的舆情应对也不如把线下的工作做好做扎实,因此舆情防控的真正风险点存在于政府部门的日常管理之中,存在于政府工作人员的日常工作和自身行为之中。从源头上防范舆情,才是最根本的应对之策。当然需要理解的是,基层工作人员长期坚守在服务部门大厅,机械的流程,长期的久坐,每天精神高度集中,身心疲惫,很容易造成工作上的失误与纰漏,再加上无所不在的舆论监督,让基层工作人员如履薄冰。如何通过良好的制度设计与完善的机制保障,提升基层政府部门的服务意识和形象维护意识就显得十分重要。

三、网络社会治理的思维创新与手段创新

结合近年来社会舆情的新变化和新特点,未来应该从以下几个方面强化舆情管理和社会治理的有效性和科学性。

(一) 治理目标创新:以争取人心为最终价值取向

舆情应对仅"快速回应"已不能满足社会期待,应以争取人心为最终价值取向。习近平总书记在党的新闻舆论工作座谈会中提出,新闻舆论要讲究"时度效",强调要抓住时机、把握节奏、讲究策略。近年来经历数次公共事件磨炼,大众舆论对危机主体的应对能力期待提高,"快速回应"已不是民众第一诉求,还需把握分寸节奏、满足各方关切、尊重民众参与权,充分释放网上舆论,相信其自净、对冲机制。在公共事件讨论中,"一刀切"式封

堵、删帖容易坐实阴谋论，给舆论无限遐想的空间，使事件泛政治化，充分探讨则有助于凝聚社会共识，传统的"压""删"等方法应与时俱进，舆情处置应以攻心为上，不能认为简单地将事情"压"下去就"万事大吉""眼不见为净"，而应以争取人心为舆论导向的最终价值取向。

（二）微观修辞创新：改变舆情事件的命名机制

加强对舆情事件命名机制的监管，改变舆情走向从初始命名开始。随着词媒体为代表的"标签化传播"时代来临，很多公共事件的命名往往会左右事件发展的轨迹和趋势。如在著名的"毒疫苗"事件中，疫苗只是由于存储条件不当失效，并不会产生毒害，但被冠以"毒疫苗"的名字后立马引起了整个社会的恐慌；"僵尸肉"事件也并不像媒体报道的那么夸张，但这种保存时间过长的冷冻肉被冠以"僵尸肉"的恐怖标签，立马引起了网络热议；中共中央、国务院出台的《关于进一步加强城市规划建设管理工作的若干意见》，并不是简单的拆除小区围墙，但被民众冠以"拆围墙"一名，立马引起了一阵网络舆论围观和集体调侃。因此对一些舆情事件命名应该掌握主动权。

（三）路径选择创新：凝聚超越社群的价值共识和社会认同

网络社群的崛起加大了社会对话的难度，比"打通两个舆论场"更重要的是，需要在全社会范围内构建公共对话平台和超越所有社群的全新社会认同。在历次杀医事件中患者与医生群体之间的对立与断裂、河北肃宁枪击案中警察群体的"集体声讨"白岩松等，都在一定程度上说明了网络虚拟社群之间的对话难度在不断加大，比打通"两个舆论场"[1]之间的对立与断裂更为重要的是在全社会范围内构建出一个公共话语平台。未来一方面应该发挥网络在社会管理中的安全阀作用。网络具有社会代偿功能，键盘侠就是最典型的群体，其在线下所受到的一些委屈和不满，往往通过互联网表达出来。虽然有个别人认为互联网是"公共厕所"，但这恰恰说明了其在社会情绪宣泄中的重要价值。另一方面要充分发挥网络在社会对话中的黏合剂作用，扩

---

[1] 有学者认为"两个舆论场"的概念提法并不准确，因为舆论的主体必须是社会大众，"官方舆论场"的主体明显是新闻媒体。

大社会对话的基础和范围,最大限度地促进社会达成最大公约数和认同合意[①],警惕网络中存在的群体偏见和群体沟通隔阂。要真正有效解决网络群体偏见和社会族群分裂,还必须扩大社会认同的基础和范围,在虚拟社会群体之上构建超越所有社群的全新价值共识和社会认同。

(四)治理基础创新:增强社会流动和社群边界的可渗透性

要改变社群板结化的境况,增强社群、阶层和族群之间的社会流动,增强网络社群边界的可渗透性。随着网络社群的崛起,社群板结化现象日益突出,未来在加大不同社群之间对话可能性的基础之上,还需增强社群、阶层和族群之间的社会流动,增强网络社群边界的可渗透性,改变目前社群之间不通约、互相猜忌甚至充满敌意的境况,增强社会边界的柔性和可变性。

(五)治理对象创新:提升中产阶层的政治认同感和幸福感

应提升中产阶层的政治认同感和幸福感,阻断引发群体事件的内在"弱势认同心理"的蔓延。2016年的魏则西事件使传统意义上的中产阶层产生了生存危机意识,以往这些人主要是以旁观者的角色为真正的社会底层困难群体站脚助威,而现在这一群体则产生了自己也是困难群体的"弱势认同心理"。应该强化这一群体的优势心理认同感,从源头上消解各类群体事件特别是无直接利益冲突的"集体认同"的隐患[②]。一旦这一群体产生这种困难群体心理,加上其网络话语权较高,就很容易引起与困难群体的情绪同幅共振和有效勾连,不利于社会稳定。

(六)治理环境创新:构建有效的社会情感按摩机制

网络社会治理宜疏不宜堵,要构建有效的社会情感按摩机制,及时疏导社会负能量。无论是在民生议题还是网络流行语中,吐槽类均占据主导地位,说明目前民众普遍社会压力过大,负能量积聚过多,在这种境况下一味地提倡弘扬正能量不仅不能起到疏导的作用,反而会造成负面效应。因此,未来要构建有效的社会情感按摩机制,及时疏导社会负能量,为整个社会民众进行情绪疏导和情感按摩,缓解社会压力,只有这样才能真正解决目前社

---

① 喻国明,李彪.2009年上半年中国舆情报告(上):基于第三代网络搜索技术的舆情研究[J].山西大学学报(哲学社会科学版),2010(1).
② 王志超.网络空间中公民政治认同研究[D].哈尔滨:哈尔滨工业大学,2013:89-92.

会负性情绪淤积的现实。

据麦克卢汉的"媒介即信息"的观点，新媒介技术也在不断形塑着全新的社会形态和人类存在方式，进而对社会治理方式和结构产生深远影响。由于网络空间具有高度的跨时空性特点，也就是说可以使人们的社会交际行为不受地域和时间限制地跨地域即时进行。这种高度跨时空性可以改变社会组织的基本方式，使得传统的社会监管方式很难无缝地向网络社会监管进行迁移。

四、从社交网络时代到"后真相"时代：网络社会治理范式的新转向

"后真相"并不代表是消极的。在"后真相"时代，"事实"的唯一解释性被消解了，所有的人都可以参与对事实的"塑造"，在某种意义上是把对"事实"的解释权还给了每个人。"后真相"的确带来了非理性，但这并不意味着非理性都是不好的。在莫斯科维奇看来，"是幻觉引起的激情和愚顽，激励着人类走上了文明之路。在这方面，人类的理性反倒没有多大用处，它既不能带来音乐，也不能带来美术"①。勒庞也认为，民众的非理性才是历史前进的最深层动因，"我们终于知道了，尽管理性永远存在，但文明的动力仍然是各种感情，就像尊严、自我牺牲、宗教信仰、爱国主义以及对荣誉的爱这些东西"②。但问题是，在"后真相"时代，我们应该如何对泛滥的情感宣泄进行有效引导，实现多元意见的最大共识。"后真相"的本质是"后共识"，当一个社会失去对基本价值和社会秩序的基本共识，观念传达与接受之间就会短路，其结果是，人们只能根据自己的立场有选择地相信事实，或者拒绝真相，或者相信"另类事实"。"后共识"并非对事实真相本体的共识，而是对说真相者和真相表达方式的共识。要实现"后共识"，必须重构舆情 1.0 时代的舆情治理范式，构建"后真相"时代的舆情治理"后秩序"。

（一）思维范式转变：用"意见博弈的正和思维"代替"零和斗争思维"

"后真相"带来了社会分化、焦虑和撕裂，但并不是必然会发生的，即

---

① 莫斯科维奇. 群氓的时代：第 5 辑［M］. 南京：江苏人民出版社，2006：32.
② 勒庞. 乌合之众：大众心理研究［M］. 北京：中央编译出版社，2011：6.

使发生，其烈度也可以缓和，在处理上不能硬碰硬，劈头盖脸地单向度打击别人，偏执化地维护自己。"后真相"时代柔性思维更为重要，因为情感相比事实就是柔性的。舆情管理不能总想着剥夺对方发言的权利而令自己的声音更大，压制反对声音，这是一种零和斗争思维，最终往往造成多输的结局。正和思维是博弈的双方利益都将增加，至少一方利益增加，另一方利益不受损害。由此出发，就会把如何促进意见共识和对话放在第一位，就会通过合作（甚至妥协）来博弈。正和思维其实也是一种增量思维，在通过正和思维创造增量的同时，要注意增量分配适度向相对困难的意见群体倾斜，以矫正当前社群意见过于分散的情况。正和思维有利于正向对冲情绪宣泄泛滥的现实，增加社会意见竞争的柔性。同时也要用协和思维来代替对抗思维，要不断对目前的舆情治理思维和方向进行反思，不走极端，寻求意见的和合之道和情绪宣泄的引导之法。

（二）路径选择：破除网络社群的"回声室"负效应，建构重叠共识和最大共识

社交网络的崛起使得网络空间组成单元不再是一个个原子化的网民个体，而是一个个抱团的社群，舆情治理的客体发生了根本性变化，以往针对个体形成的舆情应对模式从根本上失去了效力。而是圈子就会存在"回声室"效应，即在社群内部，一个信息被不停地重复，以至于无论该信息是真是伪，在圈子内的每一个人最终都会相信是真的，而该社群外部的任何信息，都很难在这个圈子中传播或者不会到达这个圈子中——"回声室"使得圈子内部产生"过滤泡"，使得不同圈子之间各说自话，"信者愈信"[①]，很容易出现观点极化和同质化。要改变这种极端现象，主要有两个途径：一是打破"回声室"，让圈子里的人看到更大的世界，"让装睡的人没法睡得好"，让数字部落里松动的人慢慢走出"部落"，主要路径是将各个圈子的共识显性化，形成重叠共识；二是凝聚各信息部落，解除"部落"中的身份枷锁及"偶像必定是对的"等偶像化误解，寻求各个部落的意见共识，在整个社会范围内构建对话平台，放大优势意见，建构网络空间的最大共识。

---

① 董晨宇，孔庆超. 后真相时代：当公众重归幻影[J]. 公关世界，2016（23）.

（三）话语空间重构：警惕"后真相"与所谓网络民粹主义"合谋"，打造"网络化公共领域"

在"后真相"时代，新技术使得人们只与"志同道合"的人聚在一起，把他们联系在一起的是一种共同的情感、立场。圈子是"后真相"的底层框架，情感是"后真相"的纽带，这恰恰与网络民粹主义异曲同工。莫斯科维奇认为："人类这种东西不能承受太多的真相。群体所能承受的就更少。一旦人们被聚集在一起，并融为一个群体，他们就失去了各自的鉴别力……他们理解的唯一语言是那种绕过理性，直接向灵魂讲述的语言，这种语言所描述的现实比实际的情况既不更好，也不更坏。"① 在莫斯科维奇看来，人们在民粹主义运动中，不仅失去了鉴别力，而且失去了理性。驱使他们行动的逻辑是情感的逻辑，是不断被情感重新塑造的逻辑。在这种行动逻辑下，民众很容易在热血沸腾、热泪盈眶或义愤填膺中失去判断，在狂热的氛围下以正义之名集体作恶，因此，必须警惕"后真相"与民粹主义"合谋"。

但"随着平民意识的觉醒，以及精英与大众之间裂痕的加大，平民大众不再将自身的权利诉求于精英与政客，并开始走向政治前台"②。民众的崛起已经成为现代性社会的重要政治现象。因此，必须将民粹主义文化与精英文化的冲突限定在现有政治秩序的轨道内发泄与平息，这是未来舆情治理的要义所在。早在社交媒体刚刚兴起时，美国学者杨采·本克勒就发现了数字传播生态圈中分散各处的"基于共同体的同侪生产"（commons-based peer production）这一新型信息生产方式，并提出打造一个"网络化公共领域"③。"两个舆论场"的提出意味着草根公共领域与精英公共领域在价值诉求上已经出现了断裂，而网络化公共领域不是精英精心打造、维护的传统公共领域，而是各种不同政治倾向或兴趣爱好的人超越地域界限，组成超越圈群、立场和偏见的某种网络共同体进行交流与互动。这也意味着传统公共领域的重大结构转型。

---

① 莫斯科维奇. 群氓的时代：第5辑[M]. 南京：江苏人民出版社，2006：32.
② 龚群. 后真相时代与民粹主义问题：兼与吴晓明先生唱和[J]. 探索与争鸣，2017（9）.
③ 史安斌，杨云康. 后真相时代政治传播的理论重建和路径重构[J]. 国际新闻界，2017（9）.

（四）底层技术支撑：技术的"锅"技术来背，互联网具有耗散结构属性

从人类发展的历史来看，技术的发展具有动态平衡的特点，是在"平衡—不平衡—再平衡"的状态下不断演进的，具有自组织理论中的耗散结构属性。人类以往的技术都是在原有操作系统上的一个个"应用"，好比 App 之于手机操作系统，而互联网作为前所未有的技术，改变的是社会底层的人际关系，已经成为整个社会的操作系统，不是简单地嵌入原有的社会系统，而是重构和彻底格式化。同时，互联网作为一种新技术也具有自平衡属性。有研究者对技术持一种悲观态度，认为算法技术让资本和技术"合谋"，通过"贪嗔痴"模式帮人们做决定，人人都成了被投喂的"feed 怪兽"。但从历史的角度来看，新技术带来了"后真相"，"后真相"带来的一切问题也必须由技术本身来解决。

当前舆情研究还多停留在舆情 1.0 时代，即只考虑信息的流动，而忽略背后的"情感"和"关系"。已发生的舆情好比泼出去的水，往何处流具有随机性，但背后不变的是社会情绪和社会关系网。上帝在打开社交网络技术这扇门的同时，也打开了大数据、情感计算和机器学习等技术之窗，2018 年年初火起来的区块链技术、数字对象体系架构（digital object architecture, DOA）技术等，都是试图在底层上彻底解决目前舆情研究失灵的问题，对虚拟社群在底层技术框架下留下的"蛛丝马迹"进行机器学习研判，在此基础上辅以情感计算等模型，准确地研判社会情绪走向和社会痛点，改变目前舆情研究重信息轻情绪、重描述轻研判的问题。中国人民大学新闻学院与中译语通公司机遇大数据技术已经合作开发了社会焦虑指数和社会恐慌指数等产品，可以有效监测和研判当前社会情绪中的负性情绪，具有社会情绪"风向标"的价值与意义。

虚拟社会治理是近年来比较热点的话题。治理本身作为一种价值追求，在一定程度上是对社会运行现状的再造和完善，学术界对治理概念的定义日渐丰富，治理作为促进公民参与、公开、权责对等的制度模式进入了公众视野，也被应用到网络虚拟社会管理的各个层面，因此虚拟社会治理是个系统性工程，网民、公权力和社会都致力于通过治理实现秩序、效率、公平等多元价值，以适应信息时代带来的诸多挑战。网络社会治理要在承认网络文化具有个性化、多元化等特征的基础上，通过互动和调和，即沟通、对话、谈判、协商、妥协、让步，整合成各网络社会阶层、各网络社会社群都能够接受的超越所有虚拟社群的整体利益，最终形成网络社会各参与方都必须遵守的社会契约。

网络社会治理的本质精神是"调和"和"互动"，网络虚拟社会与线下社会一样，都具有"自组织"性，是一个生机勃勃的自组织有机体，不能试图用某种强力乃至蛮力去"支配"网络社会[①]。同时，要善于引导网络社会达成利益共识和价值共鸣，建立一个适合多元主体参与的治理框架和社会机制，使多元主体都能够提出自己的利益诉求，然后在沟通交流、相互妥协、协商一致的基础上达成社会共识。

第二节 顶层设计：舆情回应必须告别倒逼模式

从近年来舆论引导的社会实践来看，舆情治理整体上还依循着"围观—倒逼"模式，即"舆情事件发生—网民一哄而上围观—相关部门压力大不得不出来应对"的循环模式，无论是在信息供给还是引导手段上都是被动的。舆情回应必须走出这种被动模式，实现舆论治理的主动模式。而要实现主动，必须在机制体制上进行顶层设计，以往小打小闹、修修补补的舆论引导流程与机制必须从根本上进行改变，在强化话语的微观修辞（新闻发布会如何开、情况通报如何字斟句酌）的同时，更需要进行顶层设计。

一、社交网络时代网络空间治理的设计原则

结合社交网络时代重大社会热点舆情的特点和趋势，未来一段时期可从以下几个方面强化和创新舆情管理和舆论生态建设工作。

（一）要进一步把握规律，创新观念，以互联网思维建设新形势下的舆论生态

习近平总书记在党的新闻舆论工作座谈会中提出，新闻舆论工作要讲究

---

① 郑钧蔚. 社会治理理论的基本内涵及主要内容［J］. 才智，2015（5）.

"时度效",强调要抓住时机、把握节奏、讲究策略①。贯彻落实习近平总书记重要讲话精神,关键在于创新舆论引导观念,以互联网思维重构舆情处置机制②。每一种引发深刻社会变革的传播技术皆有其哲学和价值偏向。互联网技术在其"元逻辑"的设计上,奉行的是开放、协商、分享的根本原则。在此原则下,应建立分类、分级、分维度的舆情处置机制:首先,明确和守住政治底线;其次,依法处置舆情,凡法律适用的舆情皆应归入法治轨道;最后,对于无涉政治底线和司法的大多数舆情事件,则应基于互联网思维,以开放、协商、对话的观念进行疏导和引导。这种分类、分级、分维度的解决方案旨在克服"一刀切"式封堵、删帖等手段的局限。从一些重大热点事件看,"一刀切"式手段本身往往是加剧危机、激发对抗的直接诱因,而且容易坐实"阴谋论",透支社会信任。如前所述,今日的舆论引导能力应主要体现为在直面、尊重意见多样性的基础上凝聚共识的能力,而非简单地认为将事情"压下去"就"万事大吉"或"眼不见为净",应以争取人心为舆论导向的最终价值取向。

(二)要做到重大决策、重大事件的舆论先行,提升公共权力运转的透明度和程序合法性

互联网造就了"新媒体世代"。这一代人关切公共利益和自身权利,渴望表达、参与和行动的机会,并将之视为公共决策或公共事件合理合法的先决条件之一。为此,党政部门应树立舆论先行意识,在重大决策和事件中预先开展社会动员和公民教育,鼓励必要的协商和参与,为后期的理性表达和行动创造充分的信息基础,以培育对话理性,凝聚社会共识。

(三)既要解释和解决具体问题,也要超越基于经济发展成就的价值认同,积极培育和引领新的价值认同

实际上,所有舆情皆为特定社会问题的网络投射,解释和解决问题总是第一位的,应对舆情只是第二位的。二者关系不可颠倒,现实问题若未能得到合理解决,舆情将始终存续或"同病别发"。同时,亦不可仅仅就事论事,

---

① 习近平在党的新闻舆论工作座谈会上强调坚持正确方向创新方法手段提高新闻舆论传播力引导力[N].人民日报,2016-02-20.
② 黄坤明.最根本的是坚持党对新闻舆论工作的领导:学习习近平总书记在党的新闻舆论工作座谈会上的重要讲话[J].求是,2016(6).

只在具体问题和现实成就上做文章。如前所述，网民的价值意识正在觉醒，我国社会认同的动力来源不再单纯表现为经济发展成就带来的物质总量增长，价值认同成为社会整合的重要方向。换言之，人们越来越看重情感、尊严、伦理、审美、公平、正义、自由、安全感、确定性等价值范畴。"魏则西事件"等之所以唤起中产阶层的关注和参与，也正是因为这一阶层感受到了强烈的价值危机，并渴望得到足够的价值慰藉。

（四）要善用网络意见领袖的信息传播、意见协商和社会动员力量，警惕资本力量过度干预公共舆论，预防网络民粹主义泛滥

党政部门要创新与网络意见领袖的沟通、合作机制，避免网络意见领袖转向对立面、集体缄默和失去权威，应发挥其舆论引导作用；研究和建立应对资本力量干扰舆论、绑架决策的机制，畅通其表达自身利益诉求的合理渠道；防范网络民粹主义过度膨胀和泛滥，基于一些重大舆论事件开展有关公共讨论理性的"社会实验"，训练理性表达和行动的新一代网民。

（五）要进一步增强舆情处置队伍的专业素养和能力，提升新形势下新闻舆论工作的水平

舆情处置和舆论生态建设是一项复杂的政治任务和社会工作，需要一大批专业化、高水平的管理者和从业者[①]。单以重大舆情事件的命名策略为例，有关部门将2016年发生的山东等18省份的疫苗事件命名为"非法疫苗事件"，而网民称之为"毒疫苗事件"。显然，倘若官方前期将之命名为"过期疫苗"而不是"非法疫苗"这样一个有巨大想象空间的概念，后期应对似可更为从容。

由于网络空间具有高度的跨时空性特点，人们的社会交际行为能够不受地域和时间限制地跨地域即时进行。这种高度跨时空性可以改变社会组织的基本方式，使传统的社会监管方式很难无缝地向网络社会监管进行迁移。党的十八大指出要"加强网络社会管理，推进网络依法规范有序运行"[②]。当前无论从研究层面还是实践层面，对网络社会治理的研究和探索还远远不够，

---

① 习近平在党的新闻舆论工作座谈会上强调坚持正确方向创新方法手段提高新闻舆论传播力引导力 [N]. 人民日报，2016-02-20.

② 中国共产党第十八届中央委员会第一次全体会议公报 [EB/OL]. (2012-11-15) [2023-02-02]. http://www.gov.cn/jrzg/2012-11/15/content_2266767.htm.

因此，未来需要不断创新网络舆情引导范式，在管理实践中不断提升网络社会治理的水平。

二、政府监管趋势：从"党管媒体"到"党管数据"

随着数字经济的高速发展和互联网的逐渐普及，大型互联网企业对数据的垄断逐渐升级，一方面产生了一系列垄断行为，例如数据断流、不当定价、不兼容行为等，严重损害了消费者权益和正常市场竞争秩序；另一方面，随着数据作为战略资源地位的凸显，互联网企业的数据垄断引发了国家和政府对数据安全和数据主权的担忧。互联网超级平台从拥有互联网商业化早期以信息中介为基础的技术权力，逐渐发展为拥有以海量用户为基础的市场权力和经济权力，开始扩张到社会领域，强势渗透进公共领域，并频繁地挑战以国家为基础的政治权力，从而对国家安全构成威胁。数据权属与安全问题近些年也成为全国两会期间代表委员们关注的重点。

政府认为互联网企业掌握了网络话语和规则的定义权、裁量权、解释权，垄断数据、用户和流量，形成了"超国家权力"和"数字寡头"，其垄断力会影响国家政治甚至国家安全，成为重要的地缘博弈武器和全球性的政治工具。全球互联网将不可避免地走向网络主权时代，个人、企业、政府的决策不断由经验驱动转换为数据驱动，数据不仅成了生产要素，并且已经和"枪杆子""笔杆子"一样，成了重要的执政资源。要在"党管媒体"中尤为重视"党管数据"，把互联网超级平台的超级权力"关进笼子里"。"党管数据"重点是要理解好"管"的内涵，至少包含以下五点：管方向、管规则、管开放、管安全、管人才。

（一）管方向

管方向就是管好数据收集、挖掘、研究、运用的方向，鼓励和支持数据在各行业各领域的创新应用，更好地服务国家实体经济，服务增进人民福祉，服务国家治理体系和治理能力现代化。党和政府可能会对数据产生、流通和使用的方向进行监管，弱化数据寡头对数据的掌控权，增强用户和数据监管者对数据的控制权。建立统一的数据监管平台，对数据进行统一管理，通过监管数据流通状况来确保用户对数据的控制权；同时借助区块链、智能合约等技术，对数据收集、流通、共享、使用、结算等过程存证，构建可验证、可追踪、可溯源的数据共享与监管机制。相较于欧美国家，中国更注重平台上的内容对公民与社会的影响，通过立法立规构建社会主义核心价值观，引导社会风气和舆论走向，加大对有害信息的惩处力度，注重对数据方向的管理。

（二）管规则

管规则就是要通过党对立法工作的指导，实现"法管数据"，使数据的开放、应用与安全工作纳入法制化轨道。在数据时代，需要不同于以往的治理模式和规则，需要建立起符合互联网发展规律、适应大数据发展趋势的法律和规则体系。立法、立规、行业自律、企业自律，都必须依靠"党管数据"来指导、来监督、来实现。习近平总书记要求，要加强政策、监管、法律的统筹协调，加快法规制度建设；要制定数据资源确权、开放、流通、交易相关制度，完善数据产权保护制度；要加强国际数据治理政策储备和治理规则研究，提出中国方案。

管规则体现为建立数据资源的使用制度和标准规范，限制互联网平台企业在用户数据收集和使用上的随意性，禁止违背用户意愿或明显超出需求范围的用户数据采集工作。对个人数据及企业数据的法律保护应当做精细化的类型区分，进而实行差别化保护。要完善互联网平台数据使用、共享和监管机制，提高互联网平台运营数据信息透明度，将企业数据透明度报告与定期审计报告相结合，推动互联网平台与政府之间的数据共享、监督共享，不断加强党对大型互联网平台数据使用规则监管。我国第一部有关数据安全的专门法律《中华人民共和国数据安全法》已于2021年9月1日起施行。

（三）管开放

管开放就是要打破当前部分领域的"资本垄断"和"数据壁垒"，提升数据使用效率，促进新兴产业与技术的快速发展。"党管数据"是"管"和"促"，不是简单的"控制"。开放共享是发展大数据的必然基础。目前，大数据刚刚兴起，信息壁垒、数据孤岛却已经大量存在。没有"党管数据"的强力介入，没有行政力量强制打通数据壁垒，要想形成数据开放共享的大平台是很困难的。所以，"党管数据"已是数据行业发展的迫切需求，目标是打通信息壁垒，形成覆盖全国、统筹利用、统一接入的数据共享大平台，构建全国信息资源共享体系，实现跨层级、跨地域、跨系统、跨部门、跨业务的协同管理和服务。

2021年9月9日,工业和信息化部组织召开关于互联网专项整治会议,参会企业包括阿里巴巴、腾讯、字节跳动、百度、华为、小米、陌陌、360、网易等。会议精神就包括数据开放:对于用户分享的同种类型产品或服务的网址链接,展示和访问形式应保持一致;用户在即时通信中发送和接收合法网址链接,点击链接后,在应用内以页面的形式直接打开;不能对特定的产品或服务网址链接附加额外的操作步骤,不能要求用户手动复制链接后转至系统浏览器打开。

9月17日,各大互联网平台开放外链,在短短不到10天的时间里,互联网约定俗成的"圈地"流量规则就被打破了。实现"互联互通"后,用户的选择变多,参与竞争的企业也会更多。这表面上解决的是生态开放的问题,实际上是在反流量垄断——反垄断的目标之一就是要消除巨头间的割裂,使数字平台走向互联互通,从而为更多创新组织创造公平发展空间。

(四) 管安全

管安全就是通过顶层设计所提供的系统保障,捍卫与数据相关的国家安全、公共利益,以及个人、组织的合法权益。安全是一种基础的公共产品,数据安全只能依靠党和政府来保障。这种安全既包括涉及个人利益的数据安全,也包括与社会稳定、国家安全相关的数据安全。要加快建立互联网平台的数据安全保护机制,完善互联网平台数据存储、应用和开放等各环节的安全保护体系,坚决打击滥用数据和数字"霸权"行为。

"党管安全"就要瞄准世界科技前沿,集中优势资源突破大数据核心技术,加快构建自主可控的大数据产业链、价值链和生态系统。要加强关键信息基础设施安全保护,强化国家关键数据资源保护能力,增强数据安全预警和溯源能力。要加大对技术专利、数字版权、数字内容产品及个人隐私等的保护力度,维护广大人民群众利益、社会稳定、国家安全。

在我国第一部有关数据安全的专门法律《中华人民共和国数据安全法》于2021年9月1日起施行前,中国人大网公布了《中华人民共和国数据安全法(草案)》并征求意见,工业和信息化部网络安全管理局委托中国互联网协会组织召开重点互联网企业贯彻落实《中华人民共和国数据安全法》座谈会，阿里巴巴、腾讯、美团、奇安信、小米、京东、微博、字节跳动、58同城、百度、拼多多、蚂蚁集团12家企业参会。《中华人民共和国数据安全法》成为国家大数据战略中至关重要的法制基础，成为数据安全保障和数字经济发展的重要基石。这意味着数据作为一种新型的、独立的保护对象，已经获得立法上的认可，也意味着"党管数据"趋严。

(五) 管人才

管人才就是管理数据的关键行动者。数据行业是人才密集型行业，数据能力的竞争，就是人才竞争，谁来进行数据处理操作，直接关系到数据利用效率和安全状态，所以，管人才很重要。"党管数据"，需要一支高素质的人才、干部队伍，各级党委和政府需要造就一批大数据领军企业，打造多层次、多类型的大数据人才队伍，善于获取数据、分析数据、运用数据，提高领导干部做好工作的基本功。用符合大数据产业的方式和模式把优秀的数据人才聚拢到党的事业周围，助推数字经济安全、健康、可持续发展，为推动国家治理体系和治理能力现代化贡献力量。

总之，"党管数据"的形式不会是大包大揽，而是管理数字网络中管理层的关键节点与重要路径。事实上，倘若我们将"党管数据"的目光投射于全球互联网治理的强监管转向这一背景下，就不难发现，"党管数据"这一理念是对全球互联网平台"公共事业转向"的积极回应。

从当下的治理模式来看，不管是欧盟自上而下的集中式监管，还是美国自下而上的分散式监管，都难以真正解决作为数字生态与基础设施的互联网平台存在的结构性问题。与欧美相比，中国提出的"党管数据"方案，在一定程度上可以视作互联网平台治理的第三种道路。

在全球网络社会问题不断增加和各种矛盾冲突剧增的时代背景下，随着华为、联想、中兴、阿里巴巴等中国企业的全球化进程的推进，中国在数字经济领域的经验正在成为全球性的驱动力，中国在全球网络治理中扮演着越来越关键的角色，中国也开始成为全球网络基础设施的重要建设者。中国政党引领的互联网平台治理的运作与演化方式，以及具有中国特色的互联网治理经验或曰"第三条道路"，将成为世界很多国家，甚至是发达国家学习和借鉴的样板。

三、从制度设计上摆脱舆情回应的倒逼模式

2016年7月30日,国务院发布了《国务院办公厅关于在政务公开工作中进一步做好政务舆情回应的通知》(以下简称《通知》),这个重要的通知将推动政府舆情回应彻底告别"倒逼"模式,积极主动的舆情回应将成为一种制度化的常态。为什么不再需要自下而上的"倒逼"?因为有了自上而下的制度和规范,发生舆情后,如果你不敢说、不愿说、不屑说、不及时说,制度会"逼"着你必须去说。《通知》的最大意义就在于,形成了一套"逼"着部门负责人和新闻发言人必须开口回应政务舆情的机制,让相关责任人再也找不到理由去推卸和躲避。

(一)黄金1小时原则:回应速度就是引导力

虽然过去也有政务公开和新闻发布的要求,但笼统和抽象的规定有很多可以钻的空子。比如要求第一时间回应公众——这个"第一时间"到底有什么标准,怎么才叫"第一时间",是一天,两天,还是三天?这一次《通知》就做了明确的要求:要快速反应、及时发声,最迟应在24小时内举行新闻发布会,对其他政务舆情应在48小时内予以回应,并根据工作进展情况,持续发布权威信息。——这个硬性规定让相关负责人没有可钻的空子,"逼"着政府部门在发生重大舆情后必须在24小时内举行新闻发布会。

舆情发酵以秒计算,无论如何,24小时中都应该有政府的权威声音了。如果24小时后政府仍缺席的话,舆论就会失去耐心——必须在时间上"逼"着相关部门及时回应。一些地方部门仍把"熬时间""躲热点"当成应对技巧,打死都不说,认为熬过一两天就会被新的热点覆盖,这种"等下一个热点覆盖"的鸵鸟心态严重损害着政府公信力,因为网络有着巨大的记忆功能,躲是躲不过的。

但24小时在现在秒传播的时代还是存在一定的缺陷,在实际运作中应该做到1小时回应。一个突发事件的网上舆情,如果24小时后再回应和发声,就明显晚了,有时甚至已经不可收拾了。如何把"发现舆情—研判舆情—报批决策—权威回应"的速度控制在1小时之内,第一时间抢占舆论制高点成为新课题。尽可能快速地主动发声,强调的是信息发布的及时性。只有第一时间发声,做突发事件的"第一定义者",破解危机事件的时间压力,

才能有效引导舆论。具体部门和工作人员发现舆情后，要简单研判，然后迅速报告，形成一个舆情快报。舆情快报的写法一般采用消息式写法，一事一报，要素齐全，简单明了，不列小标题，不做额外评述。这个过程大约需要20分钟。而报送上级、商议、决策和形成回应文字可以在30～40分钟内完成。回应主要指发出声音、表明态度或者提出警示等，并非要求一定做出决定、说出真相等。这一原则已经在南京、宁波等地实行，明确要求政务微博必须在事件发生后的1小时内有回应、有态度。

（二）明确责任，让部门无法推诿

谁站出来回应？这在过去也有很大的模糊和推诿空间，第一责任人怕面对舆论和公众，随便找个人出来应付舆论，既没有权威性，也没有让公众看到政府部门的坦诚，同时因为回应者层次太低，未掌握事件核心信息，而使回应缺乏"信息含量"，没有回应舆论的关切。

《通知》针对这一点明确了责任：对涉及国务院重大政策、重要决策部署的政务舆情，国务院相关部门是第一责任主体。对涉及地方的政务舆情，按照属地管理、分级负责、谁主管谁负责的原则进行回应，涉事责任部门是第一责任主体，本级政府办公厅（室）会同宣传部门做好组织协调工作。对涉及多个地方的政务舆情，上级政府主管部门是舆情回应的第一责任主体，相关地方按照属地管理原则进行回应。

《通知》明确了涉事主体权界责任，就会"逼"着相关责任人去积极回应，而无法踢皮球躲媒体。某些部门有害怕面对舆论的天然惰性，能躲的就躲，不能躲的就推给下属，涉及多部门的就推给其他部门，实在不行就"熬"过去——典型的如青岛38元大虾事件，就是在部门推诿中使舆情越演越烈，从一起地方宰客事件发酵成大丑闻。

（三）涉事责任部门是第一责任主体，宣传部门不再顶缸

《通知》一个很大的亮点是明确了"涉事责任部门是第一责任主体"，这对承担着巨大舆情回应压力的宣传部门是一种不小的减压减负。很多地方宣传部门都抱怨，一些部门引发舆情事件后，都把回应的责任往宣传部门推，好像都是宣传部门的事。其实，涉事责任部门才是回应的第一责任主体——当事部门掌握着最多的信息，最知情，也最权威专业，又是公众质疑的矛头指向，当然应由其回应。事事都推到宣传部门身上，只会滋长一些部门的回应惰性，惯出一些部门的毛病——反正有宣传部门挡着，那是宣传部门的事。缺乏回应能力和媒介素养，形成恶性循环，成为滋生舆情的最薄弱环节。必须"逼"着涉事责任部门去面对舆论，回应公众的关切。

有人要问了，宣传部门不去回应，那要宣传部门干什么？宣传部门只是一个平台和中介，在涉事政府部门与媒体、公众间搭建一座桥梁，而不是替其他部门兜底背锅。要养成谁出事谁去回应的习惯，而不是事事推给宣传部门，不是一出事就让宣传部门站在前台，让宣传部门去灭火控负。

（四）部门一把手负责制

《通知》还对相关部门责任人提出了要求，"逼"着部门责任人站到面对公众的一线，而不是习惯性地推给下级去面对。在这方面，中办、国办在2016年11月15日印发了《关于全面推进政务公开工作的意见》，首次明确，遇重大突发事件、重要社会关切时，政府主要负责人要带头接受媒体采访，表明立场态度，发出权威声音，当好"第一新闻发言人"。2016年两会前，李克强总理接连两次发话，要求各部委主要负责人"积极回应舆论关切"，逼着部委一把手去回应，使部长通道成为两会亮点。

"逼"着相关部门责任人当第一新闻发言人，既能体现政府回应的诚意，也能避免层层授权中的信息损耗，更能形成一种自上而下善待媒体的示范效应。责任人应该是一个部门掌握信息最多、最先知情也最权威的人，让这个人站出来回应公众关切，公众会更相信。老百姓有时候之所以变成"老不信"，不仅因为不满意政府"说了什么"，更因为不满意"谁在说"，责任人站出来说更能提高发言的可信度。

责任人经常站到新闻发布的前台去直面舆情，而不是躲在后台看舆情报告，也更能提高自身的媒介素养，体谅新闻发言和舆情回应的不易，从而更加重视舆情工作。

（五）建立容错机制，用宽容失误给新闻发言人减压

《通知》明确要求"对出面回应的政府工作人员，要给予一定的自主空间，宽容失误"，这对直接面对舆论的发言人是一种很大的红利：既授权了，让发言人有话可说，而不是除了照稿子念之外无可奉告；也是一种减压，可以宽容失误。很多发言人之所以觉得新闻发言工作是一个"吃力不讨好"的高危岗位，就是怕说错一两句话而引发舆情从而成为牺牲品。在这

种焦虑下，一些发言人不敢说不愿说，尽可能不发言，非要发言不可就只念稿子、只讲最安全的官话套话，宁愿不出彩，也不愿出一点儿错。"自主空间"和"宽容失误"是巨大的进步，这种授权和减压将使舆情回应不再成为一个大家都不愿接的烫手山芋。

发言人不只是僵化的传声筒，他需要有一定的自主空间，这样才能使沟通充满张力和弹性，并有缓冲和回旋的余地，树立发言人的亲和力与权威性。发言人站在一线直面舆情，直面舆论压力，有时难免紧张和口误，没有一定的宽容，说错了就拿发言人开刀，只会让发言人越来越紧闭嘴巴。

舆情回应很多时候都是靠舆论"倒逼"，像挤牙膏那样一点点地"逼"出来，既使政府在面对舆情时失去主动性，又损害了政府的公信力。《通知》如能落到实处，"舆论倒逼"将彻底成为历史，在"倒逼"之前，将有一种强大的制度力量"逼"着责任部门站到舆论前台去。

第三节　基本原则：社交网络时代舆情应对的三十六计与上中下三策

顶层设计只解决了舆情应对的"道"的层面，而如何解决舆情应对中纷繁复杂的具体问题，则涉及"形而下"的"术"的层面。"术"主要根据舆情事件发生后多元主体参与互动情况，进行有效的议题管理、情感认同和价值共鸣，最终追求的是舆情治理的和合之道。

一、舆情应对策略的五要素和三十六计

（一）危机舆情应对策略的五要素

一个危机舆情发生后，在应对上必须有五个要素，缺一不可。这五个要素也是衡量一个危机事件处理得好与坏的重要尺度和标准。

1. 事件回应

任何危机舆情事件发生后，都必须进行回应，这已经是现代社会公共管理部门应尽的义务。关起门来解决事情的做法已经过时，任何负面舆情信息，只要涉及事件相关主体方，主体方就必须进行回应。因为这是个网络围观时代，尤其是公权力部门更是社会凝视和关注的焦点，一言一行都在社会

监督之下，事件回应也是公权力部门对社会民众基本的尊重。因此事件回应是衡量一个危机舆情处理的最基本的标准。

2. 舆情应对

面对汹涌的社会舆情关注和蓬勃的社会批评，只靠简单回应就想平复，在现在这个时代显然是不现实的。舆情应对必须做到两点：一是必须重视，不能任舆情自由发展，最终引起上级部门的关注而被迫解决；二是必须有得当的措施，包括研判目前舆情关注的焦点、症结所在、社会情绪表征等等，然后通过一定的技术手段和管理手段对社会舆情进行有效干预和适度引导，尽快消弭事件的舆情压力。

3. 事件处理

舆情事件的发生往往都有所谓的"着火点"，即社会舆情和社会情绪的载体，一般是负面事件，它最终点燃了民众的情绪，进而引起社会民意啸聚。好的舆情应对必须对事件进行处理，对事件当事人进行处理，对民众关注的核心问题进行解决或者改变以往的政策。虽然这种方式看起来简单粗暴，但对降低民众的关注度和扼制社会舆情的高涨趋势具有最为一针见血的作用。很多舆情事件的处理都是在上级干预下才进行的处理，当事部门的不作为往往造成舆情的肆意泛滥。

4. 媒体沟通

危机舆情事件发生后，新闻媒体基于民众的信息需求，会第一时间进行报道和新闻挖掘。与其被动地让媒体一点一点挖出事件真相，不如主动公开透明地向媒体澄清，处理问题，表明态度，并借助媒体的宣传放大器的功能，及时表达自己的立场和人文关怀，最大限度地降低危机舆情事件造成的声誉损失。

5. 声誉恢复

很多部门在完成了以上应对措施后基本上就偃旗息鼓了，认为舆情已经转移或者回落，不必再去过问，可以回归到正常的轨道中来。殊不知危机舆情发生后，政府社会公信力和社会声誉受损，就好比伤疤，不可能一下子就恢复到以往的状态。长此以往，政府的公信力会持续下降，最终陷入塔西佗陷阱之中。因此，衡量一个部门舆情应对水平的最高指标是是否事后进行声誉恢复，再造社会形象，加强制度保障建设，坚决杜绝类似事件再次发生，表决心，出措施，提声誉。只有这样，才能真正完成舆情应对。

（二）危机舆情应对策略的三十六计

上面主要分析了危机舆情应对策略的五要素。在这五要素下还有所谓的不同对策，为应和兵法上的三十六计，笔者也大致将舆情应对策略总结为三十六计（见图 7-1）。

事件回应	舆情应对	事件处理	媒体沟通	声誉恢复
兵贵神速法 开诚布公法 适度回应法 切中要害法	源头控制法 换位思考法 舆论主导法 话题转移法 主动迎战法 舆情跟踪法 权威声援法 合作双赢法	承担责任法 责任切割法 诚意道歉法 适度承诺法 负荆请罪法 统一战线法 产品召回法 权威证明法 监管介入法 妥协求和法 先内后外法 体验消疑法	持续发布法 口径一致法 公开透明法 平等沟通法 息事宁人法 攻心为上法 统筹大局法	形象再造法 痛改前非法 亡羊补牢法 反败为胜法 公益补救法

图 7-1 危机舆情应对策略的五要素及三十六计

1. 事件回应的四计

兵贵神速法：事件回应必须神速，甚至以分钟计算。合理的事件回应时间为事件发生后的 4 小时内。

开诚布公法：态度诚恳，公开透明，对事件真相不要像挤牙膏一样一点一点地披露。

适度回应法：回应要掌握"度"，做好充分准备再回应，注意话语修辞。

切中要害法：找准民众关注的焦点，不可试图蒙混过关、顾左右而言他。

2. 舆情应对的八计

源头控制法：找准信息来源，及时进行信息传播控制，不可听之任之。

换位思考法：除了从自己的角度思考，还必须从公众、媒体和上级部门三个角度来进行换位思考，不可只从自己的角度处理问题。

舆论主导法：按照民众舆论关注焦点来处理问题，不可按照工作流程和制度来进行处理。

话题转移法：个别事件处理起来暂时有难度，可以考虑使用话题转移法。

主动迎战法：针对民众关注焦点，开诚布公，主动出击，主动回应，及时堵住民众关注焦点的漏洞。

舆情跟踪法：做好舆情监测，了解舆情的态势变化和议题转移，抓住社会关注焦点。

权威声援法：寻找第三方权威介入，如权威专家和权威机构，及时声援，增加话语权威度，避免孤军作战。

合作双赢法：好的舆情应对绝对不是双输结果，更不是零和博弈，好的应对是双赢结果。

3. 事件处理的十二计

承担责任法：对事件处理要主动承担责任，切忌寻找显而易见的借口，以免火上浇油。

责任切割法：内部及时明确责任，做好责任切割，必要时弃车保帅。

诚意道歉法：舆情处理态度最为重要，道歉必须有诚意，切忌道歉不真诚。

适度承诺法：对事件责任及结果进行公开承诺，但注意适度，切忌信口开河、发空头支票。

负荆请罪法：真诚道歉，必要时对受害者负荆请罪，公开道歉。

统一战线法：理清事件的利益相关者，必要时各个击破，形成对己有利的统一战线。

产品召回法：对企业来说，要建立健全产品召回制度，树立企业信誉。

权威证明法：对相关民众质疑，必要时可以出具相关第三方的证明、鉴定等。

监管介入法：在事件处理中，必要时可以让监管部门介入，避免直面社会民众。

妥协求和法：如果事件责任很明确在己方，就要注意协调，必要时考虑妥协，以免事态进一步扩大。

先内后外法：很多组织的负面信息都是内部人员泄密的，事件处理必须做好内部公关，协调好内部关系再一致对外。

体验消疑法：对于民众的质疑，可以考虑组织体验团和真相观察团，让公信力更强的人来为自己说话。

4. *媒体沟通的七计*

持续发布法：对待媒体切不可避之唯恐不及，相反，一旦遇到负面舆情要及时依靠媒体，持续进行信息发布。

口径一致法：对外信息发布必须做到口径一致，切忌多渠道发布信息，或者前后说辞不一。

公开透明法：对待媒体必须保持公开透明，切忌遮遮掩掩，犹抱琵琶半遮面。

平等沟通法：与媒体打交道，一方面勿妄自菲薄，委曲求全；另一方面也要避免让媒体产生己方高高在上、事事都不配合的观感。

息事宁人法：与媒体沟通要本着息事宁人的目的，切忌制造更多的话题被媒体拿来大做文章。

攻心为上法：对待媒体，要注意真诚沟通，将心比心，攻心为上，切忌流于形式，以为请媒体吃吃喝喝、拿点车马费，就搞定媒体、万事大吉了。

统筹大局法：对待媒体，要注意统筹大局，对传统媒体、新媒体等要区别对待，统筹处理。

5. *声誉恢复的五计*

形象再造法：事件结束后，必须着手再造形象，不可听之任之，让民众形成刻板印象。

痛改前非法：制定措施，弥补现有的机制漏洞，给民众以洗心革面、痛改前非的好印象。

亡羊补牢法：及时修补可能出现问题的制度漏洞，避免类似事件再次发生，并让民众知道相关措施。

反败为胜法：危机应对的最高境界是转危为机，如前文提到"会理悬浮门事件"，危机的背后其实是机遇。

公益补救法：通过公益活动及时地补救受损的组织声誉。公益活动的开展必须让更大范围民众知晓，公益活动切忌模式化宣传，如花了多少钱、建了多少学校等，可以从受资助者个体展开，采用讲故事的方式进行宣传。

二、舆情应对的上中下策略选择

对待网络舆情有不同的策略选择，概括起来有以下三种。

（一）上策选择：重建社会信任

重建社会信任是将危机可能造成的政府形象受损的部分重新修补好，使得政府形象一直维持良好状态，这是危机应对的较高目标。

实现重建社会信任的要点有以下几个方面：一是尽快确认危机并第一时间控制危机；二是积极开展必要的社会心理救治和介入；三是积极开展政府公关，实现官民对话，切忌制造沟通障碍。

主要的做法概括起来有以下几个：一是勇于认错，诚恳地向公众表达歉意；二是诚心补偿，公布操作方便的补偿措施；三是突出优点，向媒体提供确凿、可信性强的正面信息；四是纠正过失，加强对整改的后续报道，展示新措施、新政策或改进的时间表；五是号召行动，号召民众采取防御措施或参与公益援助。

（二）中策选择：转移焦点

转移焦点的核心理念是设置新的话题议程，转移焦点矛盾，将社会的关注点迅速从本焦点事件中转移，形成新的社会兴趣点。

实现转移焦点策略的常见做法有：一是避难就易，将容易的问题首先解决，难点的问题可以适当放一下，让民众知道相关部门在做事情；二是区别对待，对不同的利益相关群体进行区别对待，亟待解决的及时解决，对利益相对疏远者可以适当缓一缓；三是巧换概念，对民众关注的焦点问题可以适当更换概念，降低民众社会预期和关注度；四是展现愿景，通过对未来的期许转移目前的社会矛盾焦点；五是制造新闻事件，即重新制造新的新闻事件，进而转移民众的关注焦点。

（三）下策选择：推出直接责任人

在以上措施都不能解决问题时，只能壮士断腕，推出直接责任人，牺牲局部利益，保全根本利益。但要注意避免出现"临时工"替罪的做法。当然这是下策之选。

图7-2是网络舆情应对的相关策略选择及可能的做法示意图。

```
重建社会信任 ──上策──→  要点：                    常见做法：
              较高目标    1.尽快确认危机并控制危机    1.勇于认错
                          2.积极开展社会心理救治      2.诚心补偿
                          3.积极开展政府公关          3.突出优点
                                                      4.纠正过失
                                                      5.号召行动

转移焦点   ──中策──→  核心理念：    常见做法：
                       设置新的议程  1.避难就易
                                     2.区别对待
                                     3.巧换概念
                                     4.展现愿景
                                     5.制造新闻事件

推出直接责任人 ──下策──→ 迫不得已，牺牲局部   常见做法：
                          利益，保全根本利益   1.弃车保帅
                                               2.李代桃僵
```

图 7-2 网络舆情应对的上中下策略选择及做法

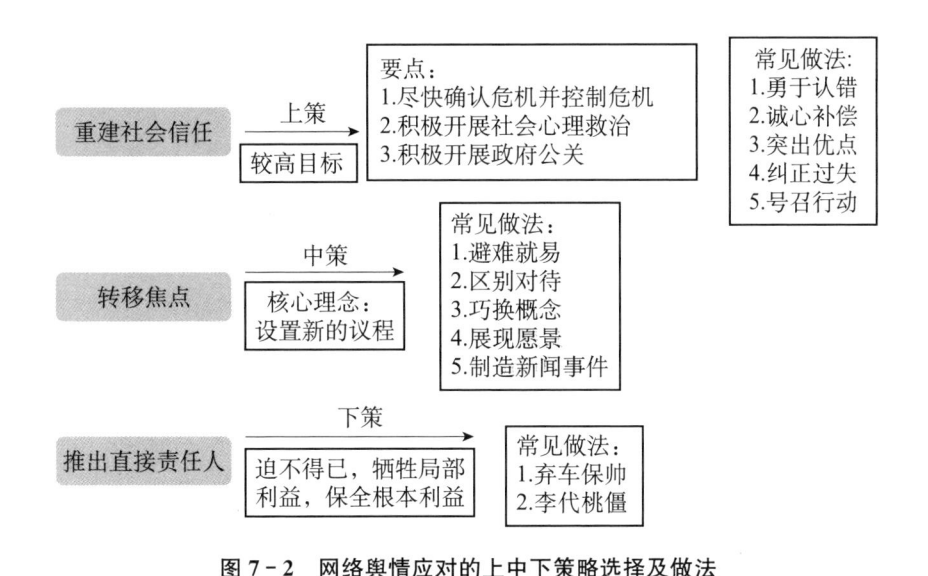

第四节 机制保障：社交网络时代舆情应对的体制和机制建设

很多网络舆情的发生，从根本上说主要是因为舆情防控机制不全，具体表现为事前监控预警不足，未安排专人负责对舆情进行监控，对舆情的收紧、整理、分析、判断工作严重滞后和缺失，没有成立专门的应对处理协调领导机构，没有建立应对处置预案，因而造成在应对舆情时处于被动地位。

舆情应对除技巧上的策略外，还必须构建完善的体制和机制。只有好的体制机制做保障，才能在面对任何危机时都从容不迫。好的体制机制必须具备以下条件：一是必须明确权责；二是必须简单易行，迅速高效；三是必须长效化。

对于基层政府来说，网络舆情管理与应对的体制和机制建设可以从以下几个方面开展（见图 7-3）。

一、网络发言人机制

网络发言人机制是政府部门为使民意得到充分表达、积极应对网络监督、正确引导网络舆情、促进政府信息公开、落实民众知情权与表达权、树立良好政府形象而建立的一种网络行政制度。其核心是通过网络发言人，及

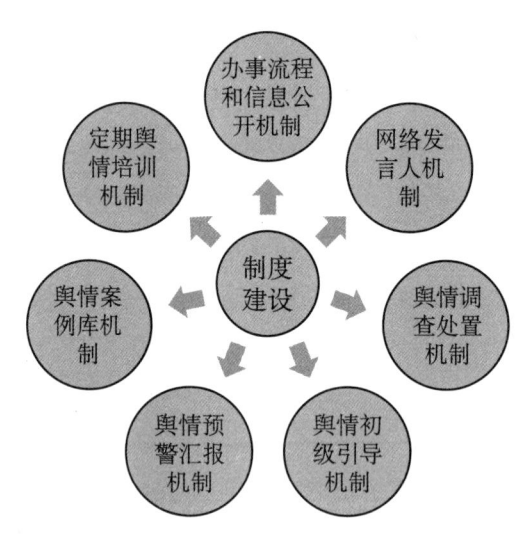

图 7-3　网络舆情管理与应对的七个体制和机制建设

时、准确地发布政务信息，回复网民诉求，在普通民众与政府之间搭建一条政策与民意互动的新通道，同时以实名方式通过回帖发布权威信息，及时澄清虚假、不完整流言，正确引导网络舆情，营造良好的舆论环境。网络发言人机制加快了政治公开化进程，扫除了政治封闭性、神秘化的色彩，网络发言人机制已经成为政府管理与服务的必要和有效方式，在政府与公众沟通中体现了它的实际价值和效能。

在党政机关，企、事业单位等全面设立网络发言人，主要职责是发现网络舆情，立即展开调查，再实名发帖公开调查结果，回复网民相关疑问。同时规定，一则网络舆情从发帖起，网络发言人要做到 3 个小时内回应受理，5 个工作日内办结回复，7 个工作日内解释说明。

另外，网络发言人机制还包括定期发布信息的机制以及与网民沟通交流的机制：每周在网上至少有一次信息发布，每天都应该在网上发言。如北京新闻办网络发言人每天至少要进行 3~5 场新闻发布。同时鼓励网络发言人以在线交流、多方会议等方式，就社会热点难点问题与网友进行网上交流和探讨。

二、舆情调查处置机制

舆情调查处置机制包括一系列子机制。首先，要建立网络信息采集反馈机制。网络舆情作为社会公众意见表达的渠道，反映了一定的社情民意。应对网络舆情，需建立多层次、全方位的网络舆情信息采集和反馈机制，力争及时发现问题，把问题扼杀于萌芽、化解危机于摇篮期。同时，在舆情处置过程中，应切实关注公众反映的问题，对于不合理的要求或暂时无法解决的合理要求，要耐心细致地做好引导工作，及时向公众反馈事件最新进展信息。

其次，要完善网络舆情分析甄别机制。随着网络技术的不断创新，社交类媒介应用崛起，其舆情传播形式更加丰富，传播过程更具隐蔽性和聚合性，网上偶尔出现的一条不良信息也可能会产生无法想象的负面影响。因此，应对网络舆情，需要对网络舆情进行客观、全面、科学的监测、分析与甄别，掌握网络舆情发展趋势。通过舆情监测系统的实时跟踪监测，保证所有网上传播信息能够准确实现"追根溯源"，从而准确把握与己相关的整体网络舆情动态，敏锐捕捉一些苗头性、倾向性、群体性问题，提高舆情应对预见性。

再次，要拓展网络舆情管理引导机制。当前，我国网民"低学历、低收入、低年龄"的结构化状态，决定了他们网络言论易偏激、自尊心强、逆反心理强、思想情绪化重等特点。而社会矛盾、社会问题和社会负面现象的集中爆发，成为诱发网络群体性事件与舆情危机的重要因素。对此，网络舆情处置工作需要拓展网络舆情管理与引导机制，利用自身的媒介平台或者借助社会媒体做好网络舆论的正面引导，培养自身意见领袖的作用，当舆情危机发生时，同时设置舆论议题有效引导网上舆论，在议论过程中逐步把舆论引向正面轨道。

最后，要建构有效的网络舆情应急联动机制。网络舆情的发生、传播、发酵是一个复杂的过程，涉及各方面利益，不能只让新闻宣传部门独自承担，必须做好网络舆情应对，建立完整的网络舆情应急联动机制。建立网络舆情处置指挥中心，平时负责网络舆情监测，遇到舆情事件时，协调各部门之间的信息共享和应对策略，从而提高舆情应对响应时间，及时消除影响，减轻危害。同时，制定网络舆情应急预案，遇到突发事件，及时采取相应手段压缩负面信息的传播，消除负面影响。

三、舆情初级引导机制

构建网络舆情的引导机制，首先要本着两大核心精神来建立长效的具有针对性的引导措施，然后根据具体的实际情况确立行之有效的引导机制，使之规范化、制度化，并且向全民普及对网络舆情引导机制的认知。这两大核心精神，一是实现网络管理由围堵向疏导转变，二是必须持续不断地加强网络舆论引导。

积极搭建网络舆情信息平台，实施网络问政工程，进一步完善统筹协作、应对处置、综合监管、绩效考评等四大子机制，加强对网络舆情的及时回应和积极引导，把握网络舆情的主导权。媒体作为一个特殊的平台，既包括传统媒体，也包括以网络为代表的新兴主流媒体，对网络舆情的引导起着承上启下的桥梁作用，如果这种作用发挥得当，还可以起到 $1+1>2$ 的舆论效果，因此，恰当使用媒体是网络舆论引导的一个有效措施。

四、舆情预警汇报机制

建立健全舆情预警汇报机制，首先，要积极拓宽健全舆情汇集渠道，实现舆情汇集主体的多元化、社会化。应重视非行政性、学术性、民间研究组织的舆情调研成果。舆情汇集主体的多元化、社会化，将减轻政府工作。如北京推行的网格化管理：每个网格设置网格信息报送员，可以将网格内社情民意的微小变化及时上报，拓展舆情汇集渠道，对线下舆情预警起到良好的神经末梢的作用。

其次，要设置有序的舆情上报机制，建立舆情失真责任追究制度。目前的舆情信息传递是"垂直纵向模式"，信息传递的层次过多，信息传递链过于冗长，造成各级政府之间的信息沟通处于"逐层递减"和"信息失真"状态。针对这种情况，可以适当减少舆情上报层次，避免舆情信息失真，并在舆情汇集系统中建立舆情直报点，同时正确处理必然会出现的某些舆情失真现象，实行舆情失真责任追究制度。

最后，要继续强化网络舆情预警机制。由于网络舆情环境本身的复杂性，网络舆情突发事件的发生在某种程度上是难以避免的。因为这种不可控性，强化网络舆情预警机制就显得极为必要。利用舆情监测系统强化舆情预警机制，能够及时对网上舆情传播进行实时监测，一旦出现负面舆情或疑似负面舆情，就第一时间通知监测人员，以便在"黄金1小时"内化解舆情危机，避免事态向消极的方向发展。

五、舆情案例库机制

结合历年各地成功应对网络舆情事件的典型案例，可建立专门的网络舆情案例库、数据库。一方面，有利于汲取以往网络舆情事件处理中的经验教训，另一方面，也可从网络舆情事件应对的历史演变、梳理中发现规律，为有效应对未来可能发生的网络舆情事件提供便利参考。

六、定期舆情培训机制

公权力部门应建立完善的定期舆情培训机制，改变传统简单授课的模式，改为典型案例研讨、沙盘推演、新闻模拟发布等多种培训模式，进一步加大舆情业务培训力度，对基层政府部门的工作人员保证轮训一遍，不留死角，切实增强公开意识，转变理念，提高发布信息、解读政策、回应关切的能力。

七、办事流程和信息公开机制

从当前网络舆情的发展趋势来看，网络舆情爆发的一个主要原因就是舆情涉事方的诉求得不到解决。因此，要想从根源上减少或消除网络舆情危机，政府部门有必要建立和完善两种制度：一是办事公开制度，使公众能够便捷地了解政府部门日常运行的方方面面，从而消除对政府部门的神秘感和不信任感；二是信息公开发布制度，政府部门日常要及时回应民众的合理要求，定时公开发布相关信息。

要科学、稳妥地应对和化解网络舆情，必须建立完善的工作机制和管理制度体系。这一体系主要包括网络舆情安全监测机制、应急反馈机制、危机管理机制等，既要制定分类分级监测、预警、处置、善后预案，又要善于借助当地党政部门宣传控制公共危机的优势，构建双重应急架构。

舆情事件发生后，如何应急处理，每个环节谁来负责，都需要有明确的机制来保证。一是责任人要果断决策，迅速统一思想，"快讲事实，慎讲结论，换位思考，透明公正"，抢先发出声音，先上网，后见报，先简报，后详报，第一时间占领信息高地，避免让谣言扩散，正确引导舆论。二是宣传部门要畅通沟通渠道，除了借助新闻发布会、电视、报纸、广播等传统传播媒介外，还必须引入主流网站、大型门户网站的微博、微信公众号等新媒体，在交流方式上更贴近网民和公众。三是积极进行信息反馈，把握"查清多少，公布多少"的原则，持续通报，频发信息，切忌不予理睬或没有下文。根据事件进展通报的后续发布要和首次发布的"定调"形成回应，强化主管部门的公信力。

第五节　微观修辞：官方危机应对文本的传播修辞与话语生产

互联网几乎与风险社会同步到来。随着各种新型传播手段不断涌现，信息流动速率和规模呈几何级数增长，嫁接其上的社会网络越来越呈现出脆化、随机变动的状态，危机也越来越以显性化的形式出现。一直以来对危机的认识有"事件论"与"过程论"之争[1]，但随着乌尔里希·贝克"风险社会"成为社会共识，危机不再是"点状"事件持续一段时间后自动消散的"过程"，而已成为一种社会状态的自在化存在。随着互联网重构整个社会的信息传播秩序和权力关系，尤其是社会话语权的分配，危机越来越呈现出一定的主体自主性。互联网与现代性、风险社会与全球化等问题纠缠一体，构成了当代危机语境的宏观背景[2]。互联网重构了社会不同利益族群的关系结构与价值秩序，改变了信息流动的秩序和话语表达规则，重塑了危机利益相关者的话语权力关系与权力运行规则，普通民众得以重新界定、想象甚至建构危机，舆论场内多元意见表达与竞争成为可能，社会话语空间和话语权力关系得以再生产。传统语境下以"官方"相对模糊的修辞为代表的精英话语阶层在危机中掌握信息渠道，并通过塑造媒体的传播框架来再生产或合法化自己的意识形态。[3] 但在互联网"话语平权"的语境下，官方话语不得不进

---

[1] 赖祥蔚. 公共关系学想象：社群主义观点 [J]. 新闻学研究，2004，80（7）.
[2] 胡百精. 互联网、公共危机与社会认同 [J]. 山东社会科学，2016（4）.
[3] 同[2].

行重新调适与让步，其所依附的官方文本的传播修辞与意义生产也必然需要进行"编码"层面的意义再调适与关系再生产。

目前，危机传播有四个主要研究取向。一是管理取向，主要研究的是危机发生后如何有效地管理和应对危机，多聚焦于危机传播中的传者本位。该研究取向来自管理学与传播学。二是关系取向，主要研究的是危机利益相关者之间的关系结构，以及如何重建与利益相关者的良性互动关系。该研究取向来自社会学与经济学。三是传播取向，主要从危机信息的生产、传播与反馈等环节研究危机作为一种异化信息具有的特性与区隔度。该研究取向来自传播学。四是修辞取向，又被称为危机话语批判研究，主要关注信息环节，聚焦危机发生之后社会组织所做出的"辩护"与"形象管理"策略[1]。该研究取向来自修辞学和说服学，主张"公关即修辞"，两者都属于以劝服为目的指向的语言实践。在管理取向、关系取向和传播取向研究者看来，公关与修辞是从属关系，修辞是危机应对谋求说服效果的手段，肯尼斯·伯克主张修辞无处不在，"哪里有说服，哪里就有修辞；哪里有意义，哪里就有说服"[2]。危机应对就是组织和公众彼此适应的修辞过程[3]。

信息秒传播时代来临，研究者发现，在危机发生后，官方的言说反应对危机处置的效果有越来越重要的影响，"说什么"与"如何说"的修辞取向变得越来越重要。有关修辞的研究可以追溯到亚里士多德时期。亚里士多德认为"修辞"是"在特定场合找到所有可以用来说服别人的手段的集合"[4]。可以看出，亚里士多德修辞学研究的核心内容是"劝服"。修辞最早被视为一种说服技巧与演说艺术，由于诉说对象具有主体性，拥有自己独立的心理因素、情绪和道德价值观，因此亚里士多德针对演说提出了"听众分析法"，核心思想就是要演讲者借助一定的演讲技巧，如情感、逻辑、人格劝说等，

---

[1] 何舟，陈先红. 双重话语空间：公共危机传播中的中国官方与非官方话语互动模式研究[J]. 国际新闻界，2010，32（8）.

[2] BURKE K. Language as symbolic action: essays on life, literature and method [M]. Berkeley: University of California Press, 1966: 301, 45.

[3] HEATH R L. A rhetorical perspective on the values of public relations: crossroads and pathways toward concurrence [J]. Journal of public relations research, 2000, 12 (1).

[4] 亚里士多德. 修辞术 [M]. 北京：中国人民大学出版社，2003：12.

让听众对真理的是非性做出判断①。另外，亚里士多德还提出了劝说他人的三种表现形式——理性诉诸、人品诉诸和情感诉诸②，并认为修辞具有三要素——逻辑、信誉和情感③。以修辞取向来研究政府危机传播的学者可追溯到20世纪70年代的肯尼斯·伯克，伯克将"修辞"定义为"人类使用语词形态或者诱导他人的行为"④，还提出了分析此取向的三要素——"认同理论""戏剧主义"及"符号体系"。认同理论是指修辞过程是话语表达者和接受者实现同一的过程，只有表达者与接受者拥有相同的话语方式、观念和态度，在众多方面彼此"认同"，表达者才能真正说服接受者⑤；戏剧主义包括五元素——执行者、行为、场景、方法和目的，伯克将这五要素概括为"戏剧性五位一体"；符号体系即认为修辞是通过不同的话语结构与表达将这些符号组建成全新的话语表征体系的。20世纪90年代，班尼特提出"形象修复论"，认为"当个人或组织的形象受到损伤时，为重新建立正面形象，个人或组织必须采取某种修辞行动来否认恶行、降低责任、减轻恶感"⑥。20世纪末，麦克黑尔提出了"霸权"（hegemony）模式，"霸权"是某个社会群体即危机传播中的"组织"在传媒、文化和意识形态领域内的领导权，危机传播的过程就是不同组织争夺这一领导权的过程。后面的研究者有意识地将社会与文化理论引入危机传播研究中，将"批判取向"作为"修辞取向"的一种延伸与补充，逐渐形成了危机传播研究的"修辞批判取向"，即将危机信息的传播和扩散过程看作一个动态的话语冲突和调和过程。

海德格尔后期的思想、哈贝马斯的交往理论和伽达默尔的哲学诠释学，都特别重视语言的对话和交流的性质，认为语言就是人存在的方式，因而人

---

① 牟晓鸣．亚里士多德与西方古典修辞学理论［J］．大连民族学院学报，2008（4）．
② 杨跃珍．亚里士多德修辞学与伯克修辞学研究对比［J］．长春教育学院学报，2010，26（3）．
③ 宫贺．跨文化认同与政治修辞：基于对中美当代政治传播实践的考察［J］．国际新闻界，2009（5）．
④ 温科学．现代修辞学调查：论中西方现代修辞学的对接融合［J］．福建师范大学学报（哲学社会科学版），2007（6）．
⑤ 刘佩．新闻话语的修辞建构［D］．北京：中央民族大学，2009．
⑥ BENOIT W L. Accounts, excuses, and apologies: a theory of image restoration strategies [M]. Albany, NY: State University of New York Press, 1994.

与存在的关系以及主体与主体间的关系,就是对话和交往的关系①。新修辞理论非常重视语言的作用,语言是其研究的主体视角。在传统观念中,语言是社会工具,人是主体,是语言的生产者,主导着语言的意义生产。但近年来的语言学研究抛弃了这种工具论,发现了语言"反仆为主"的功能——建构人自身和世界课题。索绪尔认为语言有其内在结构,并依照自身的结构编码世界,语言建构的世界与真实世界并非一一对应②。维特根斯坦认为"不是表达者绝对主导言说,而是言说反过来建构了表达者的角色和地位"③。伯克明确指出"人类主要生活在语言之中,用语言谈论语言,用语言解释语言"④。伽达默尔则更为激进,认为"人以语言的形式拥有世界"⑤。新修辞理论认为语言反仆为主的动力机制正是修辞,修辞不仅普遍存在,而且生产和控制意义,命名世界和建立秩序,组织和规范人类的思想与行为⑥。

国内学者针对危机传播的修辞研究相对较少,多聚焦危机后期政府新闻发布会的修辞策略等研究。黄懿慧等提出危机传播中有两个重要的组成部分,即"说什么"和"如何说",如果政府能在危机事件处理过程中对这两个关键问题处理得当,就会在一定程度上缓和政府主体与公众受体之间的敌对关系,从而营造利益相关者间的双向沟通模式⑦。更多研究者则结合具体个案进行危机修辞的研究。如霍一雯选取"7·23甬温线特别重大铁路交通事故"新闻发布会上王勇平通报事故进展情况的主发布词作为案例,发现新闻发言人在举行发布会时,为达到理想的传播效果,采取了构建"象征环境"策略、"认同"策略、数字"暗示"策略⑧。吴洪霞则结合政府危机等一系列事件,指出地方政府在应对危机时存在以下问题——发布词中情感诉求缺失、处理危机中修辞人格缺失、修辞行为中理性诉求缺失,在此基础上建

---

① 孙海燕. 西方语言哲学流变中的意义阐释 [J]. 河南社会科学,2018,26(9).
② 索绪尔. 普通语言学教程 [M] 北京:商务印书馆,1999:102-103.
③ 维特根斯坦. 哲学研究 [M]. 北京:商务印书馆,2013:23.
④ BURKE K. Counter-statement [M]. Berkeley: University of California Press,1968:143.
⑤ 伽达默尔. 真理与方法:下 [M]. 上海:译文出版社,2004:588.
⑥ 胡百精,高歌. 修辞、对话与认同:修辞流派对公共关系研究的弥合与拓展 [J]. 现代传播(中国传媒大学学报),2018,40(2).
⑦ 黄懿慧,吕琛. 卓越公共关系理论研究三十年回顾与展望 [J]. 国际新闻界,2017,39(5).
⑧ 霍一雯. 政府新闻发言人主发布词传播至效研究 [J]. 宁夏社会科学,2012(6).

议提高地方政府新闻发言人的修辞素养,注重多元修辞手段的运用①。钟吉鸿以北京"7·21"特大暴雨灾害事件为例,强调领导人的话语既要果断坚定,高效指导救援处置工作,又需富有真挚的情感,鼓励救援队伍和受灾百姓,传达对人民的关怀②。代树兰等总结认为,政府在危机事件中使用的话语可以称为危机话语,主要是为了成功应对、化解危机,减少因危机事件造成的各种人力、物力和财力等损失,从而维护积极的国家形象③。

综合来看,危机语境下的话语研究多从个案出发,用事实阐明观点,定性分析较多,定量研究较少;研究方法相对单一,并基本上集中于媒体报道或新闻发布;缺乏明确的研究框架,研究视角单一,多从传播学等视角进行研究,从新修辞学视角进行的研究还不多;研究层次多是宏观和中观层面,缺乏对微观层面尤其是对官方文本本体的研究。基于此,本节以官方话语文本为研究对象,以微观修辞对情况通报文本的意义建构与话语生产为视角,研究官方文本在社会话语权再分配的背景下如何进行自身调适与让步,如何重构涉事多元主体之间的关系,这些引发次生舆情的官方文本的修辞共性与话语生产特点有哪些,影响这些官方文本引发次生舆情的核心结构要件有哪些。

一、研究方法

(一) 研究对象

本节选取了 2015 年 1 月 1 日至 2018 年 12 月 31 日发生的 44 个舆情事件的官方文本。之所以选择这一时段,主要是因为这四年的媒介环境相对恒定,官方危机应对思维基本保持一致。文本选定的标准是来自政府部门等官方组织通过自媒体平台或新闻媒体发出的"情况通报",不包括新闻采访与新闻发布会上的发言,并且通报的发布并没有促进危机的消解,反而造成了次生舆情。文中舆情事件来源于《中国社会舆情年度报告》中四年 1 256 个

---

① 吴洪霞. 论地方政府应对危机事件的修辞策略 [J]. 新闻世界,2013 (9).
② 钟吉鸿. "7.21"北京特大暴雨灾害事件话语修辞研究 [D]. 广州:暨南大学,2014.
③ 代树兰,苗珊. 重大突发危机事件中美国官方话语的国家战略与意识形态建构特征 [J]. 话语研究论丛,2019 (1).

事件①，为保证事件满足上述条件，本节通过人工筛选来确定入选事件，相关事件如表7-1所示。

表7-1 2015—2018年44个引发次生舆情的热点事件

序号	事件	发生年份
1	甘肃永昌女生跳楼事件	2015年
2	哈尔滨仓库大火	2015年
3	南京宝马肇事案	2015年
4	复旦大学抄袭门事件	2015年
5	深圳娃娃鱼事件	2015年
6	"8·12"天津滨海新区爆炸事故	2015年
7	山东滨源化学公司"8·31"爆炸事故	2015年
8	甘肃杨改兰杀子案	2016年
9	常州外国语学校毒地事件	2016年
10	中关村二小欺凌事件	2016年
11	魏则西事件	2016年
12	记者暗访甘南县学生营养午餐遭警察殴打	2016年
13	江西男子骑摩托拒检查被摁在地	2016年
14	北京雷某非正常死亡事件	2016年
15	陕西法院被曝暴力执法	2016年
16	云南昆明女大学生被打案	2016年
17	南京玄武区女副区长摆拍事件	2016年
18	东莞一男子追砸运钞车被击毙	2016年
19	武隆开除买瓜协警事件	2016年
20	"6·26"湖北仙桃垃圾焚烧发电事件	2016年
21	山东记者采访被打事件	2016年
22	宁波江北爆炸案	2017年
23	红黄蓝幼儿园事件	2017年
24	河北涉县一男子吐槽医院食堂被拘事件	2017年
25	河南西华少女遭"性侵"反转事件	2017年
26	云南丽江女游客被打事件	2017年

① 喻国明，李彪. 中国社会舆情年度报告（2017—2018）[M]. 北京：人民日报出版社，2018：52.

续表

序号	事件	发生年份
27	乌兰浩特"警方击毙吸毒男子"事件	2017年
28	杭州保姆纵火案	2017年
29	北影疑似性侵事件	2017年
30	四川泸县太伏中学学生死亡事件	2017年
31	山东居民朋友圈发"侮辱宗教信仰"言论被拘	2017年
32	南航公司前11排座位事件	2017年
33	山西和顺矿难	2017年
34	国际乒联中国公开赛男子乒乓球队退赛事件	2017年
35	五星级酒店不换床单事件	2017年
36	"8·31"榆林产妇坠楼事件	2017年
37	六安市教师讨薪事件	2018年
38	鸿茅药酒声誉案	2018年
39	汤兰兰事件	2018年
40	丽江古城官方微博疑怼网友事件	2018年
41	江西万安问题营养餐事件	2018年
42	西安公交性骚扰事件	2018年
43	莲湖区扔烟头拍照事件	2018年
44	男子涉嫌猥亵女儿事件	2018年

笔者对以上44个事件采用人工采集的方式抓取文本信息，只保留文本的标题和正文，44个文本总计22 414个字。本节将这些文本作为分析的基本语料库。

(二) 研究方法

由于研究对象为话语文本，因此使用的方法为共词分析（co-word analysis）和定性比较分析（qualitative comparative analysis）。前者是基于词频的方法，后者则是基于条件组合和修辞结构的方法。共词分析本是一种文献计量学方法，属于内容分析方法的一种，该方法的基本理论假设是词与词之间的联系决定着语义生产[1]。共词分析的基本原理是通过对一组词在一篇文

---

[1] WETTLER M, RAPP R. Computation of word associations based on the co-occurrences of words in large corpora [C]. Proceedings of the St. Workshop on Very Large Corpora Academic & Industrial Perspectives, 1993: 84-93.

本中共同出现的次数统计,并以此对这些词进行聚类分析,来反映这些词之间的关联强弱,进而分析这些词所反映的文本的主题结构。一般来说,词对在同一篇文本中出现的次数越多,表明该词对的关系越紧密;词对在大量文档中出现次数越多,则说明该词对与文本之间的关联性越强。共词分析采用一套结构图可以有效地展示词之间的关联。① 因为官方文本也是一种文字状态,因此本节将该方法进行调整优化,引入对官方文本的分析中。

定性比较分析是一种案例导向型的研究方法,介于定性研究的案例取向与定量研究的变量取向之间,具有一定的优势,对于样本规模的要求不高,在15~80个样本规模上都可以运用②。另外,该方法采用多个案研究,避免了单一分析的面向,通过建立因果关系的多元分析构成,充分注意到了个案本身的异质性和复杂性。将案例描绘成变量的组合,能分析多重因果关系的组合和多元逻辑条件的组合,具有独特的优势。与定量分析不同,定性比较分析主要体现在对因果关系的理解上。定量分析假定社会现象的因果关系是线性的,而定性比较分析则假定社会现象的因果关系是非线性的,原因条件对结果的效应是相互依赖的,且同一个社会现象的发生可能是由不同的原因组合所导致的。本节选取的案例只有44个,进行多元回归分析的误差较大、线性关系不显著③;根据新修辞理论,修辞效果不是由单个因素决定的,而是由话语结构、修辞格等多因素产生的结构性原因决定的,这恰恰符合定性比较分析的多元逻辑条件组合的研究优势。

(三) 研究设计

研究分为三个步骤:一是使用 Python 中 jieba 包的中文分词工具 (https://pypi.org/project/jieba/) 对所有文本进行分词,并计算词频,标注出相关词性,从而得出基本分析语料库;二是将共词矩阵导入 Gephi 软件 (https://gephi.org/) 中,绘制出高频词的关系图谱,对高频词之间的共现关系进行分析,同时运用 UCInet 6.216 与 SPSS 22.0 对高频词进行聚类分析和多维尺度分析,并总结官方文本传播修辞与话语生产的特点及模式;

---

① 阮光册,夏磊.基于共现分析的文本主题词聚类研究[J].图书馆杂志,2018,37(11).
② 李彪,王永祺,杨小涵.网络小说成为超级IP的影响因素与生成机理研究:基于45例网络小说IP的定性比较分析(QCA)[J].国际新闻界,2018,40(12).
③ 马赞甫,刘妍珺.回归分析中最小样本容量的确定[J].统计与决策,2017(5).

三是对影响官方文本引出次生舆情的结构性因素进行定性比较分析，因为共词分析只是横切面层面的分析，还需要对官方文本的修辞组合及结构性要件进行分析。

二、分析结果

（一）标题的传播修辞：修辞结构单一与社会身份压制

44个文本中有5个没有使用标题，直接贴图，没有任何文字说明，故本节对余下的39个标题进行分析。平均每个标题长度为16.6个字符，标题字符标准差（standard deviation）为10.8，最长的标题有38个字符，是西安莲湖区扔烟头拍照事件中由"@莲湖发布"发布的《莲湖区关于8月16日〈华商报〉报道"自强西路有人倾倒烟头并拍照"的核查情况通报》，最短的只有4个字符——《情况通报》。标题平均长度比谣言平均标题长度23.8个字符显然要短了很多[1]，过短的标题在"只看标题"的信息熵泛滥时代很难吸引读者，如果去掉形式化的"××事件情况通报"，标题中有效的信息就更少，信息阈值过低会造成用户注意力资源的浪费，反而对有效信息的扩散起到抑制作用。同时，标题字符标准差过高，说明标题长度参差不齐，标题话语修辞具有随意性，缺乏沟通对话的思维。

对标题进行词频分析，可以看出，词频较高的词依次是"情况通报/说明/声明""关于""事件"等三个关键词（见表7-2），这三者恰恰构成了固定的修辞结构——"关于××事件的情况通报"。这种修辞模式倾向于对事实本身的诠释与意义建构，追求所谓的事实本体和价值理性，伴随着价值理性的认知化和逻辑化，理性日益向工具理性、技术理性转化，最后变得"面部冷漠"，成为一种他者视角表达，话语文本的亲和力下降。在互联网时代，公众不再是抽象的"旁观者"和无面孔的"民众"，已实现了话语的"自我赋权"，如果依然保持这种他者视角，官方话语与民间话语就很难形成有效、开放、平等的对话。

---

[1] 李彪，喻国明."后真相"时代网络谣言的话语空间与传播场域研究：基于微信朋友圈4160条谣言的分析[J].新闻大学，2018（2）.

表 7-2　39 个官方文本标题高频词（频次 2 次以上）

序次	高频词	频次	序次	高频词	频次
1	情况通报/说明/声明	23	9	记者	2
2	关于	16	10	大队	2
3	事件	9	11	押运	2
4	死亡	3	12	执行	2
5	调查	3	13	发生	2
6	学校	3	14	回应	2
7	公安局	3	15	警情	2
8	人民政府	2	16	微博	2

"学校""公安局""人民政府""大队"等机构名词也属于高频词。社会身份的标签进入网络舆论场，带有固有的社会资本，很容易形成话语权力压制，在权力部门与公众之间建构起明确的、单向支配的"主体-客体"关系，社会对话、情感共鸣与价值认同都很难实现。同时这些机构高频词也多是信息发布者，生硬的"权力标签"缺乏必要的具象人格设定与情感表达，但"所谓的被压制者，未必真被压制。所谓的压制者，未必真能压制"。互联网的无标度性导致官方的信任资本、权力运行合法性不断衰减，以往位差悬殊、单向灌输的"训话"式表达，即使拥有线下的权力资本和更高的调门，也不过是在社会舆论嘈杂下的自言自语，不能进入公众的视野，遑论话语霸权和舆论场领导权。官方已不再是社会话语的唯一诠释者和定义者，应该努力将众声喧哗转化为理性对话，改变目前认为"一通报就灵验"的简单做法。

（二）文本的话语生产：事后补救导向与话语霸权立场预设

44 个官方文本平均每篇 491.2 个字符（含标点），与一般新闻的篇幅（500 个字符左右）基本一致，但文本的标准差过大，为 452.6，与标题的话语表达结构一致，各个官方的话语诉求与修辞结构完全不同。字符最少的是"北影疑似性侵事件"中北影官方微博发布的辟谣微博，仅 62 个字符；字符最多的是"常州外国语学校毒地事件"中的《常州外国语学校空气质量：10 个问题的解释》，达到了 2 261 个字符，从这个意义上说，该通报文本虽然试图直指"事实真相"，希望在事实之维进行真相还原和利益补救，但既然引发了次生舆情，就说明这种努力是白费的，冗长的篇幅和事无巨细地"促逼"真相,最后并没有在价值之维获得认同和重建社会信任。

对 44 个官方文本进行分词,并去除"年""月""时""分""市""区"等代表时间和地点等的虚词,选取频次 3 次以上的为高频词①,总计得出 673 个高频词,选取其中的前 10%作为分析对象②,即 67 个高频词,建立共现关系,导入 Gephi,得出 67 个高频词之间的社会网络关系图谱(见图 7-4)。

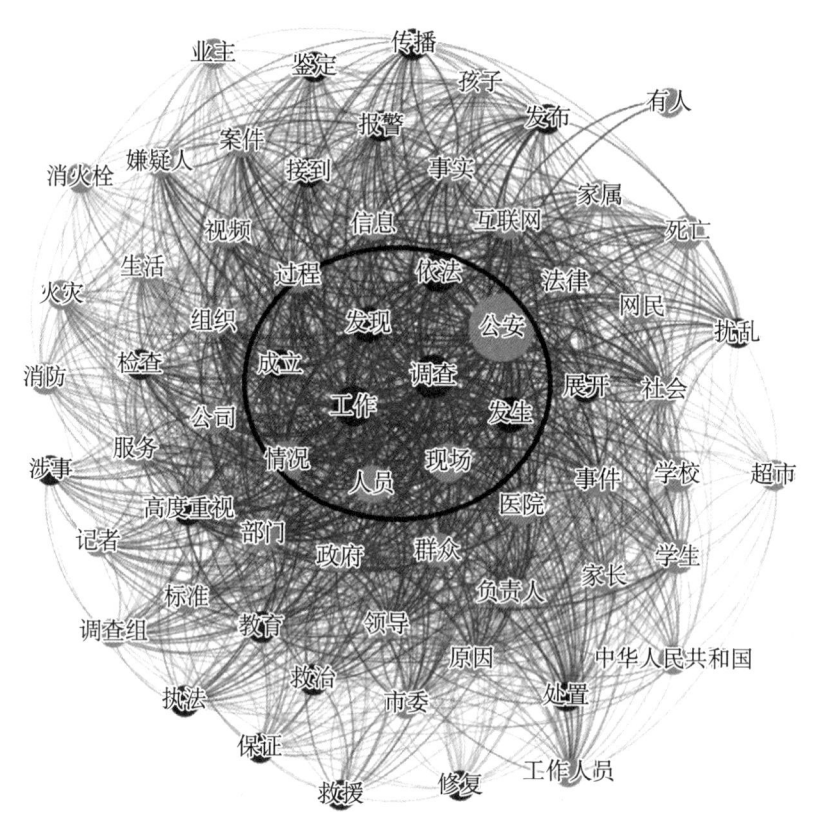

图 7-4　44 个官方文本高频词社会网络关系图

整个高频词社会网络关系图由 67 个节点和 1 689 条连线构成,节点表示高频词,连线表示高频词之间的共现关系(同时出现在一个官方文本中)。节点的大小代表词频,节点越大词频越高;连线的粗细代表两词之间共现的

---

① 董苑,钱丽萍. 基于语义词典和词频信息的文本相似度计算[J]. 计算机科学,2017,44 (11A).

② 闫岩,王冠宇. 共同体的凝聚、分化和退场:建国以来官方救灾话语的共现结构之演变 (1949—2017)[J]. 新闻与传播研究,2018,25 (10).

次数，共现次数越多连线越粗。整个图按照节点的中心性进行呈现，节点越靠近中心越重要，深色词为动词，浅色词为名词。图中核心的高频词依次是公安、调查、工作、情况、现场、发生、发现、依法、成立、人员，说明官方文本的诉求核心并不在于沟通对话与建构社会认同，而主要是单向度地自说自话，更多地表现为以事后补救工作为话语诉求，而对事实细节、事实过程的话语建构较少，根本没法满足危机初期核心信息缺失的公众需求。

对44个官方文本进行词性分析，根据词性进行分类，选定各类的前10个词构成表7-3。

表7-3 44个官方文本高频词的词性分类

词性	高频词前10
名词	公安（104）、现场（34）、医院（27）、学校（24）、互联网（23）、群众（23）、过程（19）、事件（19）、家属（17）、视频（15）
动词	调查（44）、依法（31）、发现（24）、死亡（22）、传播（14）、报警（13）、执法（13）、高度重视（12）、拘留（9）、涉嫌（8）
形容词	严重（7）、健康（5）、文明（5）、别有用心（4）、不明真相（4）、恶劣（3）、规范化（3）、困难（2）、悲痛（2）、和谐（2）

从名词看，官方文本的诉求是说明事件发生的空间场域（"现场""医院""学校""互联网"等）与关系主体（"公安""群众""家属"等）。从动词看，官方文本的诉求是说明对事件的处理与调查（"调查""依法""发现""执法""救治""高度重视""拘留"等），而非事实细节、事实过程的还原与建构。从形容词看，官方文本使用的是传统语境下话语霸权的传播修辞，如"健康""文明""别有用心""不明真相""恶劣"等，这些词直接将对话主体——"网民"置于对立面，立场的提前预设与身份标签的提前设定，再加上双方在动机与利益解读、价值判断、行为选择以及结论等方面皆有难以弥合的鸿沟，这种"贴标签"、渗透着权力逻辑的官方文本不仅不会达到双向信息沟通的效果，反而会造成舆情民意的啸聚和转焦。在危机语境下，议题管理的主旨是澄清事实，解释问题，消弭信息熵，达成社会共识，但这44个官方文本的话语修辞很容易陷入不以达成共识为目的的"虚耗式舆论纠缠"。从三类词性的高频词可以看出，这44个官方文本的话语建构主要具有三个明显的表达特征：一是事实处理优于事实真相；二是管理取向优于沟通对话取向；三是话语霸权者身份优于平等对话者身份。这些官方文本对应的危机管理

模式也相应地有以下几种：一是过早对事件进行定性，不仅不利于事件解决，反而会激化矛盾；二是对民众关心的危机处理结果的回应相对较少，如44个事件中仅"处置"（6个）、"救治"（4个），总体比例不高；三是对危机处理采用刚性的管理，缺乏柔和的对话策略，如频次较高的词"依法""执法""拘留"等，更容易激活民众头脑中"阴谋论"的先验设定，进而出现社会学中的谣言"自我实现机制"现象。

（三）高频词凝聚子群：话语生产"模式化"与危机传播"仪式化"

聚类分析（cluster analysis）的基本思想是将变量按相似程度归于同一群组。"物以类聚"，是共词分析中比较常用的统计方法，根据一些能够测量多个变量指标之间相似程度的统计量，可以将各种相似度不同的变量聚合成不同的类别，再将它们的亲疏关系用谱系图的方式表现出来[①]。在聚合的不同类别中，同一类别的变量彼此的相似度愈高愈好，而不同类别之间的变量彼此的相似度愈低愈好。高频词聚类分析是对文本中高频词亲疏关系的分析，是体现高频词相似性和相异性的分析图谱，通过图谱可以进一步挖掘文本发布主体的话语网络与传播修辞等深层次信息。

上述67个高频词中个别文本过长，经过系统加权，并去掉指向性过于强烈的词，如"消火栓""火灾"等，总计从中筛选出50个高频词，构建50×50的矩阵，导入UCInet 6.216中，处理路径为"Network→Roles & Positions→Structural→Concor"，进行高频关键词的凝聚子群分析，然后测算各子群的密度，块模型的分析结果如图7-5所示。高频词分成了7个子模块，模块拟合优度达到了0.261，大于统计意义上较好程度值0.25[②]，说明算法的拟合效果较好。

在树状图中，高频词的关系越近，越聚合在一起，7类块模型代表了当前官方文本7种话语生产模式。（1）"警情通报"型：主要以警方为生产主体，在对热点案件进行通报时，常用的高频词有"案件""扰乱""报警""互联网""记者""发布""鉴定""嫌疑人"。（2）"家属情绪稳定"型：主要用于对人员伤亡事件的情况通报，常用的高频词有"家属""接到""法律"

---

① 张勤，徐绪松. 定性定量结合的分析方法：共词分析法 [J]. 技术经济，2010，29（6）.
② 蒋侃，唐竹发. 高校班级创业实践网络凝聚子群分析 [J]. 中国农业教育，2015（6）.

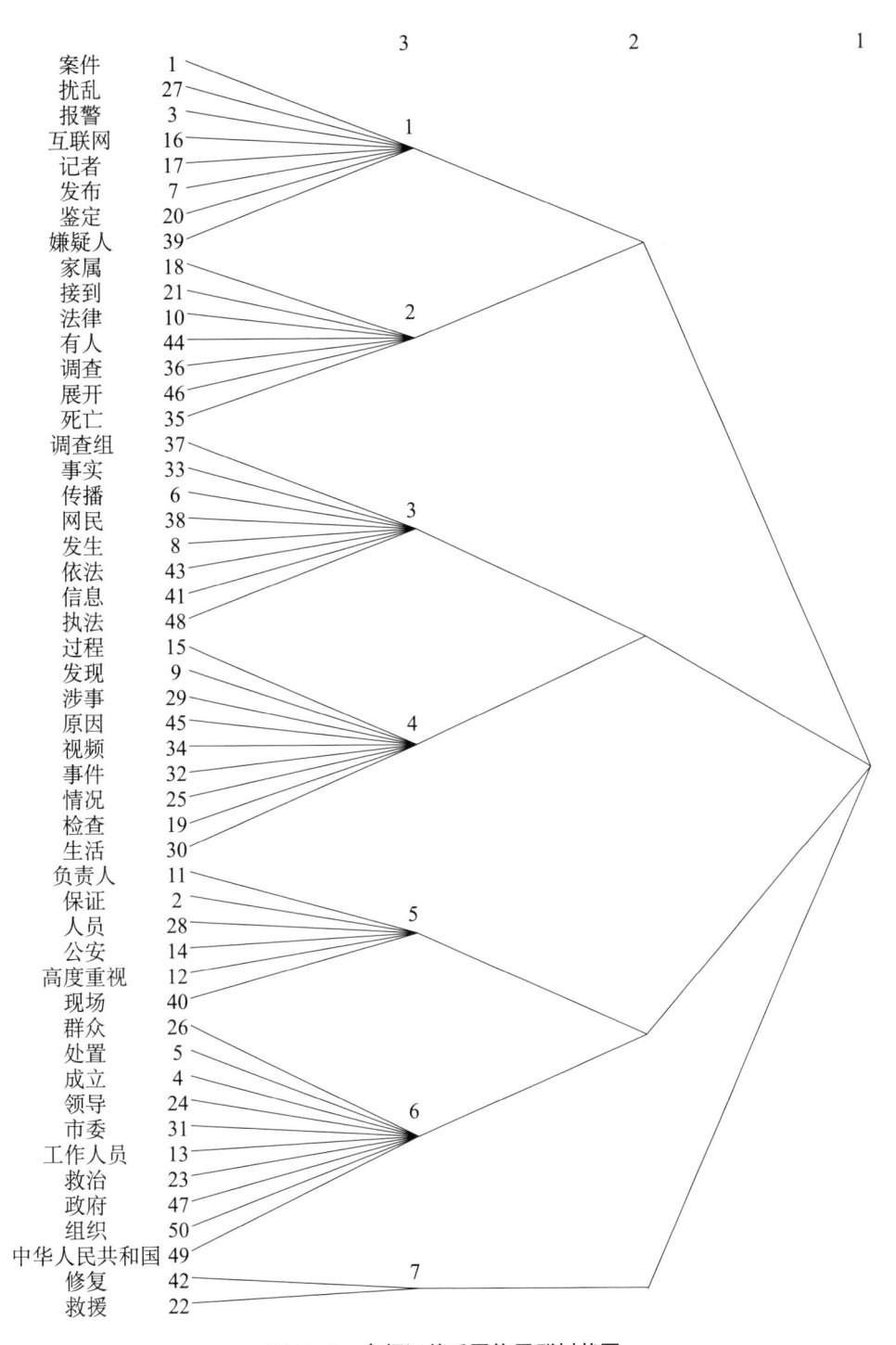

第七章 从"后真相"到"后共识""后治理""后秩序":国家治理范式转向 | 267

```
                        3           2           1
案件         1  ┐
扰乱        27  ┤
报警         3  ┤
互联网      16  ┤
记者        17  ┼─●1
发布         7  ┤
鉴定        20  ┤
嫌疑人      39  ┤
家属        18  ┤
接到        21  ┤
法律        10  ┤
有人        44  ┼─●2
调查        36  ┤
展开        46  ┤
死亡        35  ┤
调查组      37  ┤
事实        33  ┤
传播         6  ┤
网民        38  ┤
发生         8  ┼─●3
依法        43  ┤
信息        41  ┤
执法        48  ┤
过程        15  ┤
发现         9  ┤
涉事        29  ┤
原因        45  ┼─●4
视频        34  ┤
事件        32  ┤
情况        25  ┤
检查        19  ┤
生活        30  ┤
负责人      11  ┤
保证         2  ┤
人员        28  ┼─●5
公安        14  ┤
高度重视    12  ┤
现场        40  ┤
群众        26  ┤
处置         5  ┤
成立         4  ┤
领导        24  ┤
市委        31  ┼─●6
工作人员    13  ┤
救治        23  ┤
政府        47  ┤
组织        50  ┤
中华人民共和国 49 ┤
修复        42  ┼─●7
救援        22  ┘
```

图 7-5 高频词关系网络子群树状图

"有人""调查""展开""死亡"等。(3)"依法执法"型：用相对模糊的修辞格"依法""执法"来凸显事中与事后举措的权威性和有效性。(4)"追查原因"型：主要用于对公共危机事件的情况通报，常用的高频词有"过程""涉事""原因""视频""情况"等。(5)"高度重视"型：主要用于对灾祸事件事后现场救援处置的通报，常用的高频词有"负责人""公安""高度重视""现场"等。(6)"事后举措展示"型：强调危机应对的行政程序和合法性，常用的高频词有"处置""成立""领导""救治""政府""组织"等。(7)"形象修复"型：强调事后救援和形象修复，只有"救援""修复"两个高频词，两者在很多官方文本中只是被简单提及，并未获得展开，但这恰恰是危机应对所必需的举措。

7 个子群密度矩阵如图 7-6 所示。

Density Matrix

	1	2	3	4	5	6	7
1	2.826	3.529	4.786	2.947	1.000	2.143	1.458
2	2.920	3.000	4.667	4.364	1.500	4.615	3.265
3	3.742	3.333	4.864	3.029	1.333	2.714	2.804
4	2.351	3.042	3.800	3.788	1.000	3.824	3.294
5	1.000	1.000	1.000	2.000	1.032	1.000	1.429
6	3.962	5.400	5.520	5.200	1.667	5.429	4.769
7	1.778	2.412	2.063	2.458	2.250	3.000	3.048

图 7-6　高频词关系网络 7 个子群密度矩阵图

可以看出，子群 6 的平均密度最大，为 5.429，说明其中的高频词之间联系紧密，证明第六种"事后举措展示"型是典型的官方文本话语生产结构，即常见的"政府成立……领导……组织救治……工作人员……"，如果从传播仪式观来看，这属于典型的危机管理仪式，具有很强的象征性与仪式感。子群 3 和子群 4 的平均密度也较大，均高于整个网络的密度 3.391，说明"依法执法"型和"追究原因"型的话语表达结构也较普遍。以上三者，每一组高频词都可以组织一个常见的、拥有固定修辞结构的话语文本，说明这类官方文本具有修辞共性和价值偏好，具有较强的话语生产模式化与危机传播仪式化特征。

（四）高频词多维尺度分析：核心诉求缺失与过度迷信话语霸权构建

多维尺度分析（multi-dimension analysis）是共词分析的主要方法之一，

主要通过测量对象之间的距离来展现数据结构，运用低维空间（通常是二维或三维空间）中对象所处的特定位置，通过观察对象之间的平面距离，了解它们之间的相似性①。通过多维尺度分析，研究者可以挖掘数据的深层结构；通过软件绘制的平面图，能够清晰地揭示出数据的隐藏联系②，帮助研究者解释被调查对象之间存在的相似性或非相似性③。在多维尺度分析的结果中，被分析的对象呈现点状分布的特点，图中点与点之间的距离代表它们之间的相似程度，将相似度、关联性高的对象聚集成一个类别，处在中间位置的对象具有核心地位。多维尺度分析没有严格要求数据的分布假设。

将上述 50×50 高频词构成的矩阵导入 SPSS 22.0 统计软件中，用 Ochiia 系数将其转换成相关矩阵和相异矩阵④，以消除官方文本长度悬殊造成的影响，对其进行高频词的多维尺度分析。运用分析工具中的多维刻度，采用比率及欧氏（Euclidean）度量模型对官方文本高频词进行多维尺度分析，得到高频词多维尺度分析图谱（见图 7-7）。Stress 和 RSQ 是多维尺度分析的信度和效度的估计值，RSQ 越大越理想，根据克鲁斯卡尔提出的检验统计量，一般 0.6 以上是可以接受的⑤。结果显示，图谱的 Stress = 0.23044（参考值为 0.3），RSQ=0.86796（参考值为 0.6），说明图谱的拟合效果是较好的，可以反映出官方文本高频词之间的关联状况。

在高频词多维尺度分析图谱中，多维尺度绘制出的坐标是战略坐标。它是二维坐标，是以向心度（centrality）和密度（density）为参数的⑥。横轴为向心度，表示领域间彼此影响的强度；纵轴为密度，表示一个领域内部联系的强度⑦。每个小圆圈分别表示不同高频词所处的位置，图中两个小圆圈之间的距离越近，表示它们之间的关系越亲密；相反，则关系越疏远。每个小圆圈在战略坐标中所处的位置能够表现出它影响力的大小，距离战略坐标中心点

---

① 张勤，徐绪松. 定性定量结合的分析方法：共词分析法 [J]. 技术经济，2010，29（6）.
② 张红春，卓越. 国内社会保障研究的知识图谱与热点主题：基于文献计量学共词分析的视角 [J]. 公共管理学报，2011，8（4）.
③ 高惠璇. 应用多元统计分析 [M]. 北京：北京大学出版社，2005：216-227.
④ 邱均平，等. 关于共被引分析方法的再认识和再思考 [J]. 情报学报，2008（1）.
⑤ KRUSKAL J B. How to use MDSCAL [M]. New Jersey：Murray Hill，1967：283-295.
⑥ LAW J，BAUIN S J，COURTIAL P，et al. Policy and the mapping of scientific change：a co-word analysis of research into environmental acidification [J]. Scientometrics，1988（3-4）.
⑦ 冯璐，冷伏海. 共词分析方法理论进展 [J]. 中国图书馆学报，2006（2）.

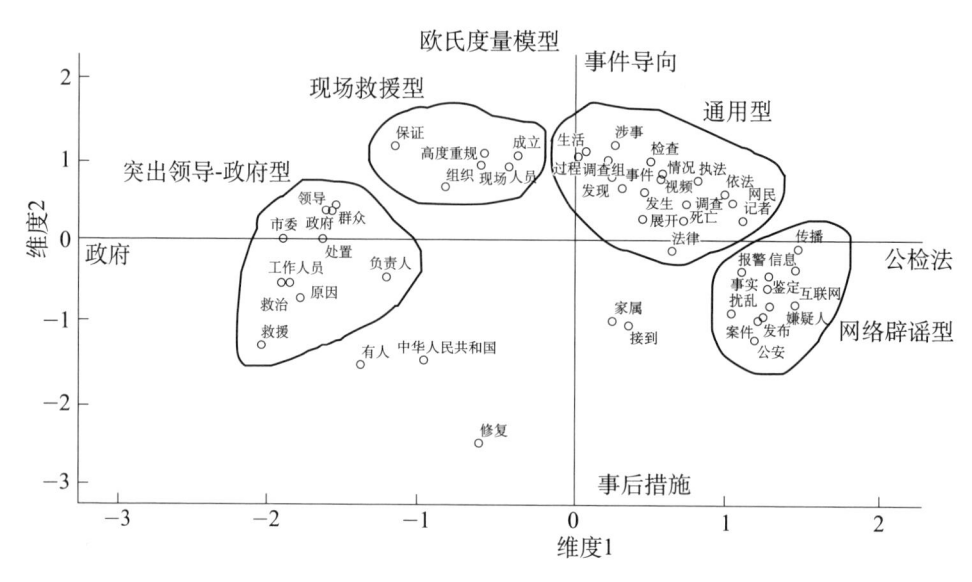

图 7-7 官方文本高频词多维尺度分析图谱

越近的小圆圈，影响力越大。从图 7-7 可以看出，整个图谱的中心位置没有任何高频词，表明 44 个官方文本的核心诉求缺失，缺乏统一的目标诉求。

另外，分布在横向维度（维度 1）左侧的高频词大多与政府部门相关，右侧的高频词大多与公检法部门相关，因此将横向维度解释为"政府—公检法"维度；分布在纵向维度（维度 2）上端的高频词大多与事件本身直接相关，下端的高频词大多与事后的举措相关，因此将纵向维度解释为"事件—事后"维度。可以看出，全图共分为 4 个诉求类型和 5 个特殊散点。第 1 象限内是密度和向心度最高的领域，这一部分的话语诉求类型是通用型的话语修辞模式，因为 44 个官方文本有 17 个是由警方发布的，因此这是一种主导型的警方话语表达模式，主要用了 18 个高频词来构建，从第 1 象限集中的高频关键词来看，"警方通用型"话语表达主要是围绕"法律"要素来建构话语的，如"执法""依法""法律"等。法律虽然庄重，具有高度的威权性，但过于"冰冷"与"无情"。如在"甘肃永昌女生跳楼事件"中，通报文本提到"为维护社会治安稳定和政治安定，防止极少数别有用心人员从事捣乱破坏活动，依法打击惩处违法犯罪行为，根据《中华人民共和国刑法》《中华人民共和国集会游行示威法》《中华人民共和国治安管理处罚法》等法律、法规，特作如下通告……"，将 3 法律中 10 个法条的内容原封不动地搬过来，在强调法律严肃性的同时，也给民众一种"威胁"的主观感受，不仅不利于危机的解决，反而造成与利益相关者对话可能性的丧失。

位于第 2 象限的主要是"现场救援型"，主要强调的是领导"高度重视"以及现场组织的情况，核心目标是止损，主要用于灾难事故，如火灾、爆炸等。位于第 2 象限与第 3 象限的是"突出领导-政府型"，这类通报最典型的是宁波江北区发生爆炸事件后，"江北发布"的情况通报，这一通报引发了严重次生舆情，总共 11 行字的通报，前面 10 行都是各级领导名字，属于典型的"突出领导-政府型"，这主要是官本位思想造成的。位于第 4 象限的主要是"网络辟谣型"，核心诉求是打击网络谣言，强调的主体是互联网、公安、嫌疑人和事实等，通过"贴标签"和建构"社会身份"的方式来建构官方话语威权，达到危机管理的目的。另外，还有 5 个高频词没有被有效整合，但恰恰是 44 个官方文本最为欠缺的部分，即与"家属"的有效沟通以及对公众的社会心理修复这两个维度。

（五）定性比较分析："如何说"与"说什么"的自洽性

官方文本作为一种话语修辞，主要由形式与内容两部分构成。本节在条件变量的选取上也主要从这两个维度展开：在形式上选取官方文本题目（有些官方文本没有题目）、段落、篇幅三个条件变量；在内容上选取发布主体、细节信息、领导出现、谣言定性、诉求类别、形象修复策略等变量；结果变量则选取官方文本发布后的网民转发量，因为个别官方文本发布后设置了禁止评论，因此评论数据不是很完备，而转发动辄在万次以上，对所有转发量取均值为 10 082.3 次，因此高于 1 万次的取值为 1，低于 1 万次的取值为 0。相关变量选择与赋值如表 7-4 所示。

表 7-4 官方文本的变量选择与赋值

条件类型	条件变量	判断说明	比例	赋值	说明
形式	题目	有题目	75.0%	1	条件
		仅"情况通报"	13.6%	0	
		无题目	11.4%	0	
	段落	有明确分段	77.3%	1	条件
		无明确分段	22.7%	0	
	篇幅	长篇幅（均值 500 字以上）	38.6%	1	条件
		短篇幅（均值 500 字以下）	61.4%	0	

续表

条件类型	条件变量	判断说明	比例	赋值	说明
内容	发布主体	警方发布	47.7%	1	条件
		非警方发布	52.3%	0	
	细节信息	有时空细节	50.0%	1	条件
		无时空细节	50.0%	0	
	领导出现	有"领导"等相关文字	27.3%	1	条件
		无"领导"等相关文字	72.7%	0	
	谣言定性	将网上信息定为谣言	36.4%	1	条件
		未将网上信息定为谣言	63.6%	0	
	诉求类别	通用型（据多维尺度分析）	54.5%	1	条件
		非通用型	45.5%	0	
	形象修复策略	否认（据班尼特形象修复论）	22.7%	1	条件
		其他策略	77.3%	0	
结果变量	网民转发量	高于1万次	40.9%	1	结果
		低于1万次	59.1%	0	

在确定了条件变量和结果变量后，定性比较分析需要回归案例，对已经设定好的变量按照"二分归属原则"进行赋值并构建真值表。真值表的原理是通过二分制考察结果现象发生或不发生时多种条件的具体状态，进而得出这些组合条件是如何导致，以及在多大程度上决定了结果现象的发生或不发生[1]。

首先对条件变量必要性进行检测，如果存在结果变量的必要条件，则该变量不纳入后续条件组合分析。将构建的真值表导入fs/QCA 3.0分析软件，得出单个因素的必要条件分析表。可以发现，没有任何一个条件变量的吻合度达到0.9[2]，即没有任何条件变量可以单独构成官方文本的修辞手段获得网民高转发量的必要条件，故无须剔除任何条件变量。

对构建的真值表进行算法分析，得到官方文本话语修辞影响网民转发量的复杂解、简洁解、优化解三种构型方案（见表7-5）。复杂解是没有被简化的、构型较为繁杂的解；简洁解虽然结果精简，但是存在将重要的必要条件精简掉的可能性；介于两者之间的优化解最具代表性，因此本书主要选取

---

[1] 毛湛文. 定性比较分析（QCA）与新闻传播学研究 [J]. 国际新闻界，2016（4）.
[2] RAGIN C C. Redesigning social inquiry: fuzzy sets and beyond [M]. Chicago: University of Chicago Press, 2008: 123-125.

优化解进行分析。

表7-5 官方文本话语修辞影响网民转发量的三种构型

条件类别		形式		内容
条件组合		组合1	组合2	组合3
	题目	●	●	■
	段落			●
	篇幅	●	●	■
	发布主体	■	■	■
	细节信息	■		●
	领导出现	●	●	■
	谣言定性	●	●	●
	诉求类别			●
	形象修复策略	●	●	●
	一致性	1	1	1
	覆盖率	0.11	0.09	0.11
	净覆盖率	0.17	0.11	0.11
	总体一致性		1	
	总体覆盖率		1	

注：（1）同时出现在简洁解和优化解中的变量为核心条件；只出现在优化解而未出现在简洁解中的变量为边缘条件。
（2）●或■表示条件出现；■或■表示条件不出现；●和■表示核心条件；●或■表示边缘条件；空白表示该条件在构型中可存在可不存在。
（3）净覆盖率指不与同一被解释结果的其他构型重合，且由该条件构型独立解释的覆盖率。

在定性比较分析中，一致性和覆盖率是判断条件组合与结果变量之间关联程度的两个关键指标。一致性主要对条件是否是结果的充分或必要条件进行检测。根据定性比较分析的惯例，0.8是较为理想的理论值[①]。若大于0.8则满足充分条件要求，即这样的条件组合是被接受的，并且能够用来解释结果现象。覆盖率主要表示条件组合对结果的覆盖程度，覆盖度的值越大表示条件组合对结果的解释力度越强。由表7-5可以看出，共有三种修辞组合满足可以获得更多的网民转发的条件构型。所有条件构型的一致性均为1，

---

① 苏宏元，黄晓曦. 突发事件中网络谣言的传播机制：基于清晰集定性比较分析［J］. 当代传播，2018（1）.

均大于0.8，这说明三种条件构型都满足一致性条件，即三种条件构型都是官方文本获得更多网民转发量的充分条件。另外，总体覆盖率为1，即三种条件构型对44个案例具有100%的解释力。根据一致性和覆盖率的指数，每个条件构型的充分性和一致性水平均达到了较为理想的范围。

从表7-5可以得出如下结论：第一，在修辞形式固定，即有题目和篇幅长的前提下，强调领导、斥责网上信息为谣言并且使用否认的形象修复策略最容易引起网民的围观和民意的啸聚。在没有题目和篇幅不长的官方文本中，细节信息、斥责网上信息为谣言、使用否认的形象修复策略，并且使用通用型格式（……高度重视……成立调查组……调查，现场……救援），最容易引起网民围观与啸聚。第二，官方文本中将网上信息斥为谣言、采用否认策略都是造成网民转发量激增的核心条件，说明官方文本将网上信息定为谣言又没有更多更详细的细节信息披露，只会搬起石头砸自己的脚。第三，发布主体是谁和有无段落这两个条件在官方文本修辞中作用不是很显著。第四，通用型的官方文本（或者说目前主流的官方文本行文结构和话语修辞）在三个条件组合中有两个组合是核心条件，说明这种话语结构已经不适应后真相时代的话语表达，必须进行修辞结构和话语生产空间层面的修正与调适。这说明形式（题目、篇幅等）与内容（细节信息、谣言定性与否认策略等）均是核心条件变量，两者具有一定的自洽性（self-consistent）。

三、结论与讨论

（一）相关结论：官方文本话语威权生产机制

在自媒体与危机话语语境下，官方文本的话语生产依然存在传统语境的表达路径依赖，这种威权式话语生产已然受到了极大的挑战，必须从文本本体的微观角度进行调整与校正。综合以上分析，这种话语威权生产机制概括起来主要有以下显著特征。

一是话语生产的是"事实"而非"认同"。危机从本质上讲是一种对利益关系与价值秩序造成危害的状态，虽然其外显表征是具化的事实。在当下互联网深度介入社会公共表达的情况下，虽然官方对"事实真相"的还原由于天然社会禀赋的优势，具有一定的话语优先权和公信力，但在后真相时代，每个人都有重构"事实真相"的话语权，这种真相界定权的泛滥使得人们更加无所适从,同以往信息匮乏、真相不彰一样不利于社会共识达成。在互联网时代的公共危机语境下,民众与其说是渴望获取全部的、翔实的事实信息,还不如说是期待一个负责任的行动者。事实真相已经不再那么重要,民众更看重的是价值层面的认同与社群层面的归属。公关修辞学派将认同视为修辞的出发点和归宿,将真相和权力的获得视作多元主体参与的修辞、叙事和对话过程,"旧修辞学的关键词是说服……新修辞学的关键词是认同"①。这种认同不是一方接受另一方的劝导和支配,而是双方在平等对话中共同寻求解释和解决问题的可能性②。危机传播修辞在本质上是依靠平等对话来谋求价值与身份认同,是"本体层面的认同",超越价值认同之上的身份认同与"无限信任"③,即言说者不论讲什么听者都愿意相信;也有可能是另一种极端,即言说者无论讲什么听者都认为是谎言,这是一种"身份逆认同"。

二是传播修辞指向的是"内容"而非"形式"。从公关修辞学的视角看,公关即组织生产意义,并期待与多元公众构建共通意义空间的过程④。而要达到意义共通,必须注重表达方式与话语修辞,新修辞理论认为"如何说"比"说什么"更为重要。修辞是一种表达的艺术,其最早是用于演讲表达和组织语言的,强调的是如何有效地生产社会意义。通过前文的定性比较分析可以看出,官方话语过于强调内容,无论是引用法律、数据还是对细节的描述,而对话语的表现形式却有所忽略,无论是题目的有无与长短还是篇幅的长短等。官方话语传播修辞一味指向内容,而在定性比较分析产生的三个条件构型中,有两个条件构型的核心条件是题目与篇幅。当前的官方话语修辞手法与思维已不适应修辞日益主导传播的时代需求。

三是言说视角是"俯视"而非"平视"。有些官方文本之所以造成次生舆情,背后折射的是言说者与倾听者的地位与权力关系——高位者向低位者俯视传播,所有的言说都是这种人格关系设定的投射。在福柯看来,一切话

---

① 博克,等. 当代西方修辞学:演讲与话语批评 [M]. 北京:中国社会科学出版社,1988:17.
② 胡百精. 危机传播管理的对话范式(中):事实路径 [J]. 当代传播,2018(2).
③ HEATH R L. Public relations as a weapon of modern warfare [J]. Public relations review,2001(17).
④ HEATH R L. A rhetorical perspective on the values of public relations: crossroads and pathways toward concurrence [J]. Journal of public relations research,2000,12(1).

语都存在压制与被压制的关系,"无论人与人的日常言语交往,还是恋爱的、制度的或经济的关系中,一个人总是想方设法操控另一个人的行为,因而权力始终在场"①。危机发生后,将其界定为天灾还是人祸,最终取决于谁拥有为之定性的话语权。在传统语境下,由于掌握着媒体话语权,官方具有合法的话语权;而在互联网语境下,官方话语权的合法性生成与维护机制已经悄然改变——凡未经公共讨论的结论与决策,都可能被质疑,传统"一元"话语在"权力之幕"的遮蔽下建构的话语威权受到了挑战。高高在上的俯视话语视角不仅不利于危机的解决,反而会激活传统语境下民众对官方话语权"一元宰制"的刻板印象。必须改变以往权力逻辑主导的话语生产机制,转变为与民众沟通对话、情感共鸣和身份认同的双向互动,进而构建危机语境下的主-客体"话语共同体"。

四是修辞的诉求是"解惑"而非"解气"。亚里士多德认为:"必须将受众置于特定情感框架以内,才能使危机言说达到最佳的说服效果。倘若漠视受众的情感诉求,就算在其他领域花费更多的精力,说服效果依然会大打折扣。"② 危机发生后,在传统语境下,官方回应的目的是让真相在与谣言赛跑时取胜,必须主动发声,抢占先机,第一时间让民众获知真相,以免让谣言钻空子。一旦形成刻板印象,后期输出再多的事实真相也会被民众戴着有色眼镜来观察。而在后真相时代,民众往往根据自己的价值立场有选择地相信事实,或者拒绝真相,或者相信"另类事实","解惑"固然重要,但"解气"已然超越"解惑"成为危机传播管理的第一价值取向,官方必须在同一价值层面回应民众的诉求,否则会造成"鸡同鸭讲"式的对话沟通。官方话语表达必须了解民众心目中的"痒点""痛点""气点",必须直击民众心目中绷得最紧的那根弦,任何缺乏人文关怀和情感诉求的回应都会被民众打上"冷漠"的标签而导致自说自话。

五是修辞取向是"管理"而非"关系"。从公共管理学的视角看危机传播,管理是危机应对的第一价值取向。这里的管理又分为两个向度:第一,"硬管理",即危机发生后,对危机后果进行权力、制度、资源等社会禀赋调

---

① 福柯.规训与惩罚[M].上海:上海三联书店,2012:30-34.
② 勒庞.乌合之众:大众心理研究[M].北京:中央编译出版社,2014:9.

配与应急管理;第二,"软管理",即传播管理,处理好危机传播中的表达、共识和认同问题。对于管理的诉求,官方长期以来在"压服"和"说服"之间摇摆。危机管理实践一再证明,"压服"是不可取的,必然招致更多的不信任,而"说服"在"后真相"语境下也面临着诉求对象失焦与信任困境。因为在传统语境下,民众作为原子化的个体而存在;随着社交网络的崛起,民众越来越呈现为社群化的网络存在,"圈子"成为一种新的媒介,官方所依靠的传统媒体通路已越来越难以抵达"圈子"内部,更无法决定"圈子"的议程设置和引导公共讨论。互联网在公共危机中为大众提供了更大的公共议题讨论空间与媒体"近用权"。而在面对官方话语空间时,民众往往以抱团、群聚的方式,用怀疑、反驳、抵触等姿态行使自己的"近用权"[1]。"圈子"代表的关系管理日益凸显为后真相时代危机应对的主要修辞取向。

(二)延展讨论:官方文本话语调适的两种转向

综上,未来官方文本话语生产必须进行调适与让步,才能实现各社会话语主体的相向而行与和谐共生。危机语境下的官方话语生产有以下两种转向。

一是主体层面转向:主体间性。互联网的出现使得绝对的自我中心的主体性开始被削弱,人既是主体又是客体。哈贝马斯认为,正是生活世界的背景才使语言交流具有了达成共识的条件[2]。在互联网时代,作为个体主体的人转向了超越个体主体的具有某种"客观"结构的语言关系和交往关系,对人的"在场"和"共在",由个体主体的内在本性分析转向了主-客之间和主-主之间的交互作用分析。互联网与后现代对中心性主体的消解直接来源于结构主义语言学。德里达认为,传统形而上学的致命缺陷是假定了意义的先验在场,使能指脱离延异而存在,其表现就是语言中心主义,必须提高文本的地位,主体取决于差异系统和延异活动,主体唯有在与自身相区分中,在拖延和推迟中才被构成。[3] 也就是说,不是作者产生文本,而是文本产生作者,主体不是中心性的支配者,而是播撒性的无中心、无统一性的多元化的

---

[1] 何舟,陈先红.双重话语空间:公共危机传播中的中国官方与非官方话语互动模式研究[J].国际新闻界,2010(8).
[2] 哈贝马斯.交往行动理论[M].重庆:重庆出版社,1994:121.
[3] 胡剑波.索绪尔语言哲学思想研究综述[J].外语与翻译,2018,25(4).

存在①。福柯认为，主体是被话语和权力关系塑造的——我们只能用语言来理解事物并自我解释，但语言是社会性的，社会的压迫就嵌刻在语言中，它不但外在地塑造了人的主体性，而且也内在地规范自身，塑造主体的力量除语言外，更为重要的是权力关系，主体是社会的和历史的，作为意义之源的和具有统治地位的大写的自我是不存在的，主体尽管也反抗着权力关系的塑造，但这种自由是极其有限的②。因此他们提出了"主体间性"的概念，试图克服主客二分的思维模式，强调主体与客体的共在和主体间对话沟通、融合共生的动态过程。而官方文本从本质上"体现了从属于两种不同位置的主体之间及其生成文本之间的对话关系"，也时刻表现出文化共存、交流互识和意义生成等特征。因此伯顿和泰勒基于主体间性提出了公关的共创模式（co-creational model）③，试图协调传播、修辞和管理等不同视角，将组织和公众视为平等的对话者，双方皆以主体身份进入诠释共同体，分享意义，共创价值，而非传统语境下主客体截然而分的对立状态。解决了对话主体层面的关系问题，接着需要解决的是对话理性的构建问题。

二是话语生产层面转向：对话理性。理性对话并不等于理性表达，表达过于理性会给人一种拒人千里的面孔与人设。"互联网帮助边缘群体——曾经被排除在公共领域的主流话语之外的人们——发展了属于自己的各种协商平台、联系方式，并与宰制性的意义和实践相竞争。"④ 在互联网场域中，民众不再是抽象的"他者"和无面孔的"大众"，逐渐成长为话语共同体与社会行动主体。哈贝马斯认为，如果在现代社会构建"人人发言"且"不为明显的荒谬添加逻辑"的公共领域，就要确立若干理性原则——话语表达的可理解性、客观认知的真实性、主体关系和社会规范的正当性、主观动机的真诚性，这些原则也统一于"主体间性"，即在对话者之间形成开放、平等的"主体-主体"关系，而不是单向、支配的"主体-客体"关系，对话理性就

---

① 李为学. 自我吞噬的视野：德里达《延异》文绎解 [M]. 上海：华东师范大学出版社，2015：34.

② 福柯. 规训与惩罚 [M]. 上海：上海三联书店，2012：30-34.

③ BOTAN C, TAYLOR M. Public relations: state of the field [J]. Journal of communication, 2004, 54 (4).

④ DAHLBERG L. The internet, deliberative democracy, and power: radicalizing the public sphere [J]. International journal of media and cultural politics, 2007, 3 (1).

是要确保多元主体之间的平等理解、团结尊重、包容并进的对话,以达成共识和合作①。吉登斯则提出了更为细化的对话方案。他认为,既然现代社会的风险和危机已然普遍存在于自我、社会、自然等几乎所有领域,那么唯有共同体的力量才能促成真正的改变,而对话是构建共同体的基本途径,它既是一项利益策略——抗击风险、促进利益生产和互惠,也是一项意义策略——促进价值同构和意义分享。吉登斯甚至认为对话是风险社会中对语言暴力的唯一替代。② 因此,对待意见竞争多样性,应该在对话中让意见更加充分、合理地竞争,而非取消意见与意见主体的多元性,甚至放弃对话,试图退回到"压服"时代。在互联网语境下,单向灌输或拒绝对话的表达,即使音量再大、调门再高,也只不过是众声喧哗下的自我言说。危机管理者应该努力将众声喧哗转化为理性对话,在对话中降低损害、补偿利益、恢复秩序、重建认同。

---

① 哈贝马斯. 交往行动理论 [M]. 重庆:重庆出版社,1994:142.
② 吉登斯. 超越左与右:激进政治的未来 [M]. 北京:社会科学文献出版社,2000:263.

后　记

回望笔者的研究历程，从 2006 年读硕士期间开始接触到"舆情"，到跟随我的导师喻国明教授与中央电视台、《北京日报》合作发布月度舆情报告，已经 17 个春秋，这个行业经历了野蛮生长的商业狂飙阶段，国内学界终于开始重拾舆论学的基础理论研究。长期以来，网络舆情研究更多地处于"学为末、术为上、策为本"的尴尬境地，笔者也经历了舆情监测公司从卖软件、卖账号到卖综合服务的发展阶段。舆情这一概念虽然解释了互联网时代舆论的急剧变动性和情绪感性化，但也不可避免地被污名化了：老百姓把舆情看成商业公司的生意，政府部门把舆情看成"洪水猛兽"，避之唯恐不及。从这个角度看，当前我们重拾舆论学概念、重拾舆论的理论研究是舆情狂飙近 20 年后的冷静思考和价值沉淀。

对待舆论，我们新闻传播学界的研究者一直有一个朴素的想法：舆论是一种意见信息，因此我们可以通过信息供给侧改革进行引导，如召开信息发布会、发布情况通报，尤其是越来越注重细节。但新时代和新媒体加持下的舆论已经不再是简单的信息流动，而是包括社会关系束、社会情感和集群行为等多元主体的社会新媒体运动，如果从这个层面认知，那么舆论不能只靠简单地加大信息供给来消弭，而要从更深层次、更多维度来治理和引导，不然很容易陷入简单的

"头疼医头脚疼医脚"的境地。因此本书提出了"大舆论观"这个核心概念，只有进行思维层面的创新，才有可能实现治理手段和治理体系的创新。舆论学科发展不能闭门造车，跨学科、跨视角是发展之道，尤其是在当下舆论丛生可能对中国式现代化建设产生负面影响的境况下，抱残守缺只能使这个学科更加式微。

笔者已过不惑之年，离知天命不远矣，学术生涯一直伴随着对舆论（舆情）的研究，些许成果也是与之相关的，一直有同行劝我，可以将以往的研究做些沉淀，出这么一本书。舆论研究成果浩若烟海，同人们无论是从案例入手，还是归类研究，抑或是从公共治理、危机管理等行政管理角度入手，都更多的是从发展端、结果端导入，而在当下舆论治理面临社交茧房、对话难度加大等境况下，更需要从发生端、肇始端入手，治标更需治本。希望借助舆论学成为二级学科的东风，学术界继续齐心合力共建中国舆论学的自主知识体系，强化舆论学对现实实践的观照，改变目前理论体系不足以支撑舆论治理的尴尬现实，真正促使舆论学成为一门有用的社会显学，而不再是相关研究者的闭门造车，不再是商业利益追求的所谓生意，"顶天""立地"，自成一体。因此，本书的面世，既是对笔者从事舆论（舆情）研究近二十年的一个交代，也是为了与学界同人共勉。

李彪

于人大明德新闻楼

2023 年 3 月 8 日

图书在版编目（CIP）数据

大舆论观与国家治理创新 / 李彪著. -- 北京：中国人民大学出版社，2024.1
中国新闻传播学自主知识体系建设工程
ISBN 978-7-300-31826-4

Ⅰ.①大… Ⅱ.①李… Ⅲ.①舆论－研究②国家－行政管理－研究 Ⅳ.①C912.63②D035

中国国家版本馆 CIP 数据核字（2023）第 152416 号

中国新闻传播学自主知识体系建设工程
大舆论观与国家治理创新
李彪 著
Dayulunguan yu Guojia Zhili Chuangxin

出版发行	中国人民大学出版社				
社　　址	北京中关村大街 31 号		邮政编码	100080	
电　　话	010-62511242（总编室）		010-62511770（质管部）		
	010-82501766（邮购部）		010-62514148（门市部）		
	010-62515195（发行公司）		010-62515275（盗版举报）		
网　　址	http://www.crup.com.cn				
经　　销	新华书店				
印　　刷	中煤（北京）印务有限公司				
开　　本	720 mm×1000 mm　1/16		版　次	2024 年 1 月第 1 版	
印　　张	19 插页 3		印　次	2024 年 8 月第 2 次印刷	
字　　数	298 000		定　价	79.00 元	

版权所有　侵权必究　　印装差错　负责调换